国家技能型紧缺人才

职业教育城市轨道交通专业任务驱动、项目导向改革创新示范教材

城市轨道交通票务管理

主　编　张建如

副主编　田爱军　席姣姣

主　审　王德铭

图书在版编目（CIP）数据

城市轨道交通票务管理/张建如主编．—西安：西安交通大学出版社，2017．7
国家技能型紧缺人才职业教育城市轨道交通专业任务驱动、项目导向改革创新示范教材
ISBN 978－7－5605－9992－2

Ⅰ．①城…　Ⅱ．①张…　Ⅲ．①城市铁路—旅客运输—售票—管理—高等职业教育—教材　Ⅳ．①U293.2

中国版本图书馆CIP数据核字（2017）第201206号

书　　名　城市轨道交通票务管理
主　　编　张建如
责任编辑　贺彦峰　郝向东

出版发行　西安交通大学出版社
（西安市兴庆南路10号　邮政编码710049）
网　　址　http：//www．xjtupress．com
电　　话　（029）82668357　82667874（发行中心）
（029）82668315（总编办）
传　　真　（029）82668280
印　　刷　陕西时代支点印务有限公司

开　　本　787mm×1092mm　1/16　**印张** 17　**字数** 414千字
版次印次　2018年1月第1版　2018年1月第1次印刷
书　　号　ISBN 978－7－5605－9992－2
定　　价　38.50元

读者购书、书店添货、如发现印装质量问题，请与本社发行中心联系、调换。
订购热线：（029）82665248　（029）82665249
投稿热线：（029）82668284

内 容 简 介

本书是职业教育城市轨道交通专业规划教材之一，主要分为9个项目，介绍了城市轨道交通票务系统、自动售检票系统、票卡管理、自动售检票系统终端设备与操作、票务管理工作、票务管理程序、票务作业、特殊情况下票务处理、票款清分结算管理等项目。每个项目中包括“学习目标”“教学建议”“教学引入”“理论知识”“实践操作”“思考练习”“评价跟进”等环节。

本书可作为职业院校和技师学院城市轨道交通相关专业的课程教材，也可作为城市轨道交通管理及相关专业培训教材。

PREFACE 前言

城市轨道交通事业在我国进入了一个蓬勃发展的阶段，目前，国内部分城市已初步制定了一些适合本地轨道交通特点的票务管理规定，在票务管理的工作流程、管理机制等方面积累了一些宝贵经验。

“城市轨道交通票务管理”工作是城市轨道交通运营的核内容之一，票务管理指管理部门计划、组织、协调、控制执行部门借助规章和自动售检票设备完成票卡、现金和票务数据的运营管理。因此《城市轨道交通票务管理》是城市轨道交通运营管理、城市轨道交通车辆、城市轨道交通控制等专业的一门专业核心课程配套教材。随着职业教育的迅速发展，为满足地铁、轻轨、城际轨道等现场生产单位对中、高职人才知识和技能的新需要，本书在对一线票务管理经验进行总结的基础上，结合国内外城市轨道交通票务管理的理论研究成果，由教学经验丰富的职业教师与城市轨道交通现场技术、管理人员联合编写，力求体现理论联系实际，图文并茂的编写思想，方便学历教育课堂教学的同时，亦对企业在职人员培训及相关工作人员学习参考有所帮助。同时，本书在结构设计上采用项目教学的编排方式，立足岗位需求，本着“学以致用”的理念，以学生为中心，以“工作过程”为导向的形式组织内容而编写。本书主要分为9个项目，介绍了城市轨道交通票务系统、自动售检票系统、票卡管理、自动售检票系统终端设备与操作、票务管理工作、票务管理程序、票务作业、特殊情况下票务处理、票款清分结算管理等项目。每个项目中包括“学习目标”“教学建议”“教学引入”“理论知识”“实践操作”“思考练习”“评价跟进”等环节。

本书可作为职业院校和技师学院城市轨道交通相关专业的课程教材，也可作为城市轨道交通管理及相关专业培训教材。

本书由张建如主编并统稿，田爱军、席姣姣副主编，王德铭主审。其中，项目一、项目二、项目五、项目七、项目八、项目九由张建如编写；项目三、项目四、项目六由席姣姣编写；田爱军为本书编写提供了许多素材功能与参考资料；其他参与编写，提供支持及为其提出宝贵建议的老师有陆广华、王楠、谢菲、踪峰等。所有参与人员皆为江苏省徐州技师学院轨道交通学院的老师。

由于掌握的编写资料不足和作者水平与实践经验的限制，本书不当和疏漏之处敬请广大读者批评指正，以便今后进行修订和完善。

编　者

项目一 城市轨道交通票务系统 /1

任务 1.1 城市轨道交通票务系统发展现状 /2
任务 1.2 城市轨道交通票务系统结构及管理 /11
任务 1.3 城市轨道交通运营企业运营管理现状 /15

项目二 自动售检票系统 /21

任务 2.1 自动售检票系统及其基本架构 /22
任务 2.2 自动售检票机的配备与设置 /28

项目三 票卡管理 /34

任务 3.1 票卡媒介与售检票方式 /35
任务 3.2 纸票与磁性票卡 /36
任务 3.3 智能票卡 /41
任务 3.4 AFC 系统票卡种类及其运用范围 /49
任务 3.5 一卡通在 AFC 系统的应用及手机支付 /56

项目四 自动售检票系统终端设备与操作 /65

任务 4.1 自动售票机 /66
任务 4.2 半自动售票机 /73
任务 4.3 自动检票机 /78
任务 4.4 自动查询机 /86
任务 4.5 自动售检票设备的检修工作 /87
任务 4.6 自动售检票设备的故障处理 /90

项目五 票务管理工作 /96

任务 5.1 票务中心工作规定 /97
任务 5.2 票务管理系统作业流程 /112
任务 5.3 票务违章及处理 /124
任务 5.4 票据管理 /128

项目六 票务管理程序 /134

任务 6.1 票据与台帐管理 /135
任务 6.2 自动售检票 AFC 系统现金管理 /142
任务 6.3 福利票换发管理 /152
任务 6.4 车站票务备品管理 /155

项目七 票务作业 /166

任务 7.1 售检票作业 /167
任务 7.2 退票作业 /173
任务 7.3 钱箱更换及钱箱内现金清点作业 /175
任务 7.4 票款收缴作业 /178
任务 7.5 乘客票务处理 /180

项目八 特殊情况下票务处理 /188

任务 8.1 正常与降级运营模式作业 /189
任务 8.2 自动售检票设备大面积故障票务应急处理 /196

项目九 票款清分结算管理 /216

任务 9.1 票款清分结算概述 /217
任务 9.2 清分对象与清分受益方 /220
任务 9.3 国外主要城市轨道交通清分结算方案举例与分析 /223

附录一 AFC 常用缩略语英汉对照表 /230

附录二 北京市轨道交通自动售检票系统技术管理规定 /232

附录三 深圳市轨道交通票务规则 /247

参考文献 /265

项目一 城市轨道交通票务系统

学习目标

1. 掌握国外城市轨道交通票务系统的特点。
2. 了解国内城市轨道交通票务系统的发展。
3. 掌握国内城市轨道交通票务系统的现状及其票务管理情况。
4. 了解 AFC 系统建设的目标及要求。
5. 掌握 AFC 技术标准的体系结构。
6. 掌握城市轨道交通票务业务管理及制定企业相关规范。
7. 了解其他国家和地区的城市轨道交通补贴政策。
8. 掌握城市轨道交通运营管理模式。
9. 掌握政府对城市轨道交通运营企业的补贴方式。

教学建议

1. 教学场地：在普通教室、能连接互联网的多媒体教室及城市轨道交通系统的各种模型实训室中进行，课后可实地参观。

2. 设备要求：各种城市轨道交通车站的票务系统仿真模型 1 套，或能播放影视投影的设备及相关课件、视频。

3. 课时要求：共 8 课时，其中课堂讲授 6 课时，模拟操作 2 课时。

教学引入

随着我国改革开放进程的不断深入，城市化进程高速发展，城市人口暴增，特别是北京、上海、广州、深圳等大城市，人口都已经超过千万。城市人口的急剧增长，给社会可持续发展带来了极大挑战，特别是城市交通问题。目前，北京的机动车保有量已经达到 490 万辆，城市地面道路交通非常拥堵，可以说，交通问题已成为阻碍北京经济、文化发展的“拦路虎”。为解决北京的交通难题，北京提出建设“公交城市”和打造“人文交通、科技交通、绿色交通”的和谐城市。在这一背景下，城市轨道交通在北京，乃至全国大中城市，都遇到前所未有的发展机遇。

在北京，确立城市轨道交通在城市公共客运系统中的骨干地位，可发挥其引导与支撑城市空间结构优化调整的作用。应按照“安全、质量、功能、成本和效率”相统一的原则，加快轨道交通新线建设，扩大规模，增加中心城线网密度。2010 年底轨道交通运营里程达 336km，2012 年达 420km，2015 年达 666km，形成“三环、四横、五纵、八放射”的网络体系。五环路内线网密度达 0.51km/km^2，平均步行 1000m 即可到达轨道交通站点。全市轨道交通日均客运量达 1000 万人次以上，运营管理达到国际先进水平。除了北京、上海、广州、深圳，目前天津、南京、合肥、郑州、青岛、杭州、苏州、无锡、徐州、南通等城市都已经建成或在建地铁或轻轨网络，其他更多的城市轨道交通也在规划中。未来，城市轨道交通将成为所有大中城市不可缺少的配套基础设施。

与传统的交通工具不同，城市轨道交通自动化程度高，也是最有效率的城市交通工具。城市轨道交通的最大特点就是客运量大，目前，北京地铁一天客运量超过 600 万人次。如此庞大的客运量，传统使用的纸质车票和检票方式已经远远不能满足客运要求。因此，自 20 世纪 60 年代末，在法国巴黎最早出现了自动检票设备，如图 1－1 所示。

图 1－1　早期城市轨道交通使用自动检票设备

时至今日，城市轨道交通票务系统已发展成为自动化程度高，功能完备的自动售检票系统（Automatic Fare Collection System，简称 AFC 系统）。从城市轨道交通建设费用组成来看，自动售检票系统只是整个工程中很小的一个部分，但从功能角色来看，AFC 系统却是保证正常运营的支撑系统之一。

理论知识

任务 1.1　城市轨道交通票务系统发展现状

一、国外城市轨道交通票务系统发展现状

目前，世界上城市轨道交通票务系统主要有印制纸票人工售检票系统、印制纸票半自动售检票系统、一次性磁票自动售检票系统、重复使用磁票售检票系统、接触式智能卡自动售检票系统、非接触式智能卡自动售检票系统等。本单元以如下几个城市的自动售检票系统为例，介绍城市轨道交通票务系统的发展。

1. 莫斯科地铁

莫斯科地铁是全球最大的大众运输系统之一，它一直被公认为世界上最漂亮的地铁。地铁车站的建筑造型各异，华丽、典雅。每个车站都由本国著名建筑师设计，各

有其独特风格，建筑格局也各不相同，多用五颜六色的大理石、花岗岩、陶瓷和五彩玻璃镶嵌，除各种浮雕、雕刻和壁画装饰，照明灯具十分别致，好像富丽堂皇的宫殿，享有“地下的艺术殿堂”的美称。

华丽、典雅的莫斯科地铁一直是俄罗斯人的骄傲。其中一些作品美妙绝伦，令人流连忘返。地铁车厢除顶灯外，还设计了便于读书看报的局部光源，在车厢门口安装了报站名用的电子显示屏。莫斯科地铁站除了根据民族特点建造外，还以名人、历史事迹、政治事件为主题而建造。莫斯科地铁如图 1－2 所示。

图 1－2 莫斯科地铁

莫斯科地铁线路全长为 278.3 千米，共有 12 条线路及 172 个车站，换乘十分方便。每个工作日大约能接待八九百万人次，其主要结构为中心向四周辐射状，所有的线路按照其开通顺序获得 1～12 的编号。其中最重要的线路是长度大约为 20 千米的 5 号线——环线，它负责连接起其他绝大部分分支线路。根据不完全统计，2007 年，莫斯科地铁的客流量为 32 亿人次，位居世界第一。

莫斯科地铁为了战备而建，大部分线路都建在离地面 50 米以下，但 4 号线途中有 7 个车站，3 号线及 7 号线各有一个车站是建立在地上的。另外，还有 1 号线、2 号线、4 号线 3 条线路因需要通过铁桥而穿越了莫斯科河，其中 1 号线的“麻雀山”站最为独特，因为该站就设立在莫斯科河正上方的卢日尼基铁路桥上。

1996 年，莫斯科地铁全面安装自动售检票系统。1997 年，第一代磁卡车票应用于自动售检票系统。莫斯科地铁采用单一票价，车票类型包括单次车票、月票、季票、年票及学生票。

每天有超过 820 万人次使用莫斯科地铁，莫斯科地铁和其他大多数国家地铁一样，采取进站收费，一票通全程，换乘线路不另补票的方式。2007 年度其费用基本为单次 17 卢布，2011 年升至 28 卢布，2014 年再次升至 40 卢布，5 次、10 次、20 次及 60 次的地铁票则在价格上有少许优惠。同时，莫斯科所有的公共交通都实行月票的制度，即购买月票后便可不限次数在当月内随意乘坐该交通工具，地铁和地面交通的月票是分别购买且不通用的，如果想要购买通用的月票则需要付出更多的钱。地铁月票分为成人月票和学生月票两种。其他特殊情况诸如一定年龄以上的老人及军人可以凭证件免费乘坐莫斯科的任意公共交通工具。随着莫斯科物价的增长，如今几乎每年乘坐地铁的费用都有所上涨。

2. 纽约地铁

纽约地铁（New York City Subway，NYCS）是美国纽约市的快速大众交通系统，也是全球最错综复杂且历史悠久的公共地下铁路系统之一。地铁车站数，官方统计为 468 站。商业营运轨道长度约为 656 英里（约 1056 千米）。若加上地下街和地下相连通道等，则长达 842 英里（约 1355 千米）。

纽约市于1868年首次建成高架铁道并投入客运，从炮台公园出发，沿格林威治街绵延半英里，是全世界第一条使用缆索牵引的客运铁路，比旧金山的第一辆缆车早了5年，后改用电力牵引。除保留少量郊区线路作为以后兴建地铁的延伸线外，陆续予以拆除。

第一条地铁于1907年建成通车，总长443.2千米，设车站504座。地铁轨距1435毫米。供电方式分别以600伏、625伏和650伏直流3轨供电。纽约地铁的特点是24小时运营，有些运量较大的线路，还采用3条或4条轨道并线运营，实现了快、慢车分道行驶。纽约地铁的许多车站有夹层设计，能让乘客可以从各个入口进入并抵达月台，而不需事先跨越街道。夹层也能让乘客在车站内直接向不同行车方向的月台间移动。

乘客经由阶梯进出车站后走向票亭或售票机支付车资，车资会被储存于 Metro Card 卡片中。在入口旋转闸门刷卡后，乘客继续向月台前进。北曼哈顿和其他区域的车站是高架式，乘客必须经由楼梯、电扶梯或电梯向上前往车站和月台。

一百多年来，在地方财政支持下，纽约地铁成为全世界最庞大的地铁系统之一。不过，为了缓解严重的财政赤字，纽约地铁不得不多次调价。

纽约地铁的票制有多种，包括7天卡、30天卡、30天快速巴士加地铁卡、一日通票。65岁以上者可以享受半价车票。纽约地铁是世界上唯一昼夜不间断运营的地铁。列车运行间隔高峰时为3~5min，平峰时为10~12 min，零点至凌晨5点为20min。地铁上都有播音系统和地铁线路详图。

纽约地铁自2008年以来已经4次调价。纽约地铁和巴士2012年售票收入38亿美元，仅占实际营运成本69亿美元的55%，缺口依靠房地产税等地方财政措施补贴。纽约地铁调价由大都会运输局管理委员会提出建议。然后经过公示、召开听证会并根据公众意见对调价计划进行修订等步骤。

3. 伦敦地铁

伦敦地铁是世界上第一条地下铁道。1856年开始修建。1863年1月10日正式投入运营。它长约7.6千米，隧道横断面高5.18米、宽8.69米，为单拱形砖砌结构。当时是以蒸汽机车牵引列车。1890年又建成一条地下铁道，长5.2千米，隧道为圆形，内径3.1~3.2米。铸铁管片衬砌。用电力机车牵引列车，为世界上第一条电气化地铁。现在英国伦敦地铁列车通过第三轨供直流电，电压为600伏。列车运行速度约32千米/小时，最大速度达96千米/小时。伦敦地铁于1971年开始在维多利亚线区应用遥控和计算机技术操纵列车。

伦敦现有12条地铁线路，地铁站列车间隔时间，高峰时市中心区为2min，其他地区为5~6 min；平时市中心区为5~6 min，其他地区为10~12 min。平均每天运送乘客220万人次，年客运量达8亿多人次。换乘方便是伦敦公交的特点。每条地铁线路基本可与10条其他线路交叉。伦敦有5个机场，均与地铁或快速直达列车及长途汽车相连。地铁与铁路也有46个交叉站，在6区之内，买一张日票，地铁、火车可通用。乘客下火车或下飞机后即可以换乘地铁。有的地铁还连着旅馆的后门，从旅馆出门就可以搭乘地铁。口袋版的地铁线路图在每个地铁站都可取到。在一些复杂的地铁出口处，还有出口后街道的地图。

车厢内有老年人和残疾人专座。车内灯光明亮，方便乘客读报、看书。地铁车票票价根据区间范围的不同而有所差异。车票分单程票、往返票、日票、周票和月票等。伦敦地铁还提供优惠票，如周末双日票、节日票、家庭票、学生票等。可通过互联网和电话购买月票和车票。而且地铁票一般都和公共汽车联用，有的票还可以乘坐轻轨列车。

伦敦地铁内有售票窗口及自动售票机，可以使用借记卡、信用卡、硬币和纸币。伦敦地铁为自动检票，将票面向上插入检票口的检票机侧面一个缝隙中。票即被自动送入，并从检票机上方弹出。拔出票，检票口栏杆自动打开，人过去后栏杆合上。只需将卡靠近地铁检票口的黄色圆盘，如果卡内已经充值了有效车票，栏杆会自动打开。如果出现故障，可以持票向站内工作人员咨询。

伦敦地铁使用伦敦运输公司的伦敦轨道运输收费区计算票价。包含仅用于地铁的部分。第一收费区大部分在市中心，其边界刚好超过环线的环形段。第 6 收费区大部分在伦敦偏僻的地方，包括希斯洛机场。收费区 1 ~ 6 覆盖了整个大伦敦区域，即使大伦敦区以外也有大都会线延伸到收费区 7 ~ 9。

4. 巴黎地铁

巴黎地铁是法国巴黎的地下轨道交通系统，于 1900 年起运行至今。目前，巴黎地铁总长度 220 千米，年客流量达 15.06 亿人次（2010 年），居世界第 9 位。巴黎地铁有 14 条主线和 2 条支线，合计 303 个车站（387 个站厅）和 62 个交汇站。

巴黎地铁现由巴黎大众运输公司（RATP）负责营运。该公司同时也营运巴黎区域快线 RER 的一部分以及巴黎路面电车中的 1 号线、2 号线、3 号线、3 号线 b 线以及巴黎及其近郊的公交车路网。

20 世纪 50 年代至 70 年代，法国领先于世界的磁卡技术在地铁得到运用，1973 年自动检票机投入使用，1975 年地铁磁卡月票问世。1969 年，快线地铁正式通车，这种位于地下深处、介于普通地铁和火车之间的交通工具开往巴黎远郊，又和市区地铁紧密衔接。1998 年开通的 14 号线，通体无阻隔车厢，无人驾驶，有更安全的站台玻璃隔墙，更宽阔、更敞亮的转乘通道，更富有人情味的地下绿化环境。巴黎地铁网络覆盖面广，通达性好，又没有因车辆拥挤造成的延误，为人们的出行带来了很大的方便。

巴黎地铁线路繁多，但换乘却比较方便，线路按照 1 ~ 14 来编号，并且用不同的车体颜色加以区分。站厅内的指示标志比较完善，长的换乘通道还有传送带，为乘客提供良好的服务。每个车站都有供残障人士使用的升降电梯。几乎每个车站都设有座椅。巴黎地铁的票务系统也充分考虑了多种需求，有单张票、十张票、观光票、月票等，还针对儿童、学生等设置了不同的票种。

巴黎的地铁网线图如图 1 - 3 所示，制作精美，并且是免费提供的。地铁运营公司的网站内容丰富、方便实用，提供票务、时刻表信息，并有换乘方案查询，界面非常人性化。巴黎地铁站台如图 1 - 4 所示。

图1-3　巴黎地铁网线图

图1-4　巴黎地铁站台

5. 东京地铁

东京都内的地铁分为两种。一种是帝都高速交通财团运营的地铁，即营团地铁，有9条线路；另一种是东京都交通局运营的地铁，即都营地铁，有4条线路。地铁运营里程为286千米，每天的运送能力为740万人次左右。

2004年统计，东京地铁东西线超员达97%。但与1985年相比，超员状况已经有所缓和。东京地铁为减少旅客换乘时间，自1960年东京地铁浅草线与京城电铁城轨线首次开行过轨运输，到2005年7月1日已有20条线路实现了与城市铁路的过轨运输。

为提高地铁运营效率，日本开始在小编组、旅客较少的线路实施1人乘务的运输体制。到2005年4月1日，已在14条线上采用了1人乘务。东京的地铁票在自动售票机上购买。地铁入口处设有一排自动售票机，并悬挂着详细的地铁路线图，图上标有车票价格，让人一目了然。穿过自动检票口进入候车站台，各种指示牌上详细地为乘客指示着列车运行方向、前方车站等，并向下车乘客提示换乘、导行信息。

东京的交通服务如同日本所有的商业服务一样，细致、周到而又热情。东京地铁的自动售检票系统采用的票种较多。东京轨道交通的票制为磁卡票，票种有单程票、一日票、月票、多次票等，除了从自动售票机上购票外，地铁公司还推出了SF地铁卡，十分方便。单程票的有效期为1天。月票和多次票享有优惠，所有票种都可灵活使用和换乘。2000年，营团地铁与关东20家铁路公司联合推出了通用卡，使用一张卡可以换乘加盟公司所有的交通工具，方便性进一步提高。系统收益清分统一简捷，东京轨道交通行业的20家地铁和私铁公司等组成一个PASSNET联盟，制定各公司之间的票务清分原则。他们遵循统一的原则，每月结算一次，数据以磁带形式提交给第三方公司统一进行清分处理，各公司根据清分结果自行通过银行划账结算。

图1-5　东京地铁自动售票机

换乘处理灵活，乘客在车站可以购买单程票或换乘联票、月票和储值票等；换乘方式为多种并存，有不出站换乘，也有出站换乘，还有通过专门通道换乘的方式。进出站闸机以常开式双向闸机为主，多名乘客可以一次将多张车票投入闸机进行检票，最多可同时识别9张车票，且车票正向着智能化发展。自动售检票可识别纸质和硬质，并可自助进行退票操作，不收手续费；车站设有较宽敞的残疾人和大件行李通道，自动售检票机上设置有盲文引导系统。东京地铁自动售票机如图1－5所示。

二、国内城市轨道交通票务系统发展现状

1. 北京

北京城市轨道交通早在1985年就开始进行自动售检票系统的可行性研究，但应用较晚。北京地铁一开始是采用纸质车票，人工检票的形式；2003年12月31日，北京第一套单线自动售检票系统在地铁13号线投入使用，这是一套基于磁票的AFC系统，集成商为日本信号公司，单程票为一次性卡式磁票。为了响应北京市政府关于推行“市政交通一卡通”的理念，该系统也增加了对一卡通储值卡的支持功能。北京地铁车票票样如图1－6所示。

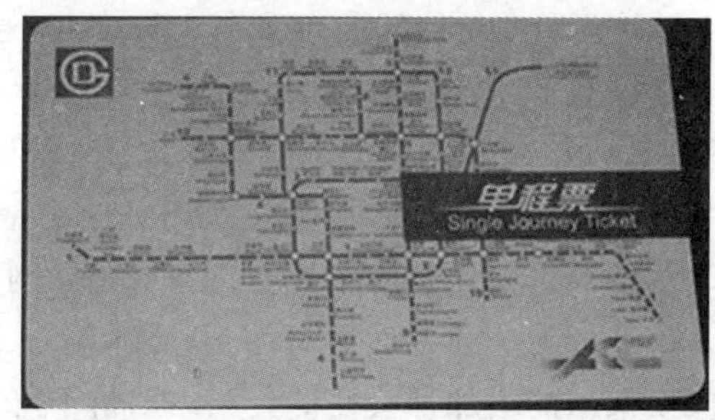

图1－6　北京地铁车票票样

2008年6月9日，北京城市轨道交通路网自动售检票AFC系统投入使用，实现了真正意义上的“一卡通、一票通行”和无障碍换乘。系统单程票为可以回收使用的Ultralight薄型IC卡，支持一卡通储值票的使用。

2. 上海

上海地铁从试车调试起，开始使用纸质票证，使用时期为1993年1月至1999年3月。

使用过的各种纸票数量超过200种，它真实地记录了地铁运行和发展的历史轨迹，上海地铁车票如图1－7所示。

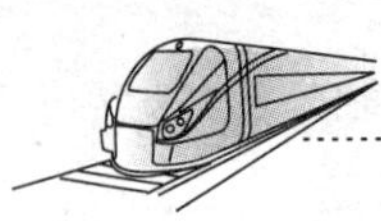

图 1－7　上海地铁车票

1 号线于 1999 年 3 月 1 日开始启用磁卡式车票，启用自动检票系统，取消纸质车票。这种通过磁卡读卡机的过机磁卡车票运用，使上海地铁的运营走上了现代化轨道，标志着我国地铁的总体水平已与国际先进技术接轨。当时还发行过两种感应式磁卡，分别为“上海地铁自动售检票系统开通纪念”卡和“上海大众桑塔纳 2000 型轿车”广告卡。2000 年 5 月，2 号线正式投入运营，也采取磁卡车票和储值卡，实行 6 千米以内为 2 元，6～16 千米为 3 元，16 千米以上为 4 元的多级票价。2000 年 8 月，1 号、2 号线正式联网，采取统一票价，使用统一的磁卡车票。

2005 年 12 月建立了上海新标准的自动售检票网络化系统，完成了对原地铁 1、2、3 号线系统的改造，建立了 4、5 号线自动售检票系统，设立路网清分结算中心，负责票卡发行、数据汇集处理等工作。2005 年 12 月 25 日开始，上海正式实行各线路联网，并执行统一的票价体系至今：票价标准为 0～6 千米为 3 元，然后每增 10 千米增加 1 元。由于一票通按最短路径计费，因此，每次换乘站的增加都会使部分车站票价下降。截至 2014 年 8 月底，最高票价为 15 元（车程为：由 11 号线花桥站来往 16 号线滴水湖站）。

知识链接

上海轨道交通售检票系统的票价体系大致经历了以下四个阶段。

第一阶段：人工售检票阶段，单一票价，纸质车票，如 1 号线开通初期。

第二阶段：人工售检票方式，如 3 号线试运营期间，票价采用多级计程票制，纸质车票。

第三阶段：使用自动售检票系统，采用计程票价制，如 1、2、3 号线，车票介质包括磁卡和 IC 卡。

第四阶段：使用路网自动售检票系统，计程票价，实现收费区内直接换乘和多元收益的精细清分，使用 IC 卡车票。

3. 广州

广州地铁首段于 1997 年 6 月 28 日正式开通。广州地铁的运营里程现为 236 千米，日均客流约为 480 万人次，并在亚运免费期以 784.4 万人次的峰值打破全国纪录，为解决交通堵塞的问题，广州地铁仍在进行大规模的扩建工程。正在建设的线路包括 6 号线、9 号线、广佛线后通段。经过数次修订，广州地铁的远期规划长度已达 751 千米。

广州地铁的开通线路有 1 号线、2 号线、3 号线（包括机场南至体育西路和天河客运站至番禺广场两条支路）、4 号线、5 号线、8 号线以及珠江新城旅客自动输送系统。此外，广州地铁还是广佛地铁的实际建设及运营者，并由此间接成为佛山地铁 1 号线（即佛山境内魁奇路至金融高新区区间）的运营商。广州地铁早期纸质车票如图 1—8 所示。

广州地铁 1 号线从 1997 年 6 月 28 日开始，西朗 – 黄沙区间的 5 站试运营。当时为观光试运营，全程票价 6 元，班次 30 分钟一班。广州地铁 1 号线采用美国 CUBIC 公司的磁卡自动售检票系统，并于 1999 年初全线投入使用。1999 年 6 月 28 日，全线开通商业运营并与公园前站举行开通仪式，共历时 66 个月。总投资 122.616 亿元人民币，平均每千米造价 6.629 亿元。从开通开始的地铁观光票到商业运营的地铁单程票，广州地铁开始一直是使用纸质车票。

图 1 – 8 广州地铁纸质车票

2003 年，广州地铁 2 号线全线进行自动售票系统设备的安装使用。全线 16 个车站共安装了进闸机 170 台、出闸机 177 台、自动售票机 205 台、验票机 22 台，整个系统由中央计算机系统控制。乘客进站时只需要刷卡便可进入；出站时，设备可以按照乘客乘坐里程自动计费。在当时此套系统的采用不仅成倍地提高了乘客通行速度，方便了市民出行，还有利于准确、及时地对客流量、销售额等数据进行实时地收集和管理，同时也为当时正在筹划中的 3 ~ 14 号地铁线路的设计方案决策提供了更多的可靠依据。这时，广州地铁开始使用各种储值票和羊城通等磁性车票、接触式智能芯片车票等。广州地铁电子车票如图 1 – 9 所示。

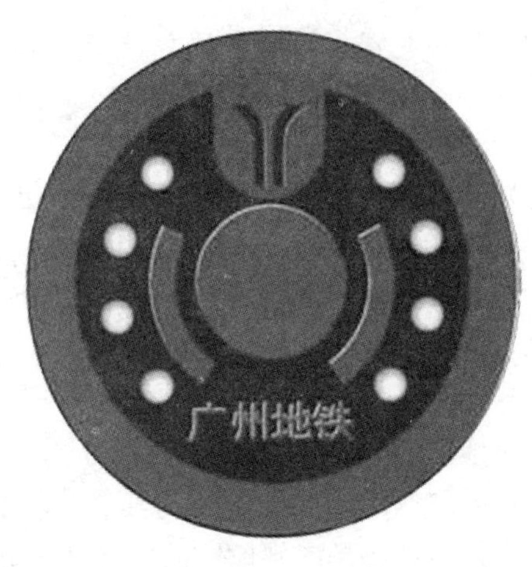

图1-9　广州地铁电子车票

广州地铁形成网络化的布局后票价按里程分段计价。里程分段计价办法为：起步4千米以内2元；4~12千米每递增4千米加1元；12~24千米内每递增6千米加1元；24千米以上，每递增8千米加1元。广州地铁也设有储值票，使用储值票和羊城通乘搭地铁有9.5折优惠，中小学生储值票有7折优惠，60岁或以上人士半价优惠，65岁或以上长者可免费搭乘地铁。

从2008年11月1日起，广州市实行公交地铁优惠政策：地铁普通月票有3种供选择：一是55元/月，限乘20次；二是88元/月，限乘35次；三是115元/月，限乘50次。公交月票优惠和地铁月票优惠可以合并在一张月票卡上办理。办理人员不限身份，无须出示任何证件。学生月票卡、老年或残疾均为记名卡，仅限本人使用。学生可申请办理学生月票卡。办理范围仅限于本市登记在册的全日制中小学生，包括普通高中、初中、小学、中等职业学校学生。学生月票只用于公交。地铁学生票，学生凭票搭乘地铁每次享受地铁票价5折优惠。公交月票优惠和地铁优惠可以合并在一张月票卡上办理。60岁及60岁以上的老年人可以申领老年人优惠票卡，凭该优惠卡享受免费或半价优惠。广州本地户籍的重度残疾人可以申领重度残疾人优惠票卡，凭卡免费乘坐公交和地铁。

4. 香港

香港地铁（MTR）始建于1975年，1979年首条线路开通运营，并采用了自动售检票系统。香港地铁现在已成为香港公共交通的重要方式，是世界上最繁忙的城市轨道交通之一。

香港地铁与售检票系统相关的工作包括自动售检票系统、收益管理、电子工厂和制动售检票系统训练中心四大部分。其中收益是核心，自动售检票系统是基石，各部分相互依赖、相互协作、相互配合，以自动售检票系统为主线将四大部分有机地结合在一起，高效、稳定、可靠地运作。香港地铁自动售检票系统使用的单程票是磁卡，储值票采用非接触式 IC 卡，即“八达通”卡。乘坐地铁时，“八达通”卡的使用比例超过 85%。

香港地铁自动售票机如图 1 - 10 所示，香港地铁三杆式出站闸机如图 1 - 11 所示。

图 1 - 10

图 1 - 11

任务 1.2　城市轨道交通票务系统结构及管理

目前，国内部分城市已初步制定了一些适合本地轨道交通特点的地方性标准或规范：上海、北京等城市已公开发布了公交一卡通及城市轨道交通自动售检票系统通用技术规范等地方标准，广州、上海、南京等城市的地铁内部均制定了较为全面的 AFC 系统技术规范，深圳、苏州、成都、重庆、杭州、武汉等地都在积极开展这项工作。AFC 系统的建设应立足于线网化运营的需求，尤其是在第一条城市轨道交通线路的 AFC 系统建设时，应进行总体规划，确保系统稳定运行和可持续发展，其重点是面向线网化运营的功能需求和 AFC 标准的建设。AFC 系统线网标准的建设逐渐得到地铁业主等各方面的重视，各地均把线网 AFC 系统标准的建设作为重点。

一、AFC 系统建设的目标及要求

1. 目标

面向城市轨道交通线网网络化运营的 AFC 系统，其基本建设目标可归纳为 3 个阶段性目标，不同地方可根据本地的特点确定切实可行的阶段目标。

（1）初期目标：实现城市轨道交通线网内部的一票通，实现与公交系统的一卡通；统一基本业务规则和流程，统一基本数据接口及编码，统一面向乘客的人机界面；指导地铁 AFC 系统的建设与管理，指导地铁当前项目和后续项目的建设。

（2）中期目标：实现城市轨道交通 AFC 系统的规范化运营管理，资源共享；实现非交易数据类软件接口的标准化，统一设备技术标准，做到线路间设备可以互换；减少备品备件数量，降低运营及维护成本。

（3）远期目标：实现 AFC 系统模块的标准化、检测的标准化。

2. 具体要求

（1）通用化：包括系统架构、设备功能、数据及通信接口、操作界面的通用化。

（2）可扩展：应满足网络化运营对系统可扩展性的要求，包括站点和线路间的变动、设备种类、系统接口、系统功能、系统应用、新付费方式、收费制式等方面的扩展。

（3）适用性和可实施性：标准应便于实现，具有可测试性；应较好地考虑目前的技术水平，并有一定的前瞻性。

二、AFC 系统技术标准的体系结构

AFC 系统一般采用 5 层架构：第 1 层为票卡层，第 2 层为车站终端设备（SLE），第 3 层为车站计算机系统（SC），第 4 层为线路中央计算机系统（LCC），第 5 层为城市轨道交通票务清分系统（ACC）。车站终端设备包括自动售票机（TVM）、半自动售票机/票房售票机（BOM）、自动检票机（AG）、自动加值机（AVM）、验票机（TCM）或便携式验票机（PCA）等。AFC 技术标准内容较多且复杂，其体系结构从横向上应包括标准 5 层结构的内容，从纵向上应包含接口、界面、功能、设备及关键模块的要求。另外，还有票卡及读卡器的技术要求。

基于城市轨道交通线网化运营的 AFC 系统标准主要应该包含业务规程和技术标准两大部分。AFC 业务规程的主要内容包括 AFC 系统运营规则及票务规则等。其中，AFC 系统运营规则包括清分清算标准及管理流程、票制、票种、金额/乘次、计费方式管理、运营参数及文件管理规程、车站运营模式及流程、运营日常维修管理流程、RAMS 管理流程等。票务规则包括票卡库存及调配管理流程、票卡编码管理流程、黑名单管理流程和一般车票处理流程等。AFC 技术标准的主要内容包括 AFC 系统结构体系、基本数据及应用数据技术要求、系统及设备的技术要求、编码规则、城市轨道交通线网 AFC 系统标准。

（1）票卡技术标准

票卡技术标准是指轨道交通全线网单程票和储值票的技术标准，定义的内容包括票卡种类、制式、封装方式，卡片的文件定义、文件结构、数据格式以及数据安全及密钥管理等。

（2）SAM 卡技术标准

SAM 卡技术标准定义的内容主要包括 SAM 卡的材料特性、物理机械特性、电气特性、环境及安全特性、数据存储容量、数据格式、SAM 卡操作及交易流程、密钥管理流程等。

（3）IC 卡读/写器技术标准

对全线网 AFC 系统内各种不同设备所使用的 IC 卡读/写器进行统一规范和定义，主要包括以下方面。

①功能要求，包括读/写器软硬件功能及框架结构定义、读/写器主控板要求。

②性能要求，包括物理机械特性、电气特性、环境及安全特性、容量及典型处理时间、通信速率、读/写距离等。

③接口定义，包括 SAM 卡接口、RF 模块接口、I/O 接口、内部存储器接口等。

（4）AFC 系统公共接口规范

公共接口规范主要用于定义 ACC 和 LCC 之间的标准接口，涉及全线网 AFC 系统，是各线路应共同遵循的有关票卡、设备、交易、运营管理等方面的统一要求和规定。公共接口规范的主要内容应包括：AFC 系统基本数据及代码定义，票卡、SAM 卡数据格式及使用规范，设备管理规程，系统参数定义，系统命令定义，交易流程及交易数据格式，现场设备收益数据格式定义，通信协议及相关约定，编码分拣设备操作流程及数据交换格式等等。

（5）设备操作人机界面规范

设备操作人机界面规范规定的内容主要包括：TVM 触摸屏显示画面，购票、充值、查询流程及提示画面，BOM 的基本操作界面以及验票机的操作流程及提示画面等。

（6）运营管理软件人机界面规范

运营管理软件人机界面规范主要指 ACC、LCC 及 SC 的 AFC 应用软件的基本操作界面。

（7）报表格式标准

报表格式标准用以统一 ACC、LCC 及 SC 系统中常用报表的分类、定义和基本格式。

（8）检测测试标准

用以定义并统一对 AFC 各层相关系统、设备、模块、票卡、接口、硬件和软件相关功能及性能的检测测试标准，包括检测测试环境、工具、方法、流程及评估审核等内容。

AFC 标准的内容范围广、技术复杂，对制定者和运营单位的要求高，且时间、人力和财力投入较大，在制定标准时，各地可以根据自己的实际需要，确定 AFC 标准的制定范围及深度。根据以上技术要求，对轨道交通建设及运营的关联程度，对 AFC 系统其他部分的影响程度，确定其优先度。

三、城市轨道交通票务业务管理

1. 现金管理

车站在管理过程中要对现金安全情况进行保证，现金在使用过程中经常会出现员工之间交接以及在公共区域内运送的情况，因此，要采取必要的安全措施。现金安全除了要对外部风险进行控制外，同时对内部员工存在的舞弊行为也要重视，很多员工在工作中经常会出现监守自盗的问题，因此，在现金管理方面只能将其存放在安全区域内。在对现金进行安全管理时，要建立各种规章制度，防止出现内部监守自盗，外部被抢劫的问题。现金防盗制度要进行落实，在对现金进行运输时，要保证环境的安全性，同时要提高相关工作人员的责任心。在票款较多的情况下，可以对票款进行预收，这样能够在工作中避免出现现金安全问题。

2. 车站票卡管理

(1) 票卡流程自动售票系统出售的票卡通常分为可回收票卡和不可回收票卡，这些票卡在使用过程中具有相同的作用，但是，票卡为了能够满足人们不同的需求，经常会出现纪念票以及验工卡的情况，在发生突发状况时也会出现应急纸票的情况。

(2) 票卡安全管理涉及环节多，票卡的安全关系到整个票务系统的安全以及票务的高效运行。票卡安全管理包括防流失、防盗、防火、防作弊等。对于车站而言，票卡安全管理的重点是妥善保管票卡，防票卡流失以及出站闸机票箱。制定车票回收、清点、存放、保管及交接制度。加强对出站闸机钥匙的管理，清点好的车票可两人加封，并注明票卡种类、数量、加封人及加封日期。对加封的车票交接时可按加封数进行交接。车站票卡应定期（每旬、每月）盘点，盘点时应将车站所有的票卡回收、拆封进行逐一清点。制定单程票流失控制措施。规范员工行为，把控车站单程票使用、回收的各环节，控制单程票流失。

3. 车站票务标准化管理

(1) 加强票务技能培训。城市轨道交通企业应加强对员工票务政策、设备操作、报表填写等票务业务培训，统一执行标准。同时，通过测验、评估、技能竞赛等形式检验员工的业务水平。车站票务工作与现金打交道，提高员工职业道德素质，增加员工的法律意识十分重要。通过会议、谈心的方式加强对员工的正确引导，关心困难员工的生活，及时发现员工危险思想的苗头。总之，轨道交通企业应着力培养一批遵章守纪、诚实可信、业务精通、热情服务的票务工作人员。

(2) 票务钥匙、工器具及票据管理。票务钥匙的管理涉及收益安全，必须制定票务钥匙管理办法。票务钥匙均统一配发，统一管理。票务工器具包括点钞机、验钞机、点币机、点卡机、便携式查询机、售票盒等，是辅助票务作业的设备。因此，必须加强保管，正确使用，定期维护保养。票据作为乘客的报销凭证应加强管理，建立定额发票使用登记簿，并妥善保存发票存根。车站的票务报表是票务运作的基础，是生产、统计、决策的原始依据，应管理完善，定期存档。

(3) 票务管理室标准化。票务管理室是车站票务工作的心脏，是现金、车票、票务物资的集散地。例如，成都地铁1号线按照“6S”管理标准对票务管理室进行标准化管理。“6S”运用于车站票务室的管理包括：对票务管理室进行划线管理，将所有的办公用品、备品备件摆放在指定区域；不能随意张贴文件、通知、宣传品等；对有关资料、书籍、文件等应归类定置管理，并井然有序；保持室内和设备设施无垃圾、无灰尘、干净整洁的状态。将标准化管理形成长效机制，定期进行跟踪、指导、检查。标准化管理使每位员工养成良好的习惯，遵守规则做事，培养积极、主动的精神。

4. 收益管理

(1) 收益安全概况。票务收益安全管理体系，就是对城市轨道交通票款收益的相关业务进行全方位、多角度的防御、监督、检查和控制等过程管理的总称，这个概念在国内轨道交通票务领域属于新概念。国内收益安全的现状是建立了基本的收益核查机制，而收益稽查管理并没有形成完整的制度，也没有收益审计管理的机制。收益安全管理体系是一个极其复杂的安全管理概念。主要包括管理模式、硬件设施、制度体系、人员组织 4 个方面。

（2）完整的收益安全管理模式可分为核查管理、审计管理和稽查管理 3 个方面，建立核、审、查的三重收益安全管理体系，以保障票款收益安全，稳定票务工作的正常开展。

核查管理主要是对车站的票务收益进行核对、汇总和加工。通过将自动售检票（AFC）系统设备提供的交易数据和车站实际收到的现金进行比对，核查票款金额的应收与实收是否存在差异，调查出现差异的原因，确保票务收益日常业务的顺利开展，及时发现票务违章行为和收益漏洞，提供给审计管理，以便进行下一步收益安全管理体系动作。

审计管理负责处理收益管理过程中发现的票务疑难问题，调查票款差异并确定归因。审计管理人员通过应用 AFC 设备交易数据、系统日志数据（整机设备硬件动作数据）和审计数据（关键部件的寄存器数据），对一般收益违章行为进行定性，对收益漏洞提出解决方案，提交重大收益违章行为给稽查管理，以便进行下一步收益安全管理体系动作。

稽查管理直接对运营管理公司负责，必须应用所有运营资源（如 AFC 系统的数据和 AIS 系统的监控录像、门禁数据等）调查重大收益违章行为，查处重大收益违章，定期或不定期地向上级提交票务收益和稽查管理工作总结报告。

任务 1.3　城市轨道交通运营企业运营管理现状

随着地铁建设的快速发展，北京、上海、广州、南京、杭州、郑州、合肥、武汉等地的地铁已经形成一定规模。可以预见未来 10～20 年内，多数轨道交通运营企业的工作重点将逐渐从建设转向运营管理，实现轨道交通运营的网络化、规模化、集成化是上述企业面临的主要挑战。2005 年上海地铁成立了申通咨询公司，专门研究线路网络化之后组织、管理、运营的基础工作的标准化与专业化的规范建立。随着标准化规范体系的建立，上海地铁原有运营企业体制机制得到整合，并将运营企业消耗成本最大的维修部门单独从运营企业分离出来。

运营企业不再承担维修与更新设备等生产作业环节，只需专注于客运业务本身，实现了前、后台分离。前台专注于提供高效优质的客户体验，而后台则专注于维护、更新设备、控制成本费用等总体运营系统的运作效率。前台和后台的分离有助于各自绩效的界定。不同的绩效目标导向则引导前台和后台关注提升自身绩效的关键成功因素，并通过合理的指标设计促进前、后台的合作。

一、国内外城市轨道交通运营企业运营管理现状

轨道交通建设和运营投资巨大，还具有一定的经营性。从全球来看，各国政府为了解决融资压力以及后续持续经营问题，进行了各种各样的探索。总的来说，各国城

市轨道交通运营模式分为“国有国营”、“公私合伙”、“国有民营”以及“民有民营”四种模式。

1. 国有国营

国有国营模式由政府负责轨道交通投资建设，所有权归政府（主要是地方政府）所有，建成后运营。该模式对财政补贴的依赖程度较高，政府负担较重。目前仍有不少欧美发达国家城市（如纽约、巴黎、汉城）仍采用该种模式。

2. 公私合伙

公私合伙模式泛指任何一种公共部门和私人部门之间为提供产品或服务而建立合作关系的统称。在这种模式下，由政府与民间资本共同出资设立轨道交通运营公司，建成后公司按照市场化原则运作。香港地铁是广为人知的公私合伙的成功案例。深圳 4 号线地铁和北京 4 号线地铁均采用了公私合伙形式。

3. 国有民营

国有民营模式是指轨道交通线路完全由政府投资建设，建成后委托私人企业负责运营管理。在该模式下，政府具有资产所有权，不干涉企业运营，同时负责监督、规范公司的运营，以确保轨道交通的公共福利性质。运营公司只有使用管理权，承担专业化的运营职能，采取商业化的运营模式实现公司盈利。新加坡地铁为这一模式下的成功案例。

4. 民有民营

该模式由私人集团投资兴建、私人集团经营，并由政府监管的投资模式。在这种模式下，政府没有财政压力和风险，可以解决轨道交通投资领域资金短缺的问题，同时也可以激发私人投资者严格控制建设和运营成本。由于地铁建设运营的独有特点和土地归政府所有的属性，“民有民营”模式仍处于探索阶段。

二、政府对城市轨道交通运营企业的补贴方式

城市轨道交通行业在很大程度上承担政府公共投资品的供给任务，无论在哪个国家都具有公益性与福利性的特点。公交企业的经营不仅要考虑经济效益，更要考虑社会效益。这一特性决定了公交企业不能像一般的工商业一样走完全市场化道路。政府建立相应的价格管制和补贴模式的目的是要在社会福利最大化和提升资本效率之间寻找到平衡点，从而既能确保公共目标的实现，同时又能激励运营企业提高效率。

1. 我国城市轨道交通的补贴形式

根据补贴的对象，补贴可以分为对企业的补贴和对乘客的补贴；而根据补贴的形式，可以分为显性补贴和隐性补贴。

（1）补贴乘客与补贴企业

长期以来，我国对乘客的补贴是以出售月票的形式实现的。公交月票制度原本是为了补贴本地城市居民的一项福利制度，但是随着外部条件的变化，月票制度已经阻碍了行业的发展，也成为企业难以核算政策性亏损和经营性亏损的主要原因。近年来，各城市针对这种情况纷纷对月票制度进行改革。主要形式为取消月票，把政府补贴从暗补变明补，由政府为需要扶助的群体发放交通补贴，或单位为职工发放交通补贴，并对低收入家庭、老年人、残

疾人、伤残军人、学生等群体乘坐公交车都进行了不同程度的优惠。

对企业补贴可分为一般性补贴和专项补贴。一般性补贴更多的是针对公交企业由于承担的第一种社会责任而造成的政策性亏损的补贴；在维护票价低廉的基础上，保证公交企业稳定的收入和正常的运营。对于企业的补贴，目前我国大多数城市尚未形成规范的公交补贴测算方式，基本的方式是政府根据公交企业会计报表上的实际亏损额，与公交企业讨价还价后确定补贴数额，再以此为基点逐年减亏。政府也可以对企业实行定额定向的专项补贴，政府对企业的专项补贴主要用于对城市发展具有全局性影响的轨道交通、综合换乘枢纽、公共交通停车场站以及政府确定的公共交通建设项目、车辆更新等硬件方面的建设。专项补贴更多地体现了政府对公交优先发展战略的实施以及公交企业发展的扶持。

一般性补贴的测算应当是基于科学的成本核算与成本审计的基础上的，要求企业有完善的财务管理制度，有公开、透明的信息披露制度和严格的监管机制，物价与监管部门能够有效地掌握企业和行业的信息。但是，目前我国包括公交企业在内的公用事业企业经营的信息披露机制尚未建立，政府与企业间的信息不对称现象普遍存在。在这种情况下，一般性补贴方式使企业缺乏降低成本、提高效率的动力，因为企业盈亏的多少与经营绩效无关，政府承担了企业的经营风险。并且还会产生补贴的误导作用，提高效率和节省开支只能导致政府下一年度补贴的削减。

（2）显性补贴与隐性补贴

政府对公交企业的显性补贴主要是以财政资金直接拨付的方式实现的。显性补贴又可再细分为“建设投资补贴”和“运营补贴”。建设投资补贴是对公交企业的基础设施建设和大的资产成本（如车辆、场地及新技术设备投入等）给予直接的资金援助。运营补贴则主要是对由于公交服务的社会效益造成过高成本，超出合理收入部分的补贴。如对于企业由于政策性原因导致的运营亏损进行财政补贴。

隐性补贴指政府不需要直接拨付资金给企业，而是从税费、政策、规划等方面给予支持。通过非资金补贴方式改善公交企业的经营环境，增强公交企业在市场上的竞争力。隐性补贴主要包括：

①税费成本上的优惠。例如公交企业营业税率为3%，远低于其他企业实行的5%－20%的标准，且免交养路费以及其他一些行政性收费。一些地方政府还对公交企业购置客运车辆的贷款给予一定的优惠，对公交企业营业税进行减免。

②周边土地的开发经营权授予轨道交通运营企业。由于轨道交通投入成本巨大，而价格受到管制，企业短期内难以获利。政府将轨道交通，主要是站点周边的部分土地划拨给投资方或运营方开发，以土地的运营收入反哺轨道交通上的亏损。

③广告、商贸的特许经营权。在公共交通工具的特殊部位，如出入口、车身、门窗、车站顶盖等部位实行特许广告业务。对于轨道交通，还包括授予车站冠名权的拍卖，站厅超市、便利店、自助机的经营。

例如，香港政府对地铁的补贴是通过隐性机制实施的。为了弥补地铁建设和运营的巨大成本，香港政府从一开始就采取了地铁与房地产的联合开发策略。在地铁场站的上面或周围画出一定面积的土地协议出让给地铁公司，与地铁场站一并规划、设计和实施。地铁公司按照未建设地铁时的市场评估地价向政府交纳地租。地铁公司通过公开招标的方式，确定房地产的合作开发商，建造费用和风险由地产商承担，而地铁公司一般可分享一半的开发利润。地铁商场由地铁公司统一出租，地铁物业由地铁公司自行负责管理。

香港地铁与房地产联合开发，以土地的商业运营弥补地铁运营的亏损，为香港地铁带来了巨额的开发利润。目前，非票款收入已经占到香港地铁收入的30%以上。香港2003～2008年地铁收入来源见表1－1。

表1－1　香港地铁的收入来源

单位：百万港币

项目	2003年	2004年	2005年	2006年	2007年	2008年
票款收入	5064	5932	6282	6510	6660	6767
非票款收入	2105	2149	2871	2969	3728	4170
车站商业和其他收入	1117	1311	1555	1478	1567	1630
租金与管理收入	988	1108	1316	1491	2161	2540

注：①2007年和2008年为预期收入。

②资料来源：Philip Chan，A PUBLICATION OF THERE SEARCHDEPARTMENT，OCT 5，2006.

2. 其他国家和地区的城市轨道交通补贴政策

（1）美国城市轨道交通补贴机制

近些年，美国在努力通过大力发展公共交通以改变人们过度依赖小汽车的出行方式。从表1－2可看出，政府对公共交通的补贴力度很大。美国对于公共交通的补贴，主要通过投资公共基础设施建设、车辆购置、票价补贴等方式实现。政府对公交补贴主要有两种形式：一是财政拨款；二是由依法专为公交设立的资金提供补贴。1982年首次建立了联邦公共交通账户，使公共交通的资助有了固定来源，但是这笔资金不能用于经营性补贴。此外。由于轨道交通的外部效益显著，车站能够给周边土地带来特别的利益，因此，一些城市通过确定“特别利益评税区”，在区内征收特别财产税以补贴地铁建设。

表1－2　美国不同方式的公共交通的支出及收入

单位：百万美元

项目	公共汽车	电车	其他车辆	公共交通合计	重轨	通勤铁路	地铁	轨道交通合计
资本支出	3028	188	173	3389	4564	2371	1723	8659
经营支出	12586	187	1636	14408	4628	2995	778	8041
总支出	15613	374	1809	17797	8832	5366	2502	16699
票款收入	3731	60	185	3976	2493	1449	226	4167
补贴	11882	315	1624	13821	6339	3917	2276	12532
补贴所占百分比	76%	84%	90%	78%	72%	73%	91%	75%

注：资料来源：Todd Litman，Rail Transit In America，A Comprehensive Evaluation of Benefits，25 October，2004.

公共交通基础设施建设由政府予以资助，该项资金的来源在联邦法律中有明文规定：来自联邦政府的款项不能超过工程费用的80%，其余费用由州政府和地方政府负担。一般情况下，联邦政府资金占54%，公交管理机构从各种税费中自筹22%，州政府资金占13%，当地政府资金占11%。在公交运营成本中，40%来自票款收入，21%来自当地政府，16%来自非政府及税费，州和联邦政府分别占20%和3%。

（2）法国城市轨道交通补贴机制

法国对公共交通企业补贴有以下几种：

①在10万人口以上城市中，凡拥有9名雇员以上的企业均需按工资总额提取1.2%～2%的公共交通税，巴黎市区交通税率为2.4%。交通税征收后，由巴黎交通管理委员会每月分配给公交总公司、城市轨道交通和国铁等交通企业。交通税是公交企业弥补亏损的重要来源，在省级政府的财政预算中约占1/3。企业征收公共交通税以外，法国政府还规定企业要支付员工公共交通黄票（类似于月票）成本票价的一半。

②国家财政拨款补贴。如巴黎市，国家补贴费占全部补贴费的21%。

③地方当局补贴。在巴黎市占总补贴额的10%。

④其他收入。占总补贴额的6%。由于以上政策的实施，公交公司每年的实际亏损都得到政府的足额补贴。

此外，还有其他一些国家和地区主要通过投资补贴来支持公共交通的发展。例如，日本在新建公共交通设施时，中央政府资助50%～60%。欧洲国家的很多城市政府对购置公交车辆和公交专用道的修建都给予了巨额的财政补贴。例如德国、奥地利和瑞士，修建轨道交通享受50%的财政补贴。德国对公交企业的补贴则主要通过税费优惠等隐形补贴实现。例如减少公共交通销售税（增值税）的50%和完全免收公共交通的车辆税，另外还减收公共汽车的用油税。

实践操作

请根据您所在城市轨道交通现状，完成一份票务系统调研报告。该报告应包含以下内容：

1. 您所在城市的城市轨道交通车站有哪些设备与票务有关。
2. 介绍您所在城市的城市轨道交通使用的车票。
3. 介绍您所在城市的城市轨道交通的票价。

思考练习

1. 根据补贴的对象，补贴可以分为________补贴和________补贴。根据补贴的形式，可以分为________补贴和________补贴。

2. 政府对公交企业的显性补贴主要是以________的方式实现的。隐性补贴指政府不需要直接拨付资金给企业，而是从________、________、________等方面给予支持。

3. 简述 AFC 系统建设的要求。
4. 城市轨道交通票务业务管理包括哪些方面？
5. 简述城市轨道交通运营管理模式有哪些？举例说明。
6. 城市轨道交通票务管理系统与自动售检票系统有什么关系？

评价跟进

1. 教师的评价

由教师在完成本章的教学任务后填写，在相应表格中画“√”。

评价项目		教师的评价			
序号	题目	好	较好	一般	较差
1	对本章教学过程的控制				
2	在本章教学过程中，学员的参与情况				
3	学员对本章知识学习后的效果反馈				
教师对本章教学的总结评价意见及跟进措施					

2. 学员的评价

由学员在完成本章的教学任务后填写，在相应表格中画“√”。

评价项目		学员的评价			
序号	题目	好	较好	一般	较差
1	对本章教学执行过程中教师的表现				
2	本章教学内容与社会实际需求的联系情况				
3	自己在本章学习过程中的表现				
学员对本章教学的总结评价意见及跟进措施					

3. 知识跟进

（1）从互联网上了解城市轨道交通票务系统的现状如何。

（2）从互联网上了解城市轨道交通票务系统技术层面上的内容。

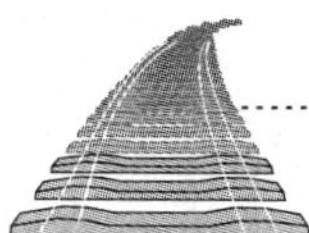

项目二 自动售检票系统

学习目标

1. 掌握自动售检票系统的架构层次。
2. 理解自动售检票系统各层次的主要功能。
3. 掌握自动售检票系统设备配置与布局的考虑因素。
4. 掌握自动售检票系统设备配置的原则。

教学建议

1. 教学场地：在普通教室、能连接互联网的多媒体教室及城市轨道交通系统的各种模型实训室中进行，课后可实地参观。

2. 设备要求：各种城市轨道交通车站的自动售检票系统仿真模型1套，或能播放影视投影的设备及相关课件、视频。

3. 课时要求：共6课时，其中课堂讲授4课时，模拟操作2课时。

教学导入

自动售检票系统作为城市轨道交通向公众提供服务的窗口，是城市轨道交通系统运营服务的核心子系统。面对日益增强的社会需求，在城市轨道交通建设和运营中受到高度重视。

自动售检票系统大量采用国际先进水平的现代化机电设备，以确保城市轨道交通系统安全、快捷、准点、有效地运营。自动售检票系统体系复杂、技术含量高、专业面广、运营维护困难，并且需要根据业务需求不断地进行更新改造。自动售检票系统集计算机技术、机电一体化技术、模块识别技术、商业智能技术等多种高新技术于一体。随着电子、生物及人工智能技术的高速发展，自动收费系统的理念和技术也发生了巨大变化。

自动售检票系统经二十多年的使用，其技术设备已比较成熟，在系统应用方面也积累了丰富经验。目前，国内外自动售检票系统和设备的主要生产供应商有：CUBIC（美国）、CGA（法国）、ERG（澳大利亚）、SAMSUNG（韩国）、GUNNEBO（瑞典）、

ASCOM（瑞士）、上海华虹、熊猫电子等。

城市轨道交通自动售检票系统的架构是多种多样的，系统架构的选择与轨道交通网络结构、售检票方式、清分需求和车票媒介等相关联。在多条线路组成的城市轨道交通路网中，根据投资主体、运营管理、换乘方式、轨道交通线路的构成，以及票务处理、票务分析和票务结算系统的需求，实现自动售检票系统的基本架构，一般有线路式架构、分散式架构、区域式架构、完全集中式架构、分级集中式架构五种。

理论知识

任务 2.1　自动售检票系统及其基本架构

城市轨道交通网络化运营对自动售检票系统提出的技术要求包括：在城市轨道交通运营网络内，所有运营线路间实现"一卡换乘"；实现在各线路之间的票务清分、结算；实现线路与城市公共交通卡、管理部门的清算。不同城市为实现以上要求，按照各自需要构建了不同的自动售检票系统架构。

一、自动售检票系统概述

地铁是一种快捷、安全、准点和大容量的城市公共交通。随着城市轨道交通网络的形成，运营管理问题成为一个重要的议题。为了给公众生活与城市经济的发展提供优质服务和发展条件，必须使用先进的自动售检票（AFC）系统。目前，自动售检票（AFC）系统已在众多城市轨道交通系统中投入运行，但由于地域文化和使用条件不同，选用的自动售检票系统终端设备有很大差异。国外轨道交通自动售检票系统起步较早，依赖当时条件，磁卡技术发展比较成熟，因此，车票媒介基本上以磁卡为主（如法国巴黎轨道交通收费系统），并逐步使用非接触 IC 卡。目前，国内已开通的轨道交通主要集中在北京、上海、广州、天津、深圳、大连、南京、重庆、武汉、杭州、成都、西安、苏州等一些城市，还有不少城市的轨道交通正在建设之中。如合肥、宁波、徐州、南通、无锡、常州等。上海、广州是我国最早使用自动售检票系统城市。自动售检票系统投入运行约 15 年时间，车票媒介使用非接触 IC 卡。

1. 国内自动售检票系统基本概况

国内的轨道交通自动售检票系统虽然有所差异，但是从本质来说，大同小异。AFC 系统设备主要差异集中在如下两点。

（1）是否使用筹码型（TOKEN）非接触 IC 卡，作为车票媒介。

（2）自动检票机是否采用门式机型。

广州市轨道交通实现网络化运营，在网络内进行各条线路的集中管理，密钥管理、发卡管理、运营管理、决策支持、报表查询、通信服务等系统功能，换乘线路之间实现比例清分。此外，轨道交通网络与公交系统、银行系统及其他相关系统之间，可以实现结算、车票交易数据的整体处理和统计分析。

广州轨道交通车票分为单程票、储值票（含普通储值票、中小学生储值票和老年人储值票）、老年人免费票、纪念票、羊城通交通卡（即羊城通）。单程票在售出当站、当日乘车有效，出站时车票由出站检票机回收。广州轨道交通 1、2、3、4 号线均采用计程、计时票价制。其轨道交通自动售检票系统主要由非接触式 IC 卡车票、自动售票机、检票机、车站 AFC 计算机系统、中央计算机系统等组成。系统使用非接触式 IC 卡作为车票媒介，实现乘客在多条线路之间的免检票换乘，系统能兼容“羊城通”票卡，与广州市其他公交能实现“一卡通”结算。安装于车站非付费区的验票机，方便乘客查询车票和羊城通车票的余值、有效使用时间等车票信息。

2. 轨道交通自动售检票系统的发展方向

随着城市轨道交通的快速发展、相应技术的进步以及不同政策组合的灵活应用，城市轨道交通自动售检票系统总的发展趋势是标准化、简单化、集成化和人性化。

（1）标准化

为实现轨道交通自动售检票系统的简捷和大集成，必须制定标准和规范，统一系统设备和终端设备，使系统达到统一的车票媒介，实现不同线路之间的方便换乘。

（2）简单化

为适应快节奏的社会生活，乘客必然选择操作简单、出行高效、简单化的交通工具。轨道交通自动售检票系统必然向操作简单化方向发展。

自动售检票系统的简单化包括以下方面：

①将复杂的自动售检票系统通过系统集成，简化乘客的使用操作。

②通过人性化的设计，提高乘客的操作效率。

（3）集成化

轨道交通网络化运营的形成，使自动售检票系统规模越来越大，同时轨道交通与其他交通方式之间的关系也越来越密切，互相兼容、联乘优惠、跨系统结算等，必然造成各种系统的关联度越来越高。建立统一、标准化、跨平台、跨系统的自动售检票系统应用平台是未来自动售检票系统发展的必然方向。

采用以通用件、通信和数据交换技术，构建可靠、安全、易用、可扩展、互联性高的系统架构，是自动售检票系统的要求，也是发展趋势。在实施过程中，必须注意针对自动售检票系统数据结构的特点和系统对安全性的要求，加强系统的集成管理，以满足自动售检票系统规模扩大和关联度增加的要求。

（4）人性化

自动售检票系统本来就是密切结合应用和利益的系统，从“以人为本”的理念出发，自动售检票系统的操作方式和界面也必然越来越人性化，自动售检票系统的人性化体现在以下方面：

①根据人体工程学基本原理设计终端设备的人机界面。

②设计符合乘客习惯的操作方式。

③设计合适的出入口通道，方便乘轮椅、推折叠式婴儿车的乘客。

④系统能向人们提供越来越多的相关信息。

二、自动售检票系统基本架构

自动售检票系统的基本架构形式有线路式架构、分散式架构、区域式架构、完全集中式架构、分级集中式架构五种。

1. 线路式架构

（1）基本架构形式

线路式架构的自动售检票系统是根据符合运营线路独立管理自动售检票系统和票务的设想，在路网中表现系统架构形式，如图 2－1 所示。

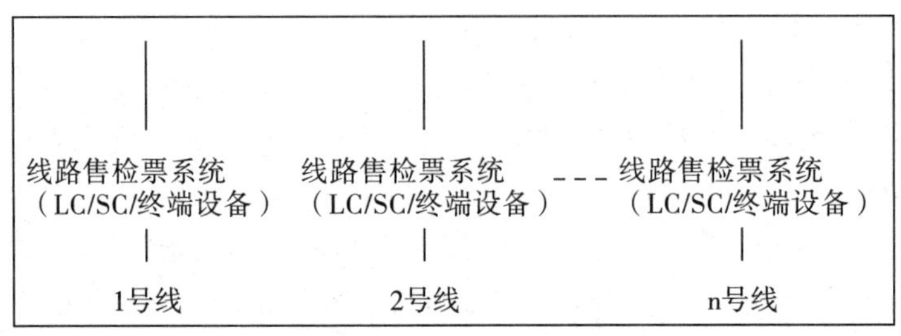

图 2－1　线路式架构

在线路式架构中，每条运营线路建有一套独立的自动售检票系统，包括中央计算机系统、车站计算机系统、终端设备和车票媒介。中央计算机系统完成线路轨道交通自动售检票的管理、票务统计和票务结算，并单独与外部卡清算系统连接，实现与外部卡清算系统的交易数据转发、对账和结算。不同线路之间的自动售检票系统是彼此独立的，票务信息不能共享，无法满足站内跨线换乘票务清分的应用需求。

（2）特点分析

从技术的角度看，自动售检票系统管理线路式架构易实现，能满足各条线路自动系统的运营管理要求。如果需实现站内跨线换乘票务清分，则需在各线路之上增加一个跨线换乘票务清分中心，同时要求至少把各线路有进站、无出站或有出站、无进站的所有进或出站的检票交易上传给清分中心，由清分中心进行进、出站配对并按某种预定的规则清分后给出清算报表，据此可实现线路间关于营收款应收、应付帐的结算。实际上，线路独立式折叠售检票系统之上不可能有票务清分系统，所以无法实现跨线站内换乘。

（3）适用性

线路式架构的自动售检票系统只能够适用的环境为：单线式轨道交通线路和分离式轨道交通线路。

2. 分散式架构

（1）基本架构形式

轨道交通网络由若干个区域构成，每个区域由若干条线路组成，但各个区域相互独立，完成本区域线路的票务处理和运营管理，构成分散式架构，其基本形式如图 2－2 所示。

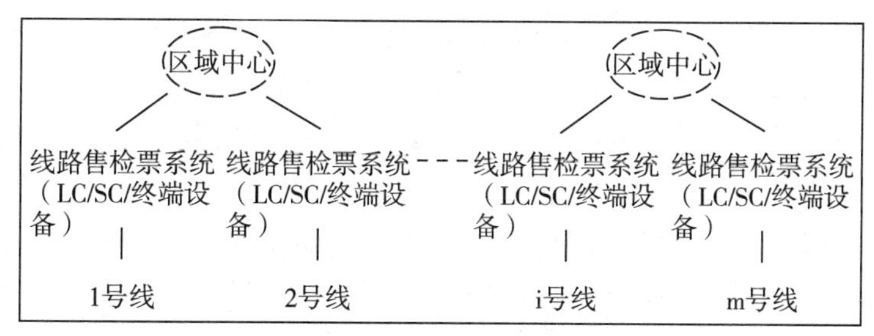

图2－2 分散式架构

区域中心负责获取所管辖范围内线路交易数据，确定其管辖范围内各线路的换乘结算模式，并对所管辖范围内各线路的跨线交易数据进行实时清分。每一个区域清分中心负责相应区域线路的清分，区域中心与外部卡清算中心连接，交换外部卡交易数据和清分结果。由于区域清分中心是相互独立的，区域清分中心之间不能实现互联，乘客不能跨区域直接换乘，但能够在区域内直接换乘。

（2）特点分析

从技术的角度看，构造分散式架构的路网不能实现跨区域换乘。

从运营管理的角度看，分散式架构的售检票系统可以设置若干区域，每个区域之间相互独立，每个区域仅能对本区域的线路实现票款、客流统计和收支分离等方面的管理。如果实现路网全面管理的话，必须将若干区域清分中心的数据进行汇总、分析和统计。对分散式系统架构而言，区域清分中心管辖的线路少，发生换乘的路径将大大减少，清分工作量相对较小。但是，不同区域清分系统之间的线路不能直接换乘，增加了路网的运营管理工作量。

（3）适用性

分散式架构的自动售检票系统能够适用的环境为：条状型区域管理的轨道交通线路和由一个投资和运营方管理的多条线路。

3. 区域式架构

（1）基本架构形式

区域式架构是在分散式架构和线路独立式架构基础上设置一个路网中心，此架构如图2－3所示。

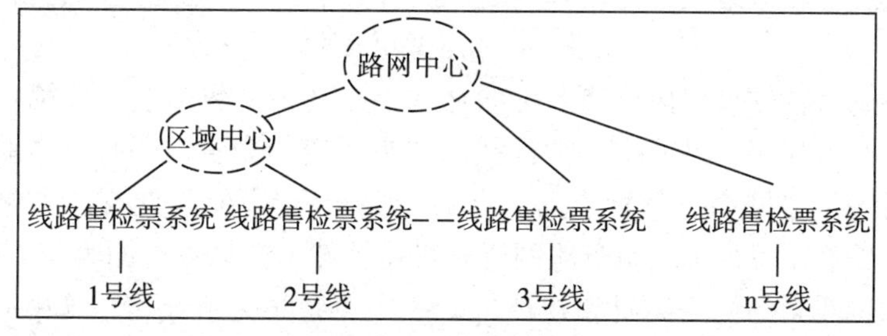

图2－3 区域式架构

路网中心直接与独立线路的售检票系统连接，同时与区域中心连接，区域中心直接与所管辖线路的自动售检票系统连接。区域中心负责获取管辖线路的交易数据，确定其管辖范围内各线路的换乘清分方式和结算，并对所管辖范围内各线路的跨线交易数据进行实时清分。路网中心负责获取全路网交易数据，确定区域中心和其余各线路的换乘结算方式和数据公共接口，并对区域中心和其余各线路的跨线交易数据进行实时清分。路网中心具有与外部卡清算系统的接口，用于转发数据、对账和结算等。

（2）特点分析

从技术的角度看，线路收益的清分、统计和管理分布在两个不同的层面上，路网中心无法直接了解区域线路之间的清分数据，只能通过区域售检票系统查询相应的数据。

从运营管理的角度看，如果区域中心对应的线路由一家投资方投资和一家运营公司管理，则可将此区域视为一条线路，系统就可简化成一个区域中心；如果区域的线路由多方投资和多家运营公司管理，则此时采用两个层面进行清分。采用区域式架构的自动售检票系统会给管理带来麻烦，但它保护了原有的投资，并可通过区域中心实现跨线换乘。

（3）适用性

区域式架构的自动售检票系统能够适用于由区域式线路和独立线路构成的轨道交通网络。

4. 完全集中式架构

（1）基本架构形式

完全集中式架构是将轨道交通网络中所有的线路拟为一条路网式线路，设置一个路网中心，线路上的车站计算机系统集中后通过通信设备直接与路网中心连接，即不设置线路中心系统进行相应的清分处理。路网中心相当于自动售检票系统的中央数据处理系统，负责获取全路网的所有交易数据并负责各线路的数据处理和结算，同时负责线路的运营管理，其架构如图 2－4 所示。

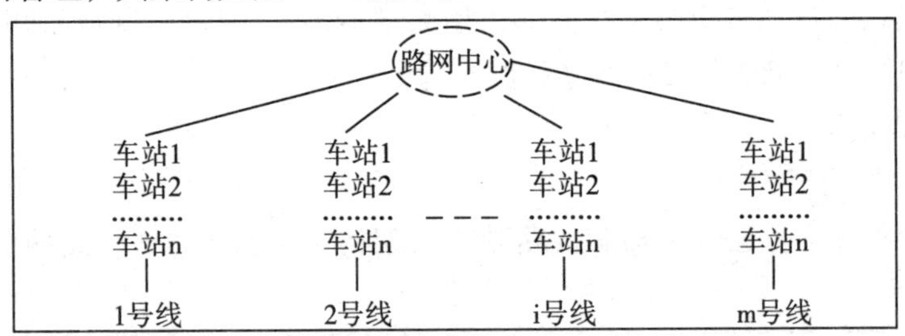

图 2－4　完全集中式架构

完全集中式架构的自动售检票系统的路网中心（中央数据处理系统）与各独立线路的车站系统直接连接，路网中心替代线路中央系统的职责，同时负责对各线路的清分、统计和管理。路网中心负责全路网所有线路单程票/储值票交易数据的收集、处理、清分、对账和结算处理，负责路网所有线路外部卡交易数据的收集、转发、处理、清分，负责路网车票的统一编码和管理，负责与“公共交通卡”结算中心的清分。全路网数据的管理与结算由路网中心独立完成。

（2）特点分析

从技术的角度看，完全集中式系统架构清晰，可以实现路网内所有线路的换乘和清分，满足路网便捷化的需求。由于路网的所有信息都由路网中心统一处理，路网中心需要具备较大存储容量和高速处理能力，同时，由于完全集中的管理，对路网中心的可靠性也提出较高的要求。

（3）适用性

完全集中式系统的自动售检票系统能够适用于单一线路或运营商和多个独立的运营商管理的多线路。

知识链接

日本东京的12条地铁线路由两家运营公司管理，以车站为基本单元，车站汇总计算机收集交易数据，每天定时通过网络将交易数据送到公司的数据汇总计算机，公司数据汇总计算机对交易数据进行处理。

5. 分级集中式架构

（1）基本架构形式

分级集中式架构是在线路式架构的基础上设置一个路网中心，路网中心负责获取全路网交易数据，确定各线路的换乘结算方式和数据公共接口，并对各线路的跨线交易数据进行实时清分，其架构如图2－5所示。

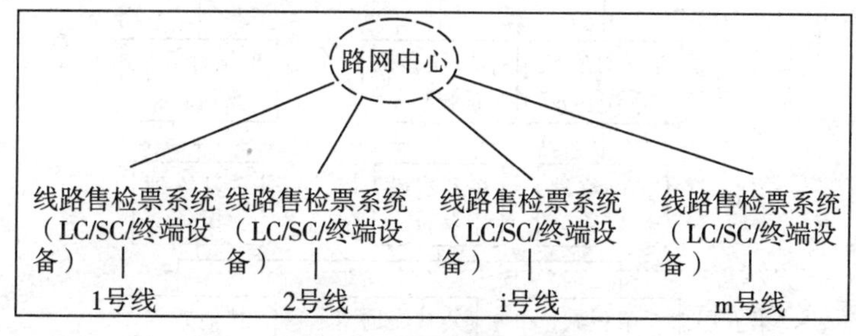

图2－5 分级集中式架构

分级集中式架构的自动售检票系统的路网中心直接与各独立线路售检票系统的线路中央计算机系统连接，路网中心负责对各独立线路进行清分、统计和管理。路网中心负责全路网所有线路售检票系统单程票/储值票换乘交易数据的收集、处理、清分和清算，负责路网所有线路外部交易数据的收集、转发、处理、清分和结算，负责路网车票的统一编码和管理，负责与外部卡清算中心统一接口的处理。线路中央计算机系统负责线路交易数据的收集、处理、分析和管理，并与路网中心交换数据。清分交易数据的管理由路网中心与线路中央计算机系统共同完成。

（2）特点分析

从技术的角度看，分级集中式系统架构清晰，可以实现路网不同线路的换乘和清分，满足路网捷运化和信息化的需求。但在分级集中式票务系统架构中，由于乘客换乘的路径较多，跨线换乘票务清分规则的确定和计算复杂。

从运营管理的角度看，分级集中式架构的自动售检票系统可以实现对全路网票款、客流的全面管理，可实施收支分开的管理。

从投资的角度看，分级集中式架构的自动售检票系统由多套线路售检票系统和一个路网中心构成，路网中心负责与线路售检票系统的连接，同时也负责与外部卡清算中心的连接。从投资的角度看，由于只建设一个路网中心（考虑主备系统），所以相应的投资也较少，即采纳此架构建设的票务系统在总投资上将相对减少。

（3）适用性

分级集中式架构的自动售检票系统能够满足轨道交通网络化的基本需求。

知识链接

上海轨道交通自动售检票系统采用的是分级集中式架构。分级集中式票务系统根据功能可分为五个层次：第一层是车票层，第二层是车站设备终端层，第三层是车站层，第四层是线路层，第五层是路网层，系统架构的参考模型如图2－6所示。

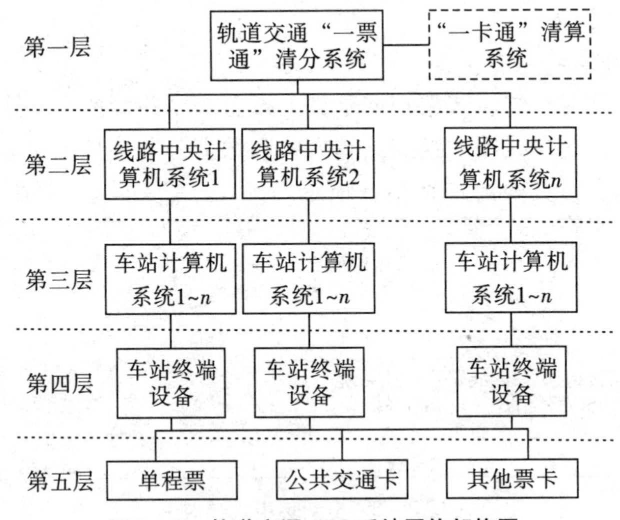

图2－6　轨道交通AFC系统网络架构图

任务2.2　自动售检票机的配备与设置

自动售检票设备如何进行配置，设置多少为宜是城市轨道交通票务系统要掌握的重要内容。

一、自动售票机理论数量计算

AFC系统现场设备数量确定依据是客流。客流预测数据包括近/远期早高峰客流预测（高、低方案）、晚高峰客流预测（高、低方案）、全天客流预测（高、低方案）。理论计算时选取的客流数据为近、远期早高峰客流预测（高方案）。除客流数据，其他基础数据还有：各站超高峰系数、换乘站的换乘系数、近/远期高峰小时列车运行交路、近/远期自动售票机使用率、近/远期单程票使用率、闸机每分钟通过能力、自动售票机每分钟售票能力。其中，近/远期高峰小时列车运行交路主要是确定列车小时行车对数。所有基础计算数据确定之后，才可对 AFC 现场设备进行理论值的计算。

1. 自动售票机

自动售票机数量 =（远期车站高峰小时上车人数 × 超高峰系数 × 单程票比例 × 处理单程票比例）/自动售票机处理能力

2. 进站闸机

进站闸机数量 =（远期车站高峰小时上车人数 × 超高峰系数 × 入口部不均衡系数）/进站闸机处理能力

3. 出站闸机

（1）根据客流计算

数量 1 =（远期车站高峰小时下车人数 × 超高峰系数 × 出口部不均衡系数）/出站闸机处理能力

（2）根据车站旅客传输设备计算

数量 2 = 远期车站出口配置自动扶梯的台数 ×（自动扶梯的输送能力/出站闸机处理能力）

（3）根据紧急情况时客流疏散计算

数量 3 = {［远期整列车载客量 +（远期车站高峰小时上车人数 × 超高峰系数 × 列车间隔时间/60）］/疏散时间}/通道的通过能力

（4）最终数量计算

出站闸机数量 = max {数量 1，数量 2，数量 3}

4. 半自动售补票机

半自动售补票机数量 =［远期车站高峰小时上车人数 × 超高峰系数 ×（单程票比例 × 处理单程票比例 + 储值票比例 × 处理储值票比例 × 充值比例）］/半自动售补票机处理能力

5. 自动充值机

自动充值机数量 =（远期车站高峰小时上车人数 × 超高峰系数 × 储值票比例 × 处理储值票比例 × 充值比例）/半自动售补票机处理能力

6. 自动验票机

为乘客提供查询车票信息及其他服务信息的设备。可根据车站规模、出/入口布置和客流量酌情配置。

7. 其他

上述设备数量仅是理论计算数据，实际的设备数量还应考虑车站的建筑平面布置，包括出入口的数量、售票补票处的布置等。除此之外，还应考虑设备的余量、分析各车站客流的组成和乘车特点，如使用单程票、储值票的比例，问讯乘客的多少，是否存在客流集中进出站的现象等。由此确定符合实际需求的设备数量。

二、自动售票机实际数量计算

设备数量实际公式计算出来的进/出站闸机通道数、自动售票机台数并不是实际配置的数量，因为根据地铁线网 AFC 系统运行的经验，在确定进/出站闸机、自动售票机实际数量时还应进行一定的调整。

考虑到将来一些无法预测的因素以及全国已运营地铁线路的经验，首先将计算值（一般为小数）取 10% 或 20% 的富余量。另外，出站闸机除了要满足上述原则之外，还要满足一个原则，即出站闸机通道应大于或等于进闸机通道数，因为出站客流是瞬时、集中的，而进站客流是零散、分散的。

三、车站设备配置原则

1. 终端设备实际计算处理能力。

自动售票机：4 人/（min・台）。

半自动售补票机：5 人/（min・台）。

进站闸机：20 人/（min・通道）。

出站闸机：20 人/（min・通道）。

双向检票机：20 人/（min・通道）。

2. 出站闸机原则上按 90 秒内出清下车客流配置，应综合考虑车站建筑、客流走向、自动扶梯等因素。

3. 车站设备终端数量按照工程线路近期各站早、晚高峰小时客流量配置，并按远期各站早、晚高峰小时客流量预埋设备安装位置。

4. 单程票与储值票比例。

预计近期所使用单程票的乘客占乘客总数的 55%，远期使用单程票的乘客占乘客总数的 35%。

5. 自动售票机近期设备数量按 55% 进站设计客流（高峰客流乘以超高峰系数）计算，并考虑 20% 的设计余量，远期设备按 20% 的进站设计客流计算。

6. 单程票原则上由自动售票机发售，半自动售补票机负责储值票充值及问题车票的处理，但对于设置于客运站、旅游景点等附近的车站适当多配置一些半自动售补票机以方便外地乘客购票。

7. 为方便乘客对车票验票，原则上每站设置 2 台自动验票机。

8. 便携式验票机按每站 2 台配备，另为票务管理部门配备 10 台。

9. 每组进站闸机、出站闸机构成的通道数量不少于 4 个。出站闸机数量除考虑客流因素外，还应与列车行车密度、车站扶梯的运能和布置相协调。

10. 在与机场、客运站等大型交通枢纽换乘的车站，根据实际情况可在票务处附近设置宽通道双向检票机，便于带大件行李的乘客通行。

11. 由于现场设备的数量是按近期客流配置，按远期客流预留，即近期设备数量为工程实施数量，因此，每站通道数应根据客流预测及行车组织进行计算，原则上不少于14进16出，在确定远期设备数量时的原则是远期设备数量应不小于近期设备数量。

四、车站设备布置

1. 车站设备布置基本原则

（1）自动售票机、验票机安装在非付费区，与车站出入口、进站闸机位置相协调。以方便乘客使用、不影响安全疏散为原则。

（2）进、出站和双向闸机（标准通道）设置在付费区和非付费区的分隔带上。其布置与车站出入口、扶梯相协调。进、出闸机通道净距不小于520 mm。双向闸机标准通道净距为520 mm，宽通道闸机通道净距为900 mm。

（3）半自动售补票机安装在车站售票亭内，售票亭通常设在付费区和非付费区的分隔带上，以方便处理售票、充值、补票和车票更新等业务。

（4）车站终端设备按近期设备数量布置，并预留远期设备安装位置和安装条件。

（5）进站闸机、出站闸机的布置应满足每组闸机不少于4通道的要求，由于门式闸机需要使用装设门扇的端机，因此，闸机按通道设计，同时闸机应尽量集中布置，减少群数。

（6）在AFC设备布置时，除需考虑设备计算参数的取值及布置原则外，还应考虑尽量减少购票、进站、出站等客流的交叉，同时充分考虑客流量及运营管理的需求，分别建立相应的购票、进站及出站功能区，功能区预留足够的缓冲区域，并结合车站站厅的实际布置，适当进行调整。

（7）每组自动售票机数量不少于4台。

城市轨道交通AFC系统现场设备数量的确定除了依据客流、列车行车对数、设备通过能力等客观因素外，还应根据实际运用的经验，以及结合车站建筑结构对现场设备数量的确定作进一步完善，根据实际情况对AFC现场设备作出合理设置，使系统充分发挥自身功能和作用。

2. 典型车站及换乘车站设备布置

车站设备布置必须重视地铁站内客流组织的问题，注重进出站闸机、售票机等AFC设备的布置方式，防止客流交叉，注重进出站闸机与站内楼梯及电扶梯的位置关系，对于换乘站设备的布置应坚持以人为本，尽量缩短换乘距离，使换乘客流路线明确、简捷，方便乘客换乘。常见的换乘形式主要有以下几种。

（1）通道换乘。

（2）两线平行车站的换乘。

①上下重叠站厅换乘。

②平行站厅换乘。

③平行同站台换乘。

（3）两线交叉车站的换乘。两线交叉的换乘车站布置形式有“十”字形、“T”形、“L”形等。

以上任何一种换乘车站，任何一种换乘方式对于乘客来说，他们只需在非付费区购买车票后持票进入付费区，无论他在该车站如何进行换乘，对 AFC 系统来说在设备布置需考虑到如何使换乘客流集中，使换乘路线较明确、简捷。同时，设备布置时需考虑换乘客流宜与进、出站客流分流，避免相互交叉干扰。

由于 AFC 系统线网相关性较强，随着线网规模的逐步扩大，对系统的安全性、可扩展性和兼容性提出了更高要求。只有正确分析客流、设备处理能力、设备数量之间的关系，才能保证客流组织和疏导的安全性和及时性。

实训操作

1. 采用多媒体课件、示教白板展示，辨别不同设备属于 AFC 系统的层次结构。
2. 在轨道交通实训中心、车站认知 AFC 系统的层次结构。

思考练习

1. 城市轨道交通自动售检票系统的发展趋势是_______、_______、_______和_______。
2. AFC 系统现场设备数量确定依据是________。
3. 客流预测数据包括________、________、________。
4. 自动售检票系统的人性化主要体现在哪些方面？
5. 自动售检票系统的基本架构形式有哪些？各种架构形式的适用性有何区别？
6. 绘制轨道交通 AFC 系统分级集中式网络架构图。
7. 叙述车站设备布置的基本原则。

评价跟进

1. 教师的评价

由教师在完成本章的教学任务后填写，在相应表格中画“√”。

评价项目		教师的评价			
序号	题目	好	较好	一般	较差
1	对本章教学过程的控制				
2	在本章教学过程中，学员的参与情况				
3	学员对本章知识学习后的效果反馈				
教师对本章教学的总结评价意见及跟进措施					

2. 学员的评价

由学员在完成本章的教学任务后填写，在相应表格中画“√”。

评价项目		学员的评价			
序号	题目	好	较好	一般	较差
1	对本章教学执行过程中教师的表现				
2	本章教学内容与社会实际需求的联系情况				
3	自己在本章学习过程中的表现				
学员对本章教学的总结评价意见及跟进措施					

3. 知识跟进

（1）从互联网上了解城市轨道交通自动售检票系统的现状如何。

（2）从互联网上了解城市轨道交通自动售检票系统技术层面上的内容。

项目三 票卡管理

学习目标

1. 理解售检票方式及票卡的识别方式，掌握票卡的分类。
2. 掌握纸票、磁卡、智能卡的构成、分类及特点。
3. 掌握自动售检票 AFC 系统中各类型票卡的定义及适用范围。
4. 了解我国主要城市一卡通的应用情况及一卡通使用的一般要求。

教学建议

1. 教学场地：在普通教室、能连接互联网的多媒体教室及城市轨道交通系统的各种模型实训室中进行，课后可实地参观。

2. 设备要求：各种城市轨道交通车站的票务系统仿真模型 1 套，或能播放影视投影的设备及相关课件、视频。

3. 课时要求：共 8 课时，其中课堂讲授 6 课时，模拟操作 2 课时。

教学引入

早期地铁一般都采用纸票作为车票，但随着计算机、网络通信、电子设备、智能卡等技术的不断发展，先后出现了磁卡和智能 IC 卡。纸票需要大量的工作人员且需人工进行售检票，因而工作效率极其低下；另外，纸票的使用只有一次，容易造成资源浪费，并且在车票和现金管理上也存在漏洞。磁卡利用磁性载体（如磁条）记录车票的相关信息，磁卡的读写相对简单容易，使用也比较方便，而且可以重复使用。IC 卡是集成电路卡（Integrated Circuit Card）的英文简称，在有些国家也称之为智能卡、智慧卡、微芯片卡等。IC 卡按其与外界数据传输方式的不同，一般分为接触式 IC 卡和非接触式 IC 卡。IC 卡具有磁卡无法比拟的许多优点，如存储容量大，信息记录的高可靠性与高安全性、高保密性以及可脱机使用等特点，因此得到了广泛使用。

目前，国内各大城市，如北京、上海、南京、广州、深圳等，其地铁自动售检票 AFC 系统的票卡媒介一般都采用非接触式 IC 卡，并且都已经成功实现“一卡通”业务，即除在地铁系统换乘之外，还可以实现在公交、出租、轮渡、市郊铁路等系统的换乘；另外，还可实现在停车场、加油站、便利店、超市、影院等地的刷卡消费，该技术还将在其他领域里不断完善。

理论知识

任务3.1 票卡媒介与售检票方式

票卡就是乘客使用的车票，用于记载乘客的出行和费用信息，是乘坐轨道交通的有效票据或凭证。票卡记载了乘客从购票开始，到完成一次完整旅行所需要和产生的费用、时间、乘车区间等信息。由于票卡上记载了有关乘车信息，因而也将其称为票卡媒介。

票卡按其信息记录介质的不同，可分为印刷、磁记录和数字记录三种；根据信息认读方式的不同，可分为视读和机读两种。售检票方式有人工方式、半自动方式和自动方式。每种售检票方式都要涉及不同的车票媒介和识别技术（由不同的终端设备或人工完成）。

一、票卡媒介

目前常见的票卡媒介有三种：纸质车票、磁卡车票、智能卡车票。

1. 纸质车票

常见的纸质车票有普通纸票和条形码纸票。

（1）普通纸票

普通纸票是指将车票的所有信息都直接印刷在车票上，由票务人员视读确认。

（2）条形码纸票

条形码纸票是将车票的相关信息通过条形码编码存储，由条形码扫描仪完成信息识别，标识的信息只供读取而不能改写。

2. 磁卡车票

磁卡车票是指在基质上设置磁记录区域，通过磁性载体记录有关信息，由磁卡读写设备获取相关信息，信息是可修改的。常见的磁卡车票有单程磁卡和储值磁卡。

3. 智能卡车票

智能卡车票是将车票的所有信息储存在车票的集成电路中，由智能卡读写设备获取相关信息。信息存储量大，且可修改。智能卡按其与外界数据的交换方式，分为接触式 IC 卡和非接触式 IC 卡。

二、售检票方式

售检票系统是城市轨道交通运营管理的一个非常重要的环节，根据售检票作业环境的不同，可分为开放式售检票作业方式和封闭式售检票作业方式。

（1）开放式售检票指在车站不设检票口，乘客上车前（指进入付费区）或在列车上检票，并随机查票的作业方式。一般适用于客流量较小的系统且要求乘客有较高的素质。

（2）封闭式售检票指在乘客进出付费区前都要经过检票口检票的作业方式，一般分为人工售检票、半自动售检票和自动售检票三种。

图 3－1 为城市轨道交通票务系统售检票方式。

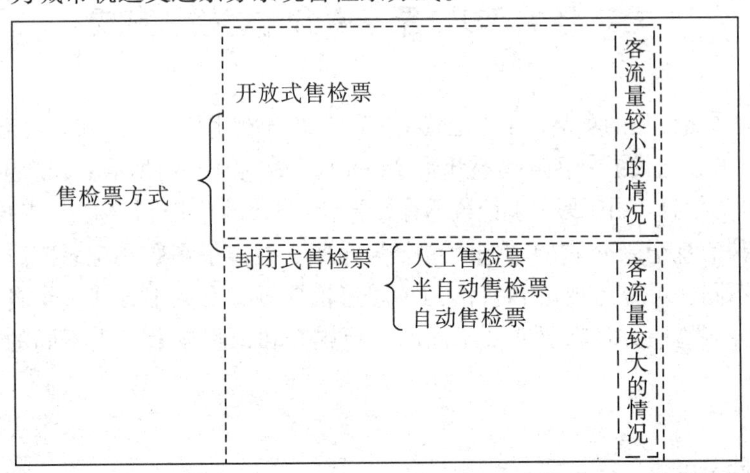

图 3－1　城市轨道交通票务系统售检票方式

在轨道交通系统中，售检票方式取决于不同的票卡媒介和识别设备。目前，世界上常见的轨道交通售检票方式有印刷纸票人工售检票系统、印制纸票半自动售检票系统、一次性磁票自动（半自动）售检票系统、重复使用磁票自动（半自动）售检票系统、接触式智能卡自动（半自动）售检票系统、非接触式智能卡自动（半自动）售检票系统。上述六种售检票模式中，票卡媒介基本上为普通纸质车票、条形码车票、单程磁票、储值磁票、接触式 IC 卡及非接触式 IC 卡。由于票卡媒介不同，识别终端不同，售检票模式在很大程度上就发生了变化。

因此，城市轨道交通自动售检票 AFC 系统中影响最大的因素之一是车票制式，它决定了系统信息的组成。票卡媒介是乘客使用情况的信息载体，是系统运营数据的关键源头。一旦系统的车票制式确定，再对其进行更改将会造成极大的影响。所以，售检票系统对于信息源头——票卡的选择尤为重要。

任务 3.2　纸票与磁性票卡

一、纸票

纸票是事先在车票上印刷相关的车票信息，由人工方式或自动方式售票，通过视读或扫描仪确认票面信息。纸票分为普通纸票和条形码纸票两种。

1. 普通纸票

普通纸票是将车票的相关信息印刷在票面（纸质）上，由票务人员视读确认。票面上的基本信息包括：车票编号、出票站点、乘车日期、乘车车次、乘车区间、票款金额、时间限制以及换乘等信息，既对购票人有明示作用，同时也便于票务人员检查核对。

普通纸票的信息是只读信息，因此不能作为储值票，只能作为单程票或特殊用途的车票。

印制车票适用于人工售检票的票务运作模式中，每张纸票相当于一张定额发票，只能提供给乘客乘坐一次地铁的服务承诺，而且寿命也只有一次。普通纸票一般由存根、主券、进站副券和出站副券四部分构成。乘客在购票过程中，票务人员从车票存根处撕下后将其余部分交给乘客，存根是地铁车站内部进行收益稽核时使用的；进/出站副券分别是乘客在进、出站检票时，提供给检票人员检查的；主券是最后留给乘客，供乘客收藏或作为报销凭证使用。

知识链接

正常情况下纸票的操作程序

（1）乘客进站时，检票人员撕下乘客纸票的副券Ⅰ。

（2）乘客出站时，检票人员检查乘客所持纸票上的站名、日期章以及纸票票价无误后，撕下乘客纸票的副券2。

（3）对超程使用的1元纸票出站时，车站员工也需撕下相应的副券联。

（4）若乘客的车票超程时，需在票务处补齐相应的车费（乘客携带的行李票超程时，乘客需补交行李相应的超程费用）。

普通纸票由于所有信息印刷在票面上，故其保密性不好，容易伪造，需要增加一些防伪措施，可在票面上印刷加密图形等安全信息，但同时也会给视读带来较大的困难。车票的有效性只能靠票面上的加密图案来保证。设计纸票时，可根据应用环境来确定票面相关信息，加密图形可以以节日、大型活动或者商业广告为题材。

图3-2所示为普通纸票的形式。

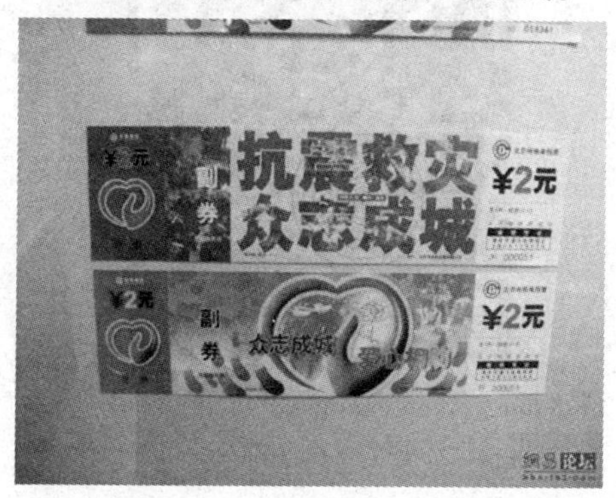

图3-2 普通纸票

知识链接

北京地铁38岁纸票正式“退休”

2008年6月8日晚上，随着最后一班地铁列车的开启，和北京市民相伴了38年的地铁纸质车票正式退出流通，自动售检票系统开始上岗。

地铁纸票大事记：

1971年1月15日，北京地铁一期工程线路开始试运营，凭单位介绍信在各车站购票，单程票价壹角。

1987年12月19日，北京地铁环线建成通车后，一线及环线两线地铁票都定为贰角。1990年9月，“盼盼”登上地铁车票。

1991年1月1日，北京地铁票价调整为伍角。

1992年，车票出现真正的商业广告。

1996年1月1日，北京地铁开始调整地铁票价，普票从0.5元调至2元。

1999年12月10日，北京地铁票价调整为3元。

2002年年底，北京地铁车票实行色标管理。其中地铁1号线车票颜色为粉红色；2号线（包括两个换乘站）车票为湖蓝色。

2003年1月9日，13号线正式贯通试运营，单程票价3元。

2007年10月7日，北京地铁实行单一票制，统一为2元。

2008年6月9日，北京地铁全部实行自动售检票。纸质车票退出历史舞台。

2. 条形码纸票

条形码（Barcode）是将宽度不等的多个黑条和空白，按照一定的编码规则排列，用以表达一组信息的图形标识符（图3-3）。常见的条形码是由反射率相差很大的黑条（简称条）和白条（简称空）排成的平行线图案。这些条和空组成的数据编码可以供机器识读。而且很容易译成二进制数和十进制数。这些条和空可以有各种不同的组合方法，构成不同的图形符号，即各种符号体系，也称为码制，应用于不同的场合。目前，我国干线铁路旅客运输的车票采用此种方式。

图3-3　一维和二维条形码

条形码系统是由条形符号设计、制作及扫描阅读组成的自动识别系统。条形码的扫描需要扫描器，扫描器利用自身光源照射条形码，再利用光电转换器接受反射的光线，将反射光线的明暗转换成数字信号。在条形码车票中，车票的信息是通过条形码编码实现的。

（1）条形码的优点

①可靠性强。条形码的读取准确率远远超过人工记录，平均每15000个字符才会出现一个错误。

②效率高。条形码的读取速度很快，相当于每秒40个字符。

③成本低。与其他自动化识别技术相比较，条形码技术仅仅需要一小张贴纸和构造相对简单的光学扫描仪，成本相对低廉。

④易于制作。条形码的编写很简单，制作也仅仅需要印刷，被称作为“可印刷的计算机语言”。

⑤构造简单。条形码识别设备的构造简单，使用方便。

（2）条形码纸票的特点

条形码纸票具有信息存储量较大、自动识别速度较快、读码效率较高、纠错能力较强的特点，可提高检票系统的处理速度和识别性能，有利于车票的自动化检测。但条形码车票只能在购票时记录站名和发售时间，无法记录进站时间和闸机编号等及时统计信息，对计时制管理的票务系统有一定的影响。

条形码的大小、长短可以任意调节，能够打印在狭小的空白空间。在纸票上增加条形码虽然会增加车票的成本，但同时可提高防伪能力和检票效率。由于条形码的信息量有限，可以拷贝复制，在一些安全性不高的场所可适当使用。读写过程中，在某些客流量不大的场合，可不采用吞吐卡设备，直接在激光扫描平台上扫描条码，操作简单成本较低，维护和使用也比较方便。

对于出票系统的打印机而言，其技术要求就是出票速度快。因此，一般将票面的一些固定信息预先印刷在票面上，在出票时仅打印当时的必要信息，以减少打印量，提高打印速度。

二、磁性票卡

1. 磁卡的构成

磁卡是一种磁记录介质卡片。它有高强度、耐高温的塑料或纸质涂覆塑料构成，能防潮、耐磨，具有一定的柔韧性，携带方便，使用较为稳定可靠。通常，磁卡的一面印刷有说明提示性信息，如插卡方向；另一面则有磁层或磁条，具有2个或3个磁道，以记录有关信息数据。为了简化设备结构，大部分系统的磁卡上还会有定位孔槽等标识。

磁条可以记载字母、字符及数字信息。通过粘合或热合，与塑料或纸牢固地整合在一起形成磁卡。磁条中所包含的信息一般比长条码大。

如图3－4所示，常见的磁条上有3个磁道，称为Track1、Track2、Track3。磁道1（Track1）与磁道2（Track2）是只读磁道，在使用时磁道上记录的信息只能读出而不允许写或修改。磁道3（Track3）为读写磁道，在使用时可以读出，也可以写入。

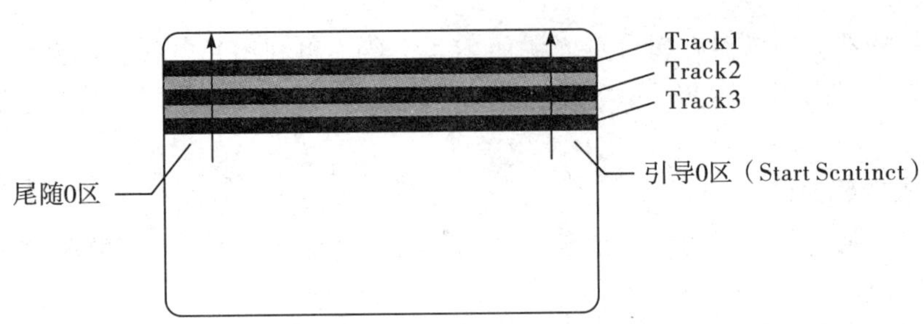

图3-4　磁卡车票结构示意图

磁道1可记录数字（0~9）、字母（A~Z）和其他一些符号（如括号、分隔符等）最大可记录79个数字或字母。

磁道2和3所记录的字符只能是数字（0~9）。磁道2最大可记录40个字符，磁道3最大可记录107个字符。

2. 磁卡的设计

磁卡车票的设计首先要满足系统的技术要求，其次票卡的大小要尽可能地标准化，然后根据需要设计各种图案、文字和号码，根据使用环境确定信息存储的磁道。ISO 7810：1985识别卡规定了卡的物理特性，包括卡的材料、构造、尺寸（表3-1）。

表3-1　磁卡尺寸

长度	85.47~85.72mm
宽度	53.92~54.03mm
厚度	0.76mm±0.08mm
圆角半径	3.18mm
一般卡的尺寸为：85.5mm×54mm×0.76mm	

磁卡上的磁涂层（磁条）是一层薄薄的，由排列定向的铁性氧化粒子组成的材料。用树脂粘合剂严密地粘合在一起，并粘合在诸如纸或塑料这样的非磁基片媒介上，因此形成了纸质磁性票卡或塑制磁性票卡（图3-5、图3-6）。

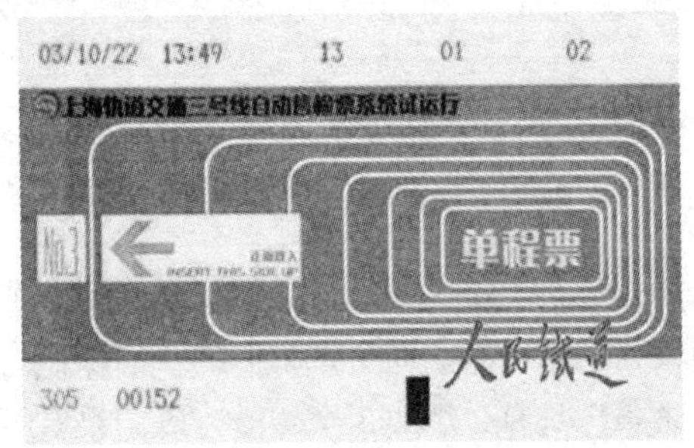

图3-5　我国首枚地铁纸质磁卡车票

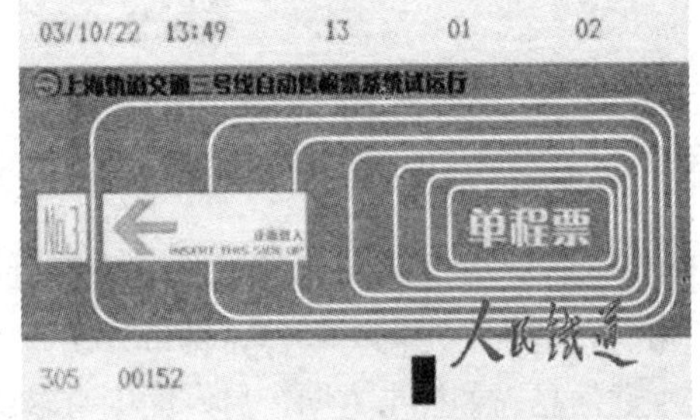

图3-6　塑制单程票

3. 磁卡的优缺点

磁性票卡技术在20世纪70年代有所发展，围绕磁票的自动售检票系统设备应用已久，从技术上讲还是比较成熟的，其具有以下优点：

（1）可以进行机读，提高了自动化程度。

（2）可以方便地进行票卡生产，成本较低。

（3）可以循环使用，降低能源消耗。

但由于磁性票卡运营成本较高，进一步推广较困难，主要表现在以下几个方面：

（1）票卡成本相对较高，虽然可采用回收重复使用模式（地铁），但其带来要对客票进行消毒处理、提供报销凭证、客票回收后各站对其清空与分配的问题，给运营单位增加了负担。

（2）自动售检票系统要频繁地对磁卡票进行接触式读写，不可避免地要每天投入大量人力物力对磁条进行消磁和除尘清洗。

（3）磁卡票的自动售检票系统设备由于需要较精密的传输机构，机械结构复杂，精密度要求高，因而设备造价较高，对维护人员的素质要求也较高。另外，由于机构动作频繁，造成机械磨损后的维护成本较大。

（4）磁条的读写次数有限，当磁卡使用到一定次数后，就会对磁条的读写产生影响。

（5）磁卡使用中容易受到诸多外界磁场因素的干扰而改变存储内容。

（6）由于密钥随票携带，极易被拷贝伪造，特别是现有的安全技术已难以满足越来越多的对安全性要求较高的应用需求。

任务3.3　智能票卡

IC 卡（Integrated Circuit Card）又称集成电路卡或智能卡（Smart Card），是将一个专用的集成电路芯片镶嵌于符合 ISO/ICE 7816 标准的塑料基片中，封装成外形与磁卡类似的卡片形式，即制成一张 IC 卡。

IC 卡可直接与存储器或处理器进行数据存取，也可以封装成纽扣、钥匙、饰物等特殊形状。由于智能卡添加了射频技术，所以它不需要与读写器的任何物理接触就能进行数据交换。

智能卡配备有微电脑 CPU 和存储卡 RAM，可自行处理数据较多的数据而不会干扰主机 CPU 的工作，适用于端口数目较多且通信速度需求较快的场合。这种既具有智能性又便于携带的卡片，为现代信息处理和传递提供了一种全新手段，作为一种新型工具，已被广泛应用于众多领域。

一、智能票卡的分类

智能卡根据镶嵌芯片的不同，划分为：存储器卡、逻辑加密卡、CPU 卡和超级智能卡；根据卡与外界数据交换界面的不同，划分为：接触式 IC 卡、非接触式 IC 卡、双界面卡；根据卡与外界进行交换时的数据传输方式的不同，划分为：串行 IC 卡、并行 IC 卡等。

1. 按集成电路芯片划分

（1）存储器卡

存储器卡的卡内芯片为电可擦除可编程只读存储器 EEPROM（Electrically Erasable Programmable Read - only Memory），以及地址译码电路和指令译码电路。它仅具有数据存储功能，没有数据处理能力；存储卡本身无硬件加密功能，只在文件上加密，很容易被破解。这种卡片存储方便、使用简单、价格便宜，在很多场合可以替代磁卡。由于该类IC卡不具备保密功能，因而一般用于存放不需要保密的信息。

（2）逻辑加密卡

逻辑加密卡除了具有存储卡的EEPROM外，还带有加密逻辑，每次读写卡之前要先进行密码验证。如果连续几次密码验证错误，卡片将会自锁，称为死卡。加密逻辑电路可在一定程度上保护卡和卡中数据的安全，但只是低层次保护，无法防止恶意攻击。该类卡片存储量相对较小，价格相对便宜，适用于有一定保密要求的场合。

（3）CPU卡

CPU卡的芯片内部包含微处理器单元CPU、存储单元和输入/输出接口单元。CPU管理信息的加/解密和传输，严格防范非法访问卡内信息，发现数次非法访问，将锁死相应的信息区。CPU卡的容量有大有小，价格比逻辑加密卡要高。但CPU卡良好的处理能力和保密性能，使其成为IC卡发展的主要方向。CPU卡适用于保密性要求特别高的场合。

（4）超级智能卡

在CPU卡的基础上增加键盘、液晶显示器、电源，即称为一超级智能卡，有的卡上还具有指纹识别装置。

2. 按读写方式划分

（1）接触式IC卡（CPU卡）

接触式IC卡是指将智能卡的绝大部分电气部件进行封装，而将外部连接线路做成触电外露，按一定的规则排列接触点极。在进行读写操作时，卡片必须插入打卡器的卡座中，通过触电与读卡设备交换信息。

（2）非接触式IC卡（CPU卡）

非接触式IC卡通过智能卡的收发天线与读写设备交换信息。非接触式IC卡又称射频卡，由IC芯片、感应天线组成，封装在一个标准的塑制卡片内，芯片及天线无任何外露部分。它成功地将射频识别技术和IC卡技术结合起来，解决了无源（卡中无电源）和免接触这一难题，是电子器件领域的一大突破。卡片在一定距离范围内（通常为5～10cm）靠近读写器表面。通过无线电波的传递来完成数据的读写操作。

（3）双界面卡（CPU卡）

双界面卡是基于单芯片的、集接触式与非接触式接口为一体的智能卡，这两种接口共享同一个微处理器、操作系统和应用数据EEPROM。卡片包括一个微处理器芯片和一个微处理器相连的天线线圈，由读写器产生的电磁场提供能量，通过射频方式实现能量供应和数据传输。

二、接触式和非接触式IC卡

1. 接触式IC卡

接触式IC票卡由微处理器、操作系统、加密逻辑、串行EEPROM及相关电路组成。接触式 IC 卡一般由基片、接触面及集成电路芯片构成。基片：现在多为 PVC 材质，也有塑料或是纸质。

小贴士

聚氯乙烯（Polyvinylchloride，PVC）

PVC 其实是一种乙烯基的聚合物质，其材料是一种非结晶性材料。PVC 材料在实际使用中经常加入稳定剂、润滑剂、辅助加工剂、色料、抗冲击剂及其他添加剂。聚氯乙烯具有不易燃性、高强度、耐气候变化性以及优良的几何稳定性。PVC 对氧化剂、还原剂和强酸都有很强的抵抗力。

IC 卡接触面：金属材质，一般为铜质薄片，集成电路的输入输出端连接到大的接触面上，这样便于读写器的操作，大的接触面也有助于延长卡片使用寿命；触点一般有 8 个，有的智能卡设计成 6 个触点。

IC 卡集成电路芯片：通常非常薄，在 0.5mm 以内，直径大约 0.25cm，一般呈圆形，也有呈方形的，内部芯片一般有 CPU、RAM、ROM、EEPROM。

接触式智能卡（IC 卡）如图 3－7 所示。

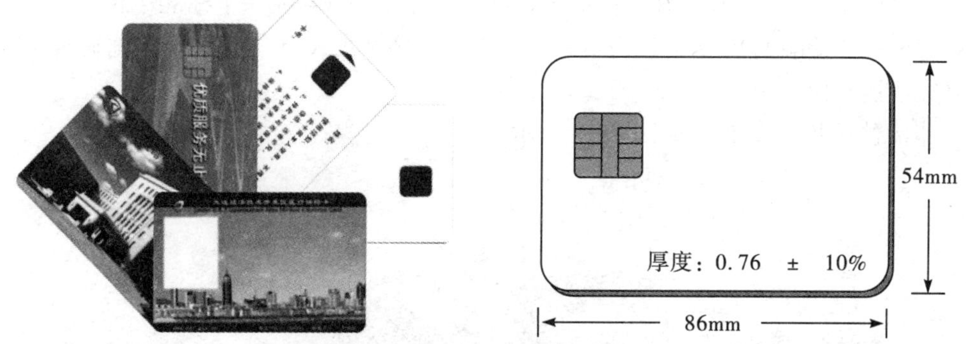

图 3－7　接触式智能卡（IC 卡）

想一想

接触式 IC 卡和磁卡有什么相同点？

（1）接触式 IC 卡与磁卡比较。

接触式 IC 卡的外形与磁卡相似，它与磁卡的区别在于数据存储的媒体不同。磁卡是通过卡上的磁条的磁场变化来存储信息的，而接触式 IC 卡是通过嵌入卡中的电擦除式可编程只读存储器集成电路芯片（EEPROM）来存储数据信息的。因此，与磁卡相比较，接触式 IC 卡具有以下优点。

①存储量大。磁卡的存储容量大约在 200 个数字字符；IC 卡的存储容量根据型号不同、小的几百个字符，大的上百万个字符。

②安全保密性好。IC 卡上的信息能够随意读取、修改、擦除，但都需要密码。

③CPU 卡具有数据处理能力。在与读写器进行数据交换时，可对数据进行加密、解密，以确保交换数据的准确可靠，而磁卡则无此功能。

④卡的抗磁性、抗静电及抗各种射线的能力，抗机械、抗化学破环的能力也强，因此接触式 IC 卡的寿命较长，其相关设备的成本也较磁卡低。

（2）在接触式 IC 卡的普及过程中，逐渐发现了下列弊端。

①卡在读写器上经常拔插造成的磨损导致接触不良，从而引起数据传输错误，并且卡与读写器之间的磨损也大大缩短了卡和读写器的使用寿命。如：由于粗暴、倾斜、或不到位插卡，非卡外物插入，以及灰尘、氧化、脱落物或油污导致接触不良等原因造成的故障。

②由于集成电路芯片有一面在卡片表面裸露，容易造成芯片脱落，静电击穿，弯曲、扭曲损坏等问题。

③卡片触点上产生的静电可能会破坏卡中的数据，如果因环境腐蚀及保管不当，可能会造成卡触电破坏使 IC 卡失效。

④接触卡的通信速率较低，再加上插拔卡的动作延误，造成每一笔交易需要较长时间的等待，严重影响其在需要快速响应场合的应用。

2. 非接触式 IC 卡

非接触式 IC 卡，又称射频卡，诞生于 20 世纪 90 年代初，由于存在着磁卡和接触式 IC 卡不可比拟的优点，使之一经问世，便立即引起广泛的关注，并以惊人的速度得到推广应用。

非接触式 IC 卡由 IC 芯片、感应天线组成，并完全密封在一个标准塑制卡片中，无外露部分。非接触式 IC 卡的读写过程，通常由非接触式 IC 卡与读写器之间通过无线电波来完成读写操作。

非接触式 IC 卡的构成如图 3－8 所示。

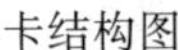

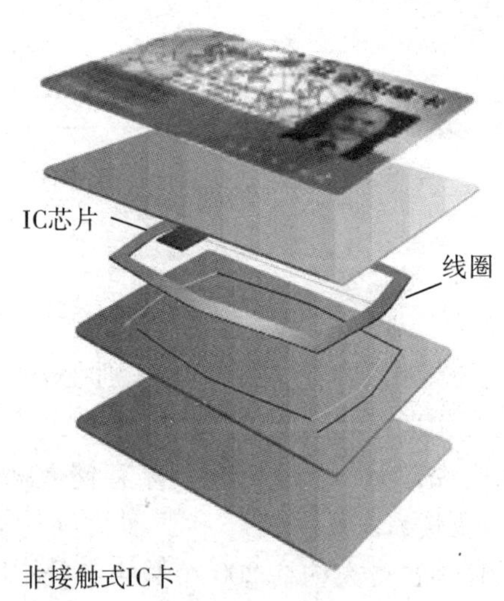

图 3－8　非接触式 IC 卡的构成

（1）非接触式 IC 卡的工作原理

非接触式 IC 卡本身是无源体，它与读写器之间通过无线电波来完成读写操作。二者之间的通信频率为 13.56MHz。

当读写器对卡进行读写操作时，读写器发出的信号由两部分叠加组成：一部分是电源信号，该信号由卡接收后，与其本身的 L/C 产生谐振，产生一个瞬间能量来供给芯片工作。另一部分则是结合数据信号，指挥芯片完成数据、修改、存储等，并返回给读写器。

读写器则一般由单片机、专用智能模块和天线组成，并配有与 PC 的通信接口、打印机、I/O 接口等，以便应用于不同的领域。

由于非接触式 IC 卡所形成的读写系统，无论是硬件结构，还是操作过程，都得到了很大的简化，同时借助于先进的管理软件及可脱机的操作方式，都使数据读写过程更为简单。

（2）非接触式 IC 卡的技术特点

非接触式 IC 卡与传统的接触式 IC 卡相比，它在继承了接触式 IC 卡优点的同时，如大容量、高安全性等，又克服了接触式 IC 卡所无法避免的缺点，如读写故障率高，由于触点外露而导致的污染、损伤、磨损、静电以及插卡这种不便的读写过程等。非接触式 IC 卡完全密封的形式及无接触的工作方式，使之不受外界不良因素的影响，从而使用寿命完全接近 IC 卡芯片的自然寿命，因而卡本身的使用频率和期限以及操作的便利性都大大高于接触式 IC 卡。

当然，将射频识别技术用于非接触式 IC 卡也对它产生了特殊的要求，以满足“卡”的要求。从技术上看，主要有以下几点。

①射频技术：由于 IC 卡的尺寸限制以及卡上的应答器不能有电源系统，需要由寻呼器（读写设备）通过无线电波方式供电，卡内需埋装特殊设计的天线，须保证有良好的抗干扰能力，而且还要有“防冲突”电路。

②封装技术：由于 IC 卡的尺寸限制以及卡上装的应答器天线、芯片及其特殊部件，为确保卡片的大小、厚度、柔韧性和高温高压工艺中芯片电路的安全性，需特殊的封装技术和制造设备。

③低功耗技术。无论是有源方式还是无源方式设计的非接触式 IC 卡，最基本的要求是功耗小，以提高卡片寿命和扩大应用场合，因此卡内一般都采用非常苛刻的低功耗工艺和有关技术。如电路设计采用“休眠模式”进行设计。

④安全技术：除了卡的通信安全技术外，还要与卡用芯片的物理安全技术和卡片制造的安全技术结合，以构成强大的安全体系。

三、筹码型 IC 卡

非接触式 IC 卡按需要可封装为方卡型、筹码型或者其他形状。方卡型 IC 卡其外形和磁卡比较相似。

筹码型 IC 卡是在直径为 30mm、厚度为 2mm 的非金属材料圆盘内，嵌装集成电路芯片及天线，通过电感耦合的方式与筹码读写器进行操作的 IC 卡，简称筹码（TOKEN）。

广州地铁是世界上首家使用的筹码型 IC 卡单程票（TOKEN）的公交企业。广州及深圳的筹码型车票如图 3－9 所示。

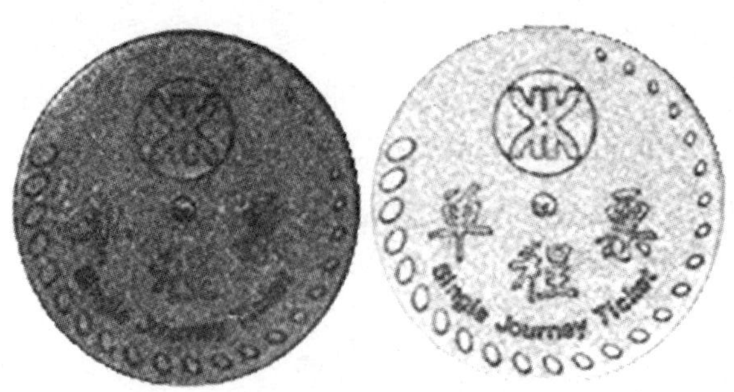

图 3-9　广州及深圳筹码型车票

想一想

筹码型车票在使用过程中有什么特点？

筹码型 IC 卡票卡与方卡型 IC 票在终端设备、系统结构和应用软件等方面基本一致。只是筹码型 IC 票卡的传送可依靠重力和滚动，显然筹码型车票的处理装置结构最为简单，维护工作量也小，但是给车站运营管理带来便利的同时也存在相应的问题。由于筹码型车票尺寸太小容易丢失，在运营初期，筹码的大量流失，会给企业经济带来一定的影响。而方卡型 IC 票卡则要依靠专门的传输装置，因此，终端设备的结构及维护等都比较复杂，但方卡型车票容易携带也比较符合一般乘客的使用习惯。

四、异形 IC 卡

标准卡为国际统一尺寸的卡品，它的尺寸是 85.5mm×54mm×0.76mm。而今由于个性的需求印制不受尺寸的限制，导致了在世界各国出现不少形形色色的“怪异”卡，此类卡我们称之为异形卡（图 3-10）。其中诸如长方形、正方形、三角形、椭圆形等几何形卡。称之为“非标准卡”；把动物形状、娃娃形状的一些特别形状卡称之为“准异形卡”。相对而言，“准异形卡”的制作工艺要比几何体难度更大一些。

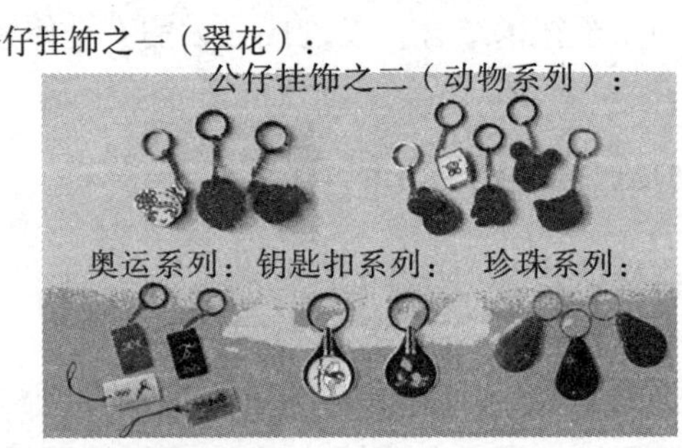

图 3-10　手表及各种挂饰异形卡

异形卡并不是指某种类型的卡。通俗的说，形状上非规则的都可以称作异形卡。异形卡内可以封装各种各样的芯片，也就是说可以具有多种不同功能。

1. 异形卡用途

常见的异形卡主要有两种用途，一是用于胸卡，根据客户的不同要求，胸卡的大小差异很大，最小的有 20mm×40mm，最大的有 90mm×130mm，具备不同尺寸、不同形状的卡，可适应不同客户的不同要求。二是用于门禁卡。异形卡均可做成几十种形状，如匙扣卡、钱币卡，既现代又美观。

尽管目前非接触式 IC 卡是最新的技术，但因卡片功能有限，非接触式支付将与类似的手机登移动设备以及包括 Mini 卡、钥匙链等结合起来使用。

2. 异形卡分类

按行业分类：异形卡分为公交异形卡、门禁异形卡、商场异形卡、服装异形卡。

按材质分类：异形卡分为 PVC 异形卡、金属异形卡、普通纸异形卡。

按使用环境分类：异形卡分为接触式异形卡、非接触式异形卡、双界面异形卡、复合异形卡。

非接触式异形卡分类：低频异形卡（125kHz）、高频异形卡（13.56MHz）、超高频异形卡（850～930MHz）、微波异形卡（2.45GHz、5.8GHz）。

图 3－11 为不同异形卡的形式。

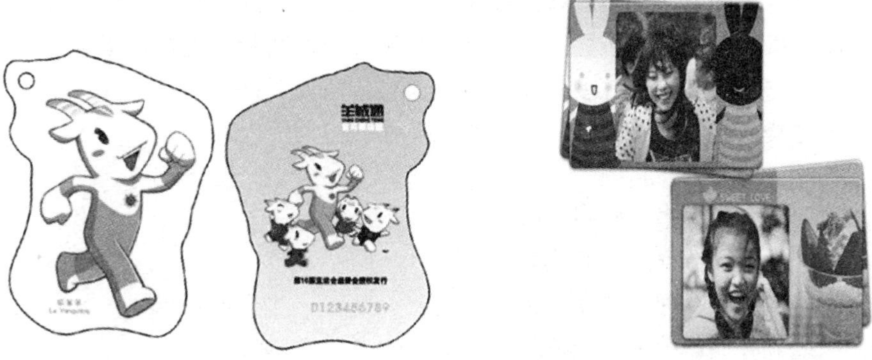

图 3－11 羊城通及 DIY 异形卡

五、智能 IC 卡安全机制

IC 卡的芯片是一种集成电路芯片，其安全性是 IC 卡安全性的基础，在芯片的设计阶段应提供完善的安全保护措施。一般来说，对 IC 卡用芯片的攻击主要有以下几种：

（1）通过电子显微镜对存储器或芯片内部逻辑进行扫描，直接进行分析读取。

（2）通过测试探头读取存储器内容。

（3）通过从外部获取的接口直接对存储器或处理器进行数据存取。

（4）激活 IC 卡用芯片的测试功能。

IC 卡用芯片的安全技术要从物理上防止以上攻击，物理保护的实施强度以实施物理攻击者所消耗的时间、精力、经费等与其获得的效益相比作为标准。在自动售检票 AFC 系统中，安全问题主要包括以下几个方面：

（1）车票安全，防止伪造、克隆、篡改、泄密、偷盗。

（2）设备安全，防止偷盗后对车票进行价值或复制，防止业务程序被攻击改变，防止重要参数及数据被改变。

（3）数据安全，防止篡改、窃取、丢失、抵赖。

（4）系统安全，防止攻击，破坏，泄露重要信息。

对于IC卡单程票，经过BOM机、TVM机等发售到乘客手中，到出站闸机进行回收。在整个使用过程中，IC卡处于两种状态：在系统运营人员管理中，包括单程票的采购、初始化、发售、回收、循环运输等环节；在乘客手中，从购买单程票到出站之间。对于IC卡储值票，经过BOM机、TVM机等设备发收到乘客手中，将一直在乘客手中重复使用，直至被收回。两种情况中，IC卡在乘客手中时，有更大的不安全风险。但是整体而言，单程票处在安全范围内的比例要比储值票大。储值票由于其储值金额可能较大，所以被攻击的可能性更大。

IC卡的安全由三个不同层次的安全保障环节组成。一是芯片的物理安全技术；二是卡片制造的安全技术；三是卡的通信安全技术。这三个方面共同形成卡的安全体系，保证卡片从生产到使用的安全。公开密钥基础实施PKI能够使位于世界上任何地方的两个人通过互联网来进行通信，而且能够保证通信双方身份的真实性以及相互交换信息的安全性。IC卡和PKI之间的联系在于密钥及相关数字证书的存储，卡片载有持卡人的数字证书和私有密钥，可通过PKI技术实现身份识别和信息加密运输。这种技术对实现IC卡的安全交易提供了更多的选择。具体方法如下：

（1）通过烧断熔丝，使测试功能不可再激活。

（2）高/低电压的检测。

（3）低时钟工作频率的检测。

（4）防止地址和数据总线的截取。

（5）逻辑实施对物理存储器的保护。

（6）总线和存储器的物理保护层等。

1. 储值IC票卡的安全性

自动售检票AFC系统的储值票使用符合ISO 14443 TYPE A标准的Mifare 1 IC卡。它具有先进的数据通信加密和双向验证密码系统；卡片制造时，具有唯一的卡片系列号；卡片上内建8K EEPROM存储容量并划分为16个扇区，每个扇区划分为四个数据存储块，每个扇区可由多种方式的密码管理；卡片上还内建有增值/减值的专项的数学运算电路，具有防重叠功能，模块与卡片通信时数据加密，每个扇区设有三套密码及其认证和密码存储器。

Mifare1卡片的存储量为8192bit×1位字长，采用EEPROM作为存储介质，整个结构划分为16个扇区，编为扇区0~15，每个扇区有四个块，每个块有16个字节，每个扇区的块3（及第四块）包含了该扇区的密码A（六个字节）、存取控制（四个字节），密码B（六个字节），是一个特殊的块，其余三个块是一般的数据块。但扇区0的块，是厂商代码，已固化，不可改写。

在对Mifare1卡进行读写时，相应的软件操作也同样为卡片的安全性提供了保证。如在读取Mifare1卡片上的数据之前，必须证明它是允许的，这个过程称为认证操作。可通过选择秘密存储在MCM中的RAM的一组密码来进行认证而实现。卡片存储器的每一个块都有指定的存取条件，这些存取条件根据密码A或B（它们对整个扇区始终有效）而定。MCM能够存储三个密码集KEYSET0、KEYSET1、KEYSET2，每一个

KEYSET 又包含了 KEY A 及 KEY B 等，以存取最高达 32Kbit 内存容量的 Mifare 卡片。用户必须在 KEYSTACON 寄存器中指定一套密码。要想对此种 IC 卡进行攻击的话，必须要知道自动售检票 AFC Mifare1 IC 卡的数据存储结构和密钥，但这很难实现。

2. 单程 IC 票卡的安全性

对于符合 ISO14443TYPE A 标准的 Mifare Ultra Light IC 卡作为轨道交通单程票使用是足够安全的。用 UID + 密钥防止伪造，用动态 MAC 锁定防止篡改，用密钥系统保证密钥安全，利用 Mifare Ultra Light 卡的全球唯一序列号（该序列号是烧制在卡片的 EPROM 上的，是不可修改的）与密钥通过运算产生一个 MAC，每次交易对 MAC 进行认证。产生 MAC 的密钥保存在 SAM 上，这样想要克隆一张车票就需要克隆其全球唯一序列号，并得到保存在 SAM 上的密钥，同时还要知道计算方法。所以能得到 MAC 的机会几乎是不存在的，这样只要通过密钥系统保护主密钥不流失就可以保证车票不被伪造。采用动态 MAC 方式，即 SAM 卡计算，动态 MAC 与 CRC 相结合的方法来实现关键数据不被篡改。动态 MAC 计算就是在交互过程中加入 SAM 卡作为计算主体（密钥系统由主密钥卡多级分散后得到交易密钥卡 SAM 卡、SAM 卡通过密钥分散因子以及三重 DEA 算法保证其安全性），所有数据作为运算项目，每次对票操作完成后，SAM 产生一个 MAC，并写入票中，下次操作票卡时，首先验证 MAC 是否可以通过。

由于 SAM 可以认为是安全的，MAC 的计算可放在 SAM 中，这样也可以认为 MAC 是安全的。参与 MAC 计算的数据包括车票的唯一编号、车票的余额以及 CRC 结果码。这样，如果金额被修改，下次就无法通过 MAC 计算。但是 SAM 送入 MAC 的数据量是有限的，并且数据多了速度会受到比较大的影响，所以增加了二级安全保护措施，即 CRC 运算。当车票操作完成时，对车票内的所有数据（除 MAC 码和 CRC 结果码）进行 CRC 运算，并得到 CRC 结果码，之后将 CRC 码也作为 MAC 运算的数据项目之一送入 SAM 卡进行运算。这样票中的数据项目一旦被非法修改，CRC 不会被通过，且可以发现。如果 CRC 算法被攻击或伪造，MAC 也无法通过，因为 MAC 由 SAM 计算得到，SAM 是由密钥系统保证安全的，故攻击者无法篡改票中的数据。

由于超轻型卡可直接修改数据内容，所以无法防止车票中的数据被读取，但是 SAM 中的数据及流程是无法读取的，而且系统泄露个别车票的数据内容不会带来特别风险，如果攻击者分析得到车票的数据结构，但有动态 MAC 作为安全保证，攻击者也无法获得非法利益，所以可以不采用特别的保护措施。

任务 3.4　AFC 系统票卡种类及其适用范围

一、AFC 系统票卡定义规则

城市轨道交通自动售检票 AFC 系统专用票可包括单程票、出站票、往返票、福利票、一日票、区段计次票、区段定期票、纪念票（定值纪念票、计次纪念票、定期纪念票）、员工票、车站工作票、储值票（预留）及其他预留车票等。

1. 自动售检票 AFC 系统票卡票种定义（表 3－2）

表 3－2 自动售检票 AFC 系统票卡票种定义表

<table>
<tr><th>序号</th><th colspan="2">票种</th><th>定义</th><th>挂失</th><th>出站回收</th><th>限当日使用</th><th>再次充值（次）</th></tr>
<tr><td>1</td><td colspan="2">单程票</td><td>当日一次乘车使用，限在购票车站进站，按乘车里程计费</td><td>×</td><td>√</td><td>√</td><td>×</td></tr>
<tr><td>2</td><td colspan="2">出站票</td><td>由半自动售票/补票设备发售，仅限发售出站票的车站当日出站时使用</td><td>×</td><td>√</td><td>√</td><td>×</td></tr>
<tr><td>3</td><td colspan="2">往返票</td><td>当日限定两车站间一次往返乘车时使用，按乘车往返里程计费，超程时需补出站票出站</td><td>×</td><td>√
注：往程出站时不回收，返程出站时回收</td><td>√</td><td>×</td></tr>
<tr><td>4</td><td colspan="2">一日票</td><td>在购票当日内不限次使用，车票使用时需检查进出站次序</td><td>×</td><td>×</td><td>√</td><td>×</td></tr>
<tr><td>5</td><td colspan="2">福利票</td><td>适用于持可免票证件的乘客在半自动售/补票设备换取的车票，使用方式同单程票</td><td>×</td><td>√</td><td>√</td><td>×</td></tr>
<tr><td rowspan="2">6</td><td rowspan="2">区段票</td><td>区段计次票</td><td>在有效期内、在规定区段内计次使用。超过规定区段，需补票</td><td>×</td><td>×</td><td>×</td><td>√
再次充值后有效期延长</td></tr>
<tr><td>区段定期票</td><td>在规定区段内定期使用。超过规定区段，需补票</td><td>×</td><td>×</td><td>×</td><td>√
再次充值后有效期延长</td></tr>
<tr><td rowspan="3">7</td><td rowspan="3">纪念票</td><td>定值纪念票</td><td>在有效期内使用，每次乘车按里程计算</td><td>×</td><td>×</td><td>×</td><td>×</td></tr>
<tr><td>计次纪念票</td><td>在有效期内计次数使用，每次乘车不计里程</td><td>×</td><td>×</td><td>×</td><td>×</td></tr>
<tr><td>定期纪念票</td><td>在有效期内不限次使用，每次乘车不计里程</td><td>×</td><td>×</td><td>×</td><td>×</td></tr>
<tr><td>8</td><td colspan="2">员工票</td><td>内部员工记名使用的计次票</td><td>√</td><td>×</td><td>×</td><td>√</td></tr>
<tr><td>9</td><td colspan="2">车站工作票</td><td>由车站工作人员持有，仅限指定车站使用，不检查进出站次序</td><td>√</td><td>×</td><td>×</td><td>×</td></tr>
</table>

小贴士

乘客携带品处理

各城市轨道交通运营企业对乘客的携带品范围都有自己的规定。以某市地铁公司为例，乘客携带质量为20～30kg，外部尺寸长、宽、高之和为130～160的行李时，需加购同程车票一张，即行李票。凡长度超过160cm，或质量超过30kg或外部尺寸长、宽、高之和超过160cm的行李，一律不得携带进站。

2. 车票状态定义

（1）根据车票从出入站状态来分，有“已入站”和“未入站”两种状态。

①“已入站”是指乘客入站时，车票经进站闸机刷卡后所处的状态。

②“未入站”是指车票初始化后，经过自动售票机或半自动售票机售出，但未进站刷卡使用所处的状态。

（2）根据车票从发售和回收来看，分为“已售”、“未售”和“回收”三种状态。

①“已售”是指车票经由售检票设备售出时所处的状态，预制单程票经过初始化赋值后也处于“已售”状态。

②“未售”是指车票经过初始化后配发至车站且未经车站发售前所处的状态。

③“回收”是指单程票由出站闸机回收后所处的状态，或经过半自动售票机进行退卡操作所处的状态。储值票经过半自动售票机进行退卡操作后也处于“回收”的状态。“回收”状态的单程票可供车站循环发售。

二、各类型票卡的适用范围、有效期及使用规定

轨道交通是一项高投入、高效益的服务新产品，其高效益主要体现在对社会经济的间接推动和对社会的维持上，但又可以采取适当的票价政策获得部分收益，因而又不是一项准公共产品。由于不同国家不同地区所采用的扶持政策不同，因此，各地票卡种类也存在很大的差别。

根据轨道交通的特点，票卡按其使用性质一般分为单程票、储值票、许可票或特种票三大类；按计价方式不同，又分为计次票、计时票、计程票、计时计程票、计时计次票和许可票六大类。

知识链接

计次票、计时票、计程票的特点

（1）计次票指在车票规定的有效期内，使用该票可在任何地铁车站进站乘车，由出站闸机扣除一个乘次，不计站数，每次扣除的费用是相同的。

（2）计时票指为避免乘客在列车上或车站付费区内长时间逗留而造成不必要的拥堵，城市轨道交通运营企业会对乘客从进站检票时起至出闸检票时止的时间作出限制，称为乘车时限。超过乘车时限即为滞留超时，运营企业往往会对这部分乘客收取一定金额的费用。如广州地铁公司规定，乘客从入闸时起至出闸时止时限为120min。

(3) 计程票指经进出站检票，严格按照实际乘坐距离长短（里程或站数），按照票价计费标准计算乘车费用。

在政府给予城市轨道交通运营企业较大幅度直接补贴（如相应的税费减免政策或从政府公共基金中直接划拨相应款项）的情况下，其成本负担较轻，可以增加让利于民的幅度，同时也可简化计价方式，此时票卡一般可采用以计次为主的计次票、计时票、计时计次票、许可票四类（如巴黎、伦敦、纽约等城市）。

在政府不能给予城市轨道交通运营企业较大幅度直接补贴的情况下，其成本负担较重，为了回收投资及维护运营需要，必须强化票务收入，此时票卡一般采用以计程为主的计次票、计时票、计程票日、计时计程票、计时计次票和许可票六大类（如东京、香港、上海、广州等城市的轨道交通及铁路）。

1. 单程票

单程票是指乘客以一定金额购得一次服务旅行承诺，只可进行一次进站和一次出站行为的车票，通过系统参数设备，可以定义单程票的有效期限和区间。

目前，国内轨道交通票务系统中，常见的单程票有方卡型和筹码型两种。在实际运营过程中，从应用角度出发，又分为普通单程票和预制单程票，而预制单程票又分为限期预制票和不限期预制票。

普通单程票是指在车站自动售检票 AFC 系统终端设备上发售，在地铁自动售检票 AFC 系统中循环使用的非接触式 IC 卡，限于单次、单车程使用，出站回收；预制票是指经过编码分拣机（E/S）或半自动售票机预先赋值的单程票，通过人工售卖以弥补大客流情况下设备售票能力不足的问题。预制票的特点：已赋有一定的金额，有较长的使用期限，在有效期内每个车站都可以使用。

从使用范围来看，单程票一般仅限制在轨道交通内部循环使用。单程票采购回来后，在制票中心经过初始化、编码工作，然后配发到车站，通过自动售票机或半自动售票机发售，乘客乘坐地铁出站后由出站闸机回收，回收后的车票可在车站循环使用。异常车票交回制票中心重新进行初始化编码。

单程票一般分为以下几种：

(1) 普通单程票。它是单程票中使用最大、最广泛的一种车票，乘客购票时完成对票卡的复制，当日当站（按参数设置）、限时限距、出站回收。

(2) 应急票。应急票一般有两种表现方式：一种是预先对一定数量的车票进行预赋值，由工作人员人工发售，此类应急票的使用方法和普通单程票相同，只是由于对车票预先赋值，在资金及票卡的管理上更为严格。另一种是将车票进行应急专用编码，在进站时发放给乘客，当乘客在到达出站时，根据乘坐情况补票。该方式可以解决大客流冲击时，车站售票能力不足的问题。

(3) 优惠票。根据条件给予一定的折扣和优惠的车票，如批量购买、某项活动等。

(4) 出站票。出站时补票使用，发售当日当站有效，出站回收。

小贴士

购买团体单程票的规定

由单位或个人一次性购买 30 张以上的单程票可购买团体单程票。30 ~ 99 人可享受

9 折优惠；100 人及以上可享受 8 折优惠。团体单程票在出售后不予退换，在购票站通过边门进站乘车，只能进、出站一次，且当天有效。

2. 储值票

储值票是指车票内预存一定资金，在足够资金的情况下可多次使用的车票，每次使用时根据费率扣除乘车费用，出站不回收。储值票一般分为记名储值票和不记名储值票。

记名储值票（图 3－12）即卡内保存有持卡人的个人信息，如持卡人姓名、性别、身份证号码等；卡面也可根据需要印刷持卡人的姓名、性别、身份证号码和照片等信息，一般有个人记名储值票、学生票、老免票、员工票、残疾人及伤残军人免费票等。表面印有个人信息的储值票一般不允许转让他人，也不能够退换。但是记名储值票可以挂失，可以享受信用消费和信用储值及其他特殊服务。

不记名储值票票面上没有持卡人的信息，通常使用后如果无污损，可以将车票退还给发卡公司以便其重新发行使用。但是不记名储值票不能挂失，也不能享受信用消费和信用增值等服务。

储值票一般由专门发卡单位制作，通过发卡单位营业网点或代理机构发售。发售时根据储值票的成本收取一定押金，在车票有效期内限单人使用，进站检票、出站扣费。若超时出站，根据票务规章规定补交滞留超时费用。储值票卡内金额一般都有一定的上限要求，不同城市的规定不同。

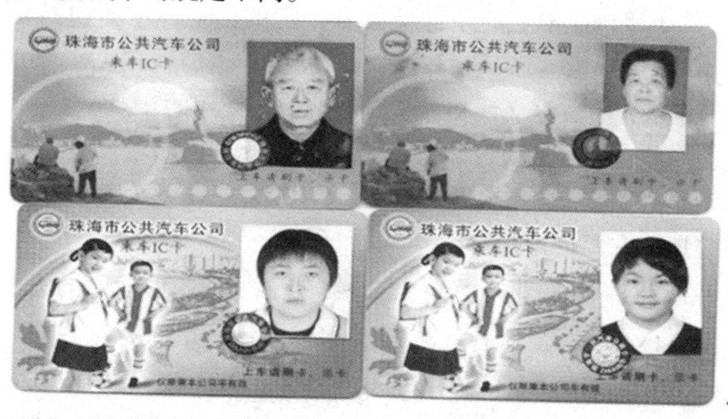

图 3－12　记名储值票

小贴士

北京市、深圳市储值票卡内上限为 1000 元，广州市储值票上限为 500 元。

储值票一般分为以下几种：

（1）普通储值票。它是储值票中使用最多最广泛的一种车票，可以反复充值使用，每次使用根据费率表扣费。

（2）优惠票。优惠票是根据条件给予一定的折扣和优惠的车票。如老人票、学生票、老免票等。

图 3－13　香港地铁纪念香港回归纪念票

（3）纪念票。纪念票是为某种题材专门制

作的纪念性票卡，可供收藏，按定价发行，在有效期内使用，不记程。出站不回收。纪念票一经售出，概不退换。图3－13为香港地铁纪念香港回收纪念票。

知识链接

优惠储值票办理规定

以某市地铁公司为例。

（1）办理储值票时，每张储值票收取储值票押金20元。

（2）普通储值票9.5折、中小学生储值票7折、老年人储值票5折。

（3）60～65岁（不含65岁）的老年人可凭有效《××市老年人优特证》购买老年人储值票。

（4）65周岁及以上的老年人可凭有效《××市老年人优特证》申请老年人免费票。

3. 许可票或特种票

许可票是一种不同于单程票和储值票的特殊票种，由运营方根据某种特殊需要，针对某些群体的特殊要求，以吸引或方便他们来乘坐地铁为目的而发行的，赋予特定的使用许可的一种车票，在限定的条件下具有一定的优惠。主要包括日票、周票、月票、公务票和测试票等。

（1）车站工作票：供轨道交通相关从业人员工作使用的车票。

（2）测试票：是一种对自动售检票系统设备进行维护诊断用的特殊车票，只能在设备属于维护模式由维修人员测试设备时使用。

4. 车票有效期和车票使用规定

（1）除另有规定的情况外，一般大多数城市轨道交通车票的有效期如表3－3所示。

表3－3　车票有效期

票种	有效期
单程票	发售时期至当天运营结束时止
福利票	发售时期至当天运营结束时止
出站票	发售时期至当天运营结束时止
定值纪念票	规定时间
一卡通储值票	6年

（2）车票的一般使用规定。

①进站、出站检票时，必须持有本系统内使用的有效车票。

②车票的一次完整使用过程必须有一次进站记录和相应的出站记录。

③每张单程票、福利票仅限当日一人一次乘车使用；定值纪念票、一卡通储值票每次乘车过程中仅限一人使用。

④定值纪念票可在有效期内多次乘车使用，不充值、不回收；一卡通储值票可在一定时间内多次使用、反复充值；一卡通储值票可以透支一次，透支额在下次充值时从充值额中扣除。

⑤1.2m 以下的儿童免费乘车，但必须由成人带领，同行成人需按规定支付乘车费用；两名及以上儿童除一名免票外，其余也需支付乘车使用。

⑥使用福利票的乘客乘车时，应同时携带本人免费乘车证件。

⑦乘客在付费区内将车票丢失，出站时无票的，需按章补票。

现行各类车票使用方法和使用规定如表 3－4 所示。

表 3－4　车票使用方法和规定

类别	票种	介质	提供商	使用方法	车票使用规定
一票通票	单程票	非接触式 IC 卡	ACC	进站刷卡，出站回收	一名乘客本站当日一次乘车有效
	福利票				符合免费乘车条件的乘客一人一次乘车有效
	出站票			出站回收	只能用于一名乘客出站一次
	定值纪念票			进站刷卡、出站经回收口扣费后，原处退还给乘客	根据 ACC 业务规则，在发行时规定使用次数且每次一人使用有效
	车站工作票			进出站均刷卡	只在本站有效，不计进出站次序
一卡通卡	储值卡		一卡通公司	进出站均刷卡	1. 可反复储值使用，每次一人使用有效； 2. 异形卡的使用方法相同，以一卡通公司提供的样式为准
	员工卡				只能系统内部员工使用，每次扣除次数一次
应急纸票	单程票	纸质车票	运营商	进站经人工检票、出站无需验票	满足启动条件时使用，一经启动须次日首车方可恢复自动售检票 AFC 模式

任务3.5　一卡通在AFC系统的应用及手机支付

一、国内主要城市一卡通

乘客在整个轨道交通路网内，使用一卡通从一条线路到另一条线路无需二次检票，可自由换乘，乘客在换乘站不需要先出站进入非付费区，后再进站到另一条线的付费区，而是直接在换乘站的付费区换乘到另一条线路。

一卡通是利用先进的计算机、通信、信息处理、IC卡技术及安全保密等技术手段建立的，以售卡、充值、结算为中心业务的服务平台，该系统采用非接触式IC卡作为支付介质，应用了市政、公共交通等领域。一卡通是轨道交通自动售检票系统中的车票介质，按照统一规则、统一卡片类型及统一管理模式在轨道交通线路中使用。

随着国家对信息化建设投入的不断加大，“数字城市”的概念越来越清晰。特别是在国内的一些大、中型城市里，数字化、信息化已逐渐地渗透到市民的日常生活中，并能做到与世界同步，跟全球信息化、数字化接轨。

一卡通系统是信息化城市的一个重要组成部分，真正的一卡通应该是覆盖城市居民生活各个领域的支付和支持身份认证，能够完成公用事业的预收费，以及金融、旅游、医疗等多个领域的快速结算和支付，保证各领域的身份认证和信息存储查询。国内一些大城市如北京、上海、香港、广州、深圳、南京等地都已广泛应用。

1. 上海公共交通卡（图3-14）

上海公共交通卡股份有限公司于1999年投入试运行一卡通“sptcc”，2002年已经累计发行475.9万张，经过多年来的建设和完善，上海市的一卡通系统现已通过验收，并进入正式运营阶段。“sptcc”的应用层面虽然也是在交通运输方面占了绝大多数（地铁、轻轨、公交等），但市场运作策略紧贴潮流，很好地掌握消费者心理，于2003年就推出了第一批手表异形卡，取得了良好的市场反响。后来陆续扩展至其他行业，包括商店、餐饮、停车场等业务，而且还不断推出了一些个性化服务，如市民可以随心所欲DIY自己喜欢的一卡通图案，而且还可以用自己的照片合成。

2. 香港“八达通”（图3-15）

八达通是香港通用的电子收费系统。芯片内置在信用卡大小的塑胶卡片中，卡片充值后，放在接收器上即能完成付款过程。八达通在1997年9月1日开始使用，最初只应用在巴士、铁路等公共交通工具上，后来陆续扩展至其他行业，包括商店、餐饮、停车场等业务，也用作学校、办公室和住所的通行卡。充值的方法由最初的充值机，扩展至商店付款处和以信用卡、银行账户自动转账。

八达通是全世界最早也是最成功的电子货币之一，普及程度也是全世界最高的。截止2005年，香港总共流通1240万张八达通，每日交易总数也超过800万。八达通公司凭此经验取得在荷兰和中国长沙发展电子收费系统的合约，并计划未来与深圳地铁的深圳通互相通用。八达通的非接触式智能卡设计，令使用者只需接近八达通读卡器即可进行交易，并不需要直接的物理接触。

八达通几乎适用于香港所有的公共交通工具（九广铁路、地铁、轻轨、轮渡、巴士等）以及大型连锁店（便利店、快餐店、超市等）。香港许多新款自动售卖机亦接受八达通付款，包括收费电话亭及自动摄影机。此外，部分自主影印机也支持使用八达通收费，包括大部分香港大专院校的图书馆。就连前往中国内地旅游的旅游保险也可以在九广东铁部分车站使用八达通购买。

图3－14 上海公共交通卡

图3－15 香港“八达通”

3. 广州“羊城通”（图3－16）

广东也是全国最早投入一卡通建设的地区之一。尤其是广州的“羊城通”，自2001年12月正式投入使用以来，经过多年的发展，现已初具规模。

目前，羊城通的应用面覆盖广州市内所有的公交汽（电）车、轮渡、地铁各站以及部分电信业务，同时还拓展到连锁便利店、菜市场、电影院、饼屋等商务小额消费领域，应用区域从广州市区扩大到增城、花都、番禺、从化、佛山五区（南海、顺德、禅城、高明、三水）等，成为集“公交通、电信通、商务通”等功能于一体的多功能电子支付媒介，让广大市民真正享受了电子付费的便捷。

4. 北京市政交通一卡通（图3－17）

北京一卡通，本是只指“北京市政公交车一卡通”，后来，商家为了竞争，提供使用一卡通可以消费的方便服务。于是，公交一卡通便成了真正的“北京一卡通”，不仅可以乘公交使用，还可以在超市等商店消费，在电影院看电影消费。北京市政交通一卡通是一张集成电路卡，每张卡内设有高科技芯片，该芯片具有电子钱包及其他功能，可存储多次付款记录，亦可反复充值使用。

2006年4月1日起，北京市政交通一卡通开始预售，2006年5月10日，一卡通全面正式启用，限乘次数，每月每卡限乘140次。截止2007年12月10日，一卡通系统共计发1463.45万张，日均交易1100万笔，最高达1216万笔，系统累计处理交易达49.7亿笔。就交通领域的使用情况看，刷卡交易量居全国第一位。随着发卡量的不断增加，持卡人群不断扩大，为广大持卡人提供更广泛的用卡支付领域是广大持卡人的需求。一卡通用卡消费范围：公交、轨道交通、出租车、停车场、加油站、公园景点领域、北京联通公用电话亭、电影院、医院、超市、便利店、餐饮、书店、药店等多种场合。

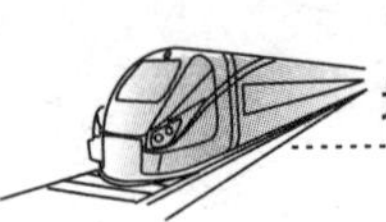

2010年5月17日，北京联通与北京市政交通一卡通公司联合推出了“联通手机一卡通”服务，让联通的手机用户可以持手机刷公交、地铁、小额支付等，如图刷一张普通的北京市政一卡通卡。“联通手机一卡通”具体包括一部联通定制手机终端、一张智能SIM卡以及30元一卡通账户使用费。与市面上普通手机不同的是，这种定制手机根据手机支付的需求进行了少许改造，在后背加装了一个天线。手机里的SIM卡则是握奇SIMpass双界面卡。“联通手机一卡通”服务已于2010年12月31日起开始实施。

图3-16　广州“羊城通”

图3-17　北京市政交通一卡通

5. 深圳“深圳通”（图3-18）

深圳最初推出的“深圳通”是为了让市民方便地乘坐公共小巴而发行的，它只可以用来乘坐公交车。2004年12月28日，深圳地铁公司发行了一张可以用来乘坐地铁的深圳通。截至2005年10月，深圳通的功能还仅限于公共交通方面。2005年底，深圳通由深圳通有限公司重新统一发行并启用，新型的深圳通是一张集地铁储值卡、公交IC卡、出租车和商场小额消费功能于一体的IC型储值卡，并可能与香港的八达通、广州的羊城通等周边城市储值卡互联互通。

6. 其他地区

除以上几个区域外，国内的其他城市，如南京、成都、厦门、沈阳等的一卡通系统都相继投入使用，并不断完善系统和逐步拓展应用领域。

但是，就目前国内的情况而言，一卡通还处于初级阶段，应用领域非常有限。公共交通支付还是占绝对的比例。在不久的将来，一卡通有望能发展成一张集电子支付、个人身份证明和社会医疗、保险信息储存于一身的多功能智能卡，真正做到“一卡在手，万事无忧”。

图3-19为南京“金陵通”卡。

图3-18　深圳“深圳通”

图3-19　南京“金陵通”

二、一卡通在 AFC 系统中的一般要求

1. 公交系统要求

公交系统对于一卡通的要求如下：

（1）交易处理快速、简单、快捷无误。

（2）可靠性高、交易准确；交易量比较大，交易终端使用频率高。

（3）终端要求维护简单、维护费用低；读写机抗干扰性强。

（4）支付方式安全性高、防伪造、防攻击；系统效率高、管理和维护费用低。

（5）交易金额比较小。

2. 系统安全性要求

（1）采用 PBOC 电子钱包，确保交易安全和正确。

（2）卡片支持 3DES 加密算法，确保数据的安全性。

（3）机具全封闭，抗破坏和抗干扰能力强。

（4）卡片支持防冲突机制，同时可处理多张卡片。

北京市政交通一卡通系统采用非接触式 IC 卡，选择了以 Mifare 技术为基础，逻辑加密卡兼容 CPU 卡的技术系统方案，符合国家住房和城乡建设部 IC 卡领导小组和北京市“一卡通”建设要求，而且技术上先进，功能上易于扩展与兼容。系统建立了能够支持跨领域清算，兼具动态性和灵活性的清算网络系统。设计制定了标准化接口规范，不仅规定了一卡通系统清算所必需的数据域，还预留了对不同应用领域特殊管理数据要求的接口，并在接口规范的基础上设计了不同的通信方式。建立了完整有效的系统安全体系，采取了高效的密钥体系的关键技术措施，保证了系统的安全可靠运营，对密钥体系进行了大胆创新，针对非接触式智能卡的特点做到了“一卡一密，一扇区一密”，建立了安全、便捷的充值、发卡体系，系统的发卡体系和充值体系不仅具有足够的安全性，还具有足够的灵活性和多样性。

三、手机支付

手机支付也称为移动支付（Mobile Payment），是指允许移动用户使用其移动终端（通常是手机）对所消费的商品或服务进行账务支付的一种服务方式。继卡类支付、网络支付后，手机支付俨然称为新宠。2009 年中国手机支付市场规模已达到 19.74 亿元。此外，手机支付用户规模也早在 2009 年内增长到 8250 万人。2010 年以来，国内的三家移动通信运营商都加大了在手机支付上的投入力度，又由于地铁的便民性，因此运营商都看准了手机支付在地铁应用的这块领域，着力发展地铁领域的手机支付业务。

手机支付有三种支付方式。第一种途径：费用通过手机账单收取，用户在支付其手机账单的同时支付了这一费用。在这种支付方式中，移动运营商为用户提供了信用，但这种代收费的方式使得电信运用商有超范围经营业务之嫌，因此其范围仅限于下载手机铃声等有限业务，交易额度受限（手机话费支付方式）。第二种途径：费用从用户

的开通电话银行账户（即借记账户）或信用卡账户扣除。在该方式中，手机只是一个简单信息通道，将用户的银行账号或信用卡号与其手机号联接起来，如果更换手机号则需要到用户行进行变更（指定绑定银行支付）。第三种途径：无绑定手机支付，个人用户无需在银行开通手机支付功能即可实现各种常有银联标识的借记卡进行支付，采用双信道通信方式进行通信，非同步传输，更加安全快捷。相对而言，此种方式最为简单、方便、快捷（即称：银联快捷支付）。

手机支付这项个性化增值服务，强调了移动缴费和消费，可以实现众多支付功能。当人们在为找不到硬币而着急时，手机支付可以很容易地解决这个问题。当客户身处外地，手机支付将真正让手机成为随身携带的电子钱包。

目前，移动支付技术实现方案主要有三种：NFC，e－NFC 和 SIM Pass－单芯片 NFC 移动支付解决方案。其中，SIMPASS 方案是目前在国内应用最多的方案，SIMPASS 卡如图 3－20 所示。

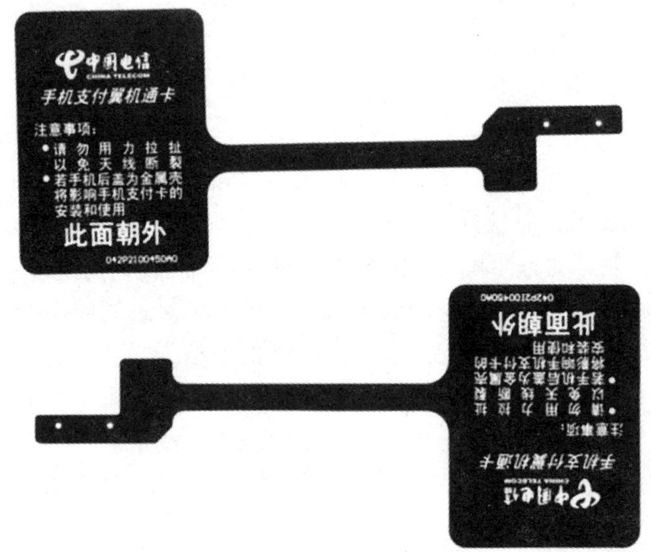

图 3－20　手机支付 SIMPASS 卡

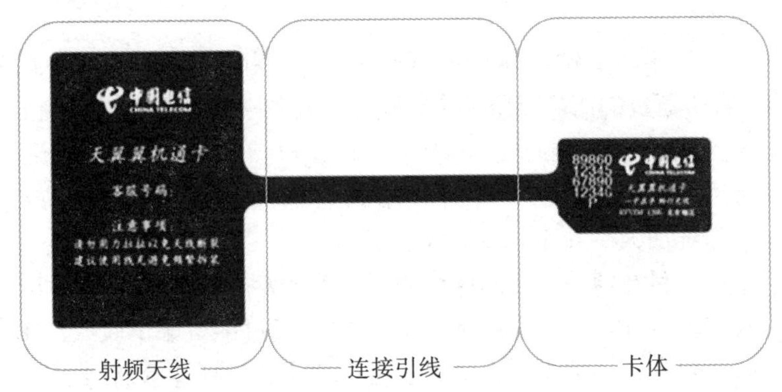

图 3－21　北京“天翼交通一卡通”手机支付卡

图 3－22 北京“天翼交通一卡通”手机支付卡在手机中的位置

SIMPASS 卡是一张双界面的多功能应用智能卡，具有非接触和接触两个界面。接触界面上可以实现 SIM 应用，完成手机卡的通信功能；非接触界面可以同时支持各种非接触应用。

以北京手机“天翼交通一卡通”为例，可以将天翼交通一卡通整体分为射频天线、连接引线和卡体 3 个部分，如图 3－21 所示。卡体放入手机的 UIM 卡槽内，然后折叠连接引线，将射频天线紧贴在手机后盖内表面后，如图 3－22 所示，盖上手机后盖开机进入“天翼交通一卡通”菜单，激活后即可进行正常的刷卡和充值。

1. 手机支付的现状

手机支付是支付方式发展的一种必然趋势。手机支付的推广和应用对于商户、服务提供商和消费者具有以下三点作用：对于商户而言，手机支付将为自身业务的开展提供没有空间和消费障碍的便捷支付体系，在加速支付效率、减低运营成本的同时也降低了目标用户群的消费门槛，有助于进一步构建多元化的的营销模式，进一步提升整体营销效果。从服务提供商角度来看，在完成规模化推广并与传统以及移动互联网相关产业结合后，手机支付所具备的独特优势和广阔的发展前景将为服务提供商带来巨大的经济效益。

对许多消费者来讲，手机支付使得支付资金携带更加方便，消费过程更加便捷简单，消除了支付障碍之后，可以更好地尝试许多新的消费模式。尽管手机支付优势明显，应用前景非常广阔，但据调研数据显示，由于对安全问题的担忧和缺乏吸引力较强的支付应用，用户目前对手机支付业务的使用率还处于较低水平，为进一步推进手机支付产业的迅速发展，相关服务提供商必须在手机支付业务的资金安全、产业链构建和商业模式等多个方面进行优化改进。

三大移动通信运营商对于手机支付业务的部署已由 2009 年的局部试点逐步过渡至规模商用。目前看来，各个运营商对手机支付业务的类型选择既有相似又有不同。严格来讲，手机支付其实是支付卡、网上银行、代收费、第三方支付等多种电子支付一种融合发展之后的集成支付方式，相对传统的支付，手机支付的优

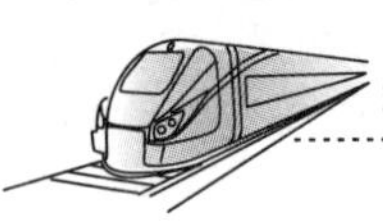

点非常明显。首先是目前手机支付用户已经突破7.5亿，就家庭渗透率而言，早已达到95%以上，与用户对支付的需求性相当一致。其次是手机具备终端和联网的双重属性，可以充分满足未来用户、商户各个支付相关产业对近距和远程相统一进行随时便捷服务的需求。再次是手机支付可与手机号码进行捆绑，如果配合适当的管理机制和技术管控，随身携带的资金安全会得到进一步提高。最后是手机支付操作便捷简单。

2. 手机支付在城市轨道交通系统中的应用

目前，全国一些地铁城市已经开通了手机支付业务，如深圳、广州、北京、西安等，手机不仅可以打电话、发短信、拍照片、玩各种应用，还可以坐公交车、地铁、出租车，采用手机支付方式非常便捷、非常方便。

市民只要为手机更换一张RFID－SIM卡，乘车时把手机在地铁闸口或公交车的刷卡机上轻碰一下，即可轻松完成付费过程，如图3－23所示。

图3－23 手机支付在城市轨道交通中的应用

"手机深圳通"给地铁族带来更多的便捷。首先，办理"手机深圳通"，可换卡不换号；其次，多种充值方式延续传统优惠，市民成功开通"手机深圳通"业务后，需为账户进行充值，充值成功后即可在公交、地铁刷手机进行支付（手机需处于开机状态才可使用）。目前，乘客可以通过空中充值方式或者到指定服务网点进行人工现金充值。每次充值的金额最低为50元，每次充值额必须是50元的整数倍，储值额最高不得超过1000元。"手机深圳通"还延续了普通深圳通卡的刷卡打折和换乘优惠。再次，账户扣费独立进行，账目一目了然，用户可通过手机菜单随时查看金额和交易记录，掌握自己"手机深圳通"账目的情况。

北京"天翼交通一卡通"业务也使得用手机乘坐地铁、公交变为现实。天翼交通一卡通"业务通过为用户提供一张特殊的射频手机UIM卡，将中国电信的3G移动通信功能和市政交通一卡通刷卡功能有机融合在手机卡上，用户只需要携带手机就可以轻松实现刷卡乘坐公交、地铁，商家刷卡消费，网店电子钱包充值，手机空中电子钱包充值等服务。

"天翼长安通卡"是利用天翼3G技术和智能卡技术，将天翼手机卡信息化应用与"长安通"卡进行深度融合，是天翼手机卡与"长安通"卡的联合卡。它由天翼手机卡和"长安通"卡两部分组成，具有天翼手机卡与"长安通"卡应具备的所有功能和服务。客户无需换号，仅需将不同手机卡更换为专用射频卡后即可享受该服务。"天翼长安通卡"包含天翼卡和长安通卡两类业务，两个客户账户。天翼业务由中国电信向用户独立提供服务；"长安通"业务由西安城市一卡通有限责任公司向用户独立提供服务。两个账户之间彼此独立，即天翼话费账户与长安通支付账户彼此独立，不能互相使用。

实践操作

分析一卡通与手机支付在城市轨道交通中的应用和前景，掌握一卡通与手机支付在应用中的原理和区别。

思考练习

1. 票卡媒介有哪些?
2. 智能卡是怎样分类的?
3. 比较磁卡、接触式 IC 卡和非接触式 IC 卡的特点。
4. 什么是异形 IC 卡?
5. 车票的主要功能有哪些?

评价跟进

1. 教师的评价

由教师在完成本章的教学任务后填写，在相应表格中画“√”。

评价项目		教师的评价			
序号	题目	好	较好	一般	较差
1	对本章教学过程的控制				
2	在本章教学过程中，学员的参与情况				
3	学员对本章知识学习后的效果反馈				
教师对本章教学的总结评价意见及跟进措施					

2. 学员的评价

由学员在完成本章的教学任务后填写，在相应表格中画“√”。

评价项目		学员的评价			
序号	题目	好	较好	一般	较差
1	对本章教学执行过程中教师的表现				
2	本章教学内容与社会实际需求的联系情况				

<table>
<tr><td>3</td><td>自己在本章学习过程中的表现</td><td></td><td></td><td></td><td></td></tr>
<tr><td colspan="6">学员对本章教学的总结评价意见及跟进措施</td></tr>
<tr><td colspan="6"></td></tr>
</table>

3. 知识跟进

（1）从互联网上了解国内城市轨道交通票卡种类及使用情况。

（2）从互联网上了解城市轨道交通手机支付现状。

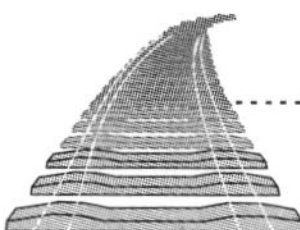

项目四 自动售检票系统终端设备与操作

学习目标

1. 掌握自动售检票系统的概念。
2. 理解自动售检票系统应用技术组成。
3. 掌握自动检票机、自动售票机、半自动售票机、自动查询机的结构组成及其结构功能。

教学建议

1. 教学场地：在普通教室、能连接互联网的多媒体教室及城市轨道交通系统的各种模型实训室中进行，课后可实地参观。
2. 设备要求：各种城市轨道交通车站的票务系统仿真模型1套，或能播放影视投影的设备及相关课件、视频。
3. 课时要求：共8课时，其中课堂讲授4课时，模拟操作4课时。

教学引入

自动售检票系统通过计算机技术、现代通信网络技术、自动控制技术、智能卡技术、大型数据库技术、传感技术、统计和财务等专业知识的综合运用，特别是信息技术的运用，可以大大减少售票工作人员的劳动强度，使乘客收费更趋于合理，减少逃票现象，提高地铁运营效率和效益。同时，自动售检票系统还可以大大减少现金流通，避免人工售票、检票过程中产生的各种漏洞和弊端，并对客流量、运营收入等综合业务信息进行汇总分析，为决策者增强客流分析预测的能力，合理地调配资源，以提高运营单位的运营管理水平。自动售检票系统信息技术和知识领域如图4－1所示。

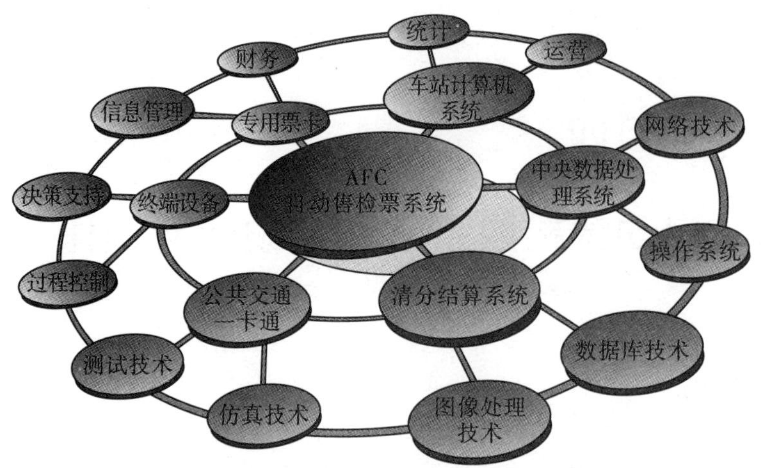

图4-1　自动售检票系统信息技术知识和知识领域

以北京地铁为例，北京地铁全路网自动售检票系统由三层架构组成，分别是：

第一层：轨道交通清算管理中心ACC；第二层：地铁多线共用线路中心MLC；第三层：线路中心LC；第四层：车站计算机系统SC；第五层：车站终端设备层SLE。其系统结构如图4-2所示。

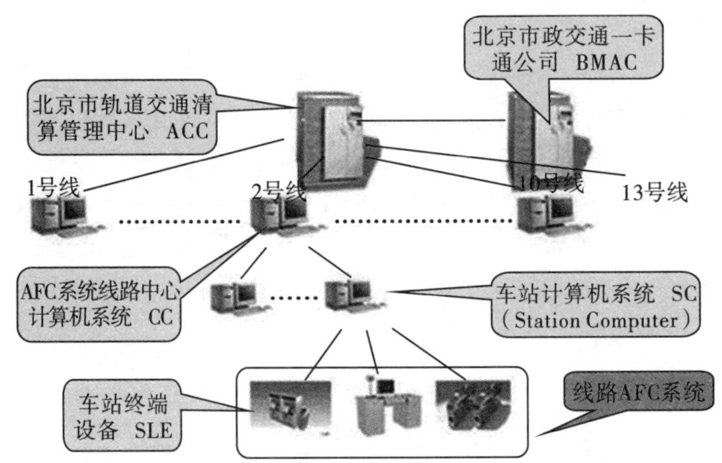

图4-2　北京地铁自动售检票系统结构

理论知识

任务4.1　自动售票机

一、自动售票机概述

自动售票机（Ticket Vending Machine，简称TVM），TVM机设于车站非付费区，用于乘客自助式购买地铁单程票和对储值票进行充值。自动售票机摆放位置如图4-3所示。

图 4 -3　自动售票机站厅布局图

二、自动售票机功能与操作界面

1. 自动售票机的功能

自动售票机的基本功能是通过乘客的自助式操作完成自动售票。自助购票的基本过程包括购票选择、接收购票资金、自动出票及找零等过程，在必要时还可以打印充值凭证等。自动售票机可接受硬币和纸币购买单程 IC 票款，自动售票机也具有对“一卡通”卡和地铁专用储值票进行充值的功能。同时，自动售票机预留银行卡的数据接口和电气接口及物理空间，方便支付方式的扩展。

自动售票机主要实现如下功能：

（1）接受乘客的购票选择，并在购票过程中给出提示信息及操作指导。

（2）可以接受乘客投入的现金（或储值票、信用卡等其他付费介质）并自动完成识别，对无法识别的现金（或储值票、信用卡）予以退还。

（3）自动计算乘客投入的现金数量及购票金额，自动找零。

（4）自动完成车票校验、车票发售及出售。

（5）对各部件的工作状态进行自动检测，并向车站计算机系统上报工作状态。

（6）接受车站计算机系统下发的参数和控制命令，并执行相应的操作。

（7）存储并上传交易信息。

（8）对本机接收的现金及维护操作进行管理。

2. 自动售票机的操作界面

（1）自动售票机主界面

自动售票机是自助型系统设备，城市轨道交通车站内会有部分乘客对该系统的操作不熟练，站务员应主动、热情地提供操作指引服务。因此，站务员应熟练掌握自动售票机购票操作。指引乘客使用自动售票机购票、充值时，站务员可通过乘客操作界面实现点选操作。常见的自动售票机乘客操作界面如图 4 -4 所示。

地图区域能清晰显示线网地图，能实现地图的缩小、扩大及水平移动，当乘客点击某车站时，以该车站为中心的附近几个车站会被放大显示，以便于乘客正确选择目的地站购票。

选择线路区域提供了按线路分类的按钮，当乘客点击选择要乘坐的线路时，该线路在地图区域放大，方便乘客快速、准确地点选目的地站。运营及票卡选择区域可以实现按票价直接购票，为熟悉轨道交通票价的乘客提供了便利。

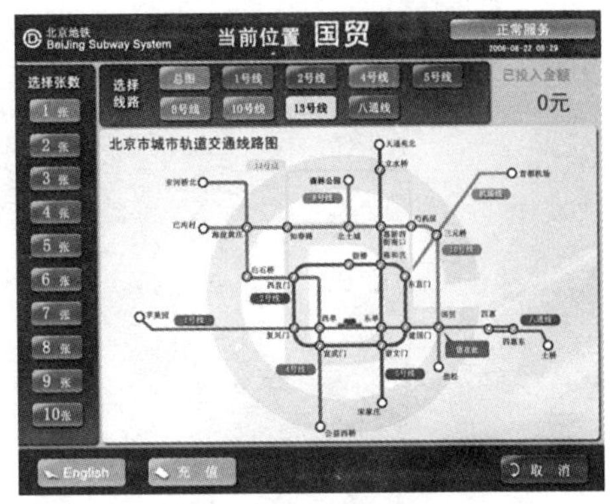

图4－4　自动售票机乘客操作界面

时间区域能实时显示当前的日期与时间。功能选择区域提供了供乘客选择或确认的按钮。如中、英文切换按钮和充值操作按钮等，实现相应的功能选择。信息提示区域主要用于向乘客显示相应情况下的信息。状态区域显示了自动售票机 TVM 当前运营状态的信息。

（2）自动售票机的充值界面

乘客使用现金在自动售票机上进行储值票充值时，自动售票机通常可接收第五版 10 元、20 元、50 元和 100 元人民币币种充值。具体操作流程大致分为：在主界面选择充值按钮→插入储值票→支付储值票充值金额→设备对储值票充值→返还储值票等几个步骤，储值票充值界面如图 4－5 所示。乘客从开始充值后至支付充值金额之间都可以取消交易，点击取消按钮或者一定时间内没有任何操作时，返还投入的储值票并返回初始界面。

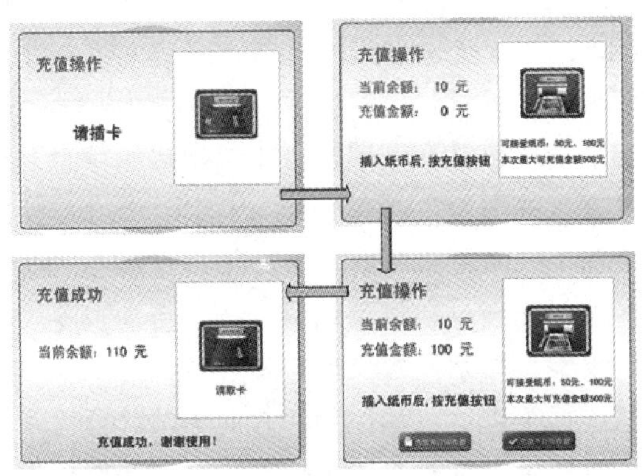

图4－5　自动售票机储值票充值流程

三、自动售票机结构组成

自动售票机以主控单元为核心，辅以现金处理装置、车票处理装置、乘客显示器、打印机、电源等模块，还可以根据需要，配置触摸屏、运营状态显示器、银行卡读写器及密码键盘等部件。自动售票机的总体构架，如图 4－6 所示，自动售票机外部结构如图 4－7 所示，自动售票机内部结构如图 4－8 所示。

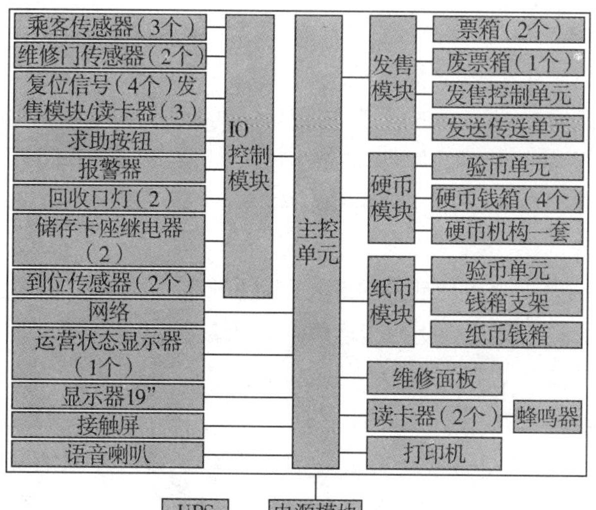

图 4－6　自动售票机的总体构架

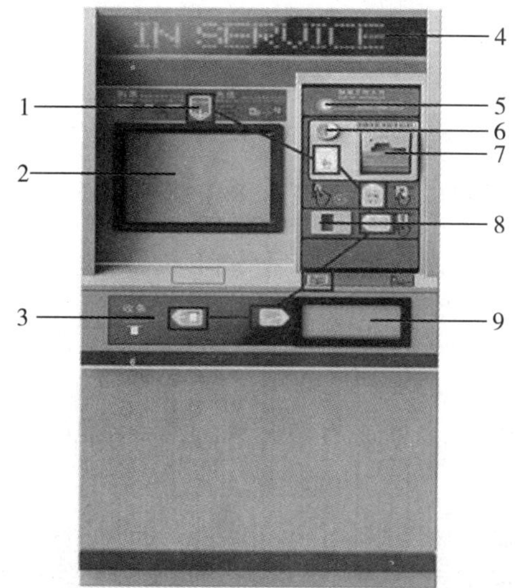

图 4－7　自动售票机外观结构

1—操作指示灯；2—乘客显示器；3—收条出口；4—状态显示器；5—求助按钮；6—硬币投入口；7—纸币投入口；8—储值票插入口；9—找零、取票口

图 4－8　自动售票机内部结构

1—固定照明装置；2—硬币模块；3—纸币模块；4—凭条打印机；5—电源模块；6—UPS；7—维护面板；8—LED 状态显示器；9—票卡发售单元；10—工控机

1. 主控单元

自动售票机 TVM 主控单元（也称为工控机）采用 32 位工业级微处理器，阻抗电磁噪声的性能良好（VCCI Class A），能一天 24h 工作，并能提供充分的指定功能。即使电源中断，数据也不会丢失。主控制器主控制单元采用嵌入式工控机来实现，有良好的抗电磁干扰性能，能保证整机全天 24h 不停机地稳定运行。主控制器负责运行控制软件，完成车票处理、现金处理显示、数据通信、状态监控等功能。

2. 现金处理模块

自动售票机内的现金处理设备将关系到发售资金的安全，是自动售票机安全管理的最重要的部件。现金处理设备按照功能划分，可以分为两大类，即现金识别设备和现金找零设备；如果按照现金的类型划分，还可以进一步划分为硬币识别设备、纸币识别设备、硬币找零设备和纸币找零设备。

（1）纸币模块

纸币识别模块一般至少可以识别六种以上的纸币（同一面值但不同版本的纸币将被认为是两种纸币）。纸币识别设备通常包括入币口、传输装置、识别模块、暂存器和钱箱等部件。当纸币通过入币口被送入识别器后，纸币传输装置将纸币输送到纸币识别模块、识别模块将对纸币进行面额和防伪标记的识别，合法的纸币将被送入纸币暂存器，不合法（无法识别）的纸币将被退回给乘客。当乘客取消交易后，纸币暂存器内的纸币可以从退币口（也可能是入币口）返还给乘客。当乘客确认交易后，纸币暂存器内的纸币将被转入纸币钱箱内。纸币钱箱采用全密封的结构，通过两把安全锁来保证现金安全。当纸币钱箱从安装座上拆下时（即固定用安全锁打开时），钱箱入口将自动关闭，从而保证更换钱箱的工作人员无法直接接触到纸币，只有使用另一把钥匙才能将钱箱打开，清点收到的现金。

纸币处理单元的工作原理描述如下：

①纸币处理器收到接收纸币指令，点亮进币口绿色指示灯，提示机芯工作正常，可以插入纸币。

②乘客将纸币平整地插入到进币口，纸币机芯模块对插入物进行初步判断，如认定为纸币，则打开进币口电动机，吸入纸币，并自动纠正没有垂直插入的纸币。

③吸入的纸币进入传送通道，在纸币识别区经传感器识别纸币合法性及面额特征，采用先进的纸币识别方法对纸币的真伪进行判断，如果纸币是真币且符合接收要求，将会被存放在纸币暂存区；如果为假币或非法纸币，将直接由退币口退还给乘客。

④如果本次购票交易成功，则将暂存区的纸币传送至缓冲区（压钞区），压入钱箱存储；如果交易失败或取消交易，则将暂存区的纸币由退币口退还给乘客。钱箱设有位置检测传感器，可以对钱箱已满或将满的状态作出判断。如果钱箱已满，纸币处理单元关闭进币口，停止接收纸币。纸币处理模块图，如图 4 -9 所示。

（2）硬币模块

硬币找零设备比较复杂，一般至少应包括循环找零机构、补充找零机构、清币机构及硬币回收机构。硬币找零设备一般会与硬币识别设备采用一体化的设计方法，以提高处理速度和优化硬币模块的机构。所谓循环找零机构，是可以使用乘客投入的硬币来补充找零的找零机构，而补充找零机构需要人工添加硬币，通常在循环找零机构内的找零硬币不足时使用。当循环找零机构已满时，乘客投入的硬币将通过硬币回收机构回收到硬币钱箱内，以便车站管理人员进行清点。

硬币模块处理的基本工作原理描述如下：

乘客投入的1元硬币经过硬币识别模块识别后，进入暂存区，等待下一步的处理；不合格的硬币直接掉入出币口，返还乘客。当乘客取消交易时，硬币分拣机构将投入的硬币原币返还乘客。

当交易成功后，硬币分拣机构自动将硬币投入硬币箱或找零箱中（当找零箱的硬币数量低于某一设定值时）。找零机构及找零箱构成硬币循环机构，可以将乘客投入的硬币用作找零。循环式找零箱中的硬币总是保持在一定数量（可由参数设定），如果进入的硬币超过这个数量将进入下面的储币箱，如果找零箱中硬币数量低于设定值，可由找零补充箱补充。硬币找零箱可分别存储 1 元硬币 1500 个以上，找零出币速度可达 5 个/s。储币箱和补币箱可以互换，两者都具有电子 ID，主机可通过指令查询票箱状态和身份。当钱箱从自动售票机的存放座上取走时，钱箱的入币口会自动关闭，可防止更换钱箱的操作人员接触到钱币。

自动售票机硬币模块示意图，如图 4－10 所示。

图 4－9　纸币处理模块

3. 维护面板

维护面板的作用是供车站管理人员对设备进行维护、故障诊断及参数设置等操作。维修人员根据需要，通过输入密码，进入维修面板的维修系统，进行维护。其操作界面可设计成菜单式或指令式。维护面板包含以下内容：

①设备运营状态信息。

②设备时钟显示和设置。

③设备运行版本信息。

④部件运行状态信息。

⑤硬币清零菜单或指令。

⑥更换钱箱菜单或指令。

⑦打印账单菜单或指令。

⑧设备部件测试菜单或指令。

⑨设备关机、复位菜单或指令。

自动售票机维护面板如图 4－11 所示。

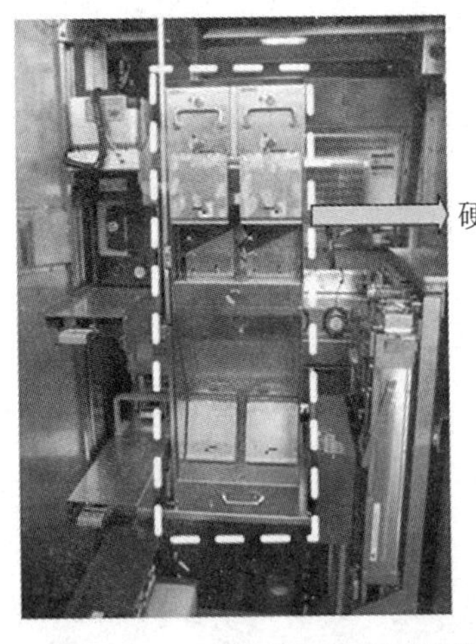

图4－10　自动售票机硬币模块示意图

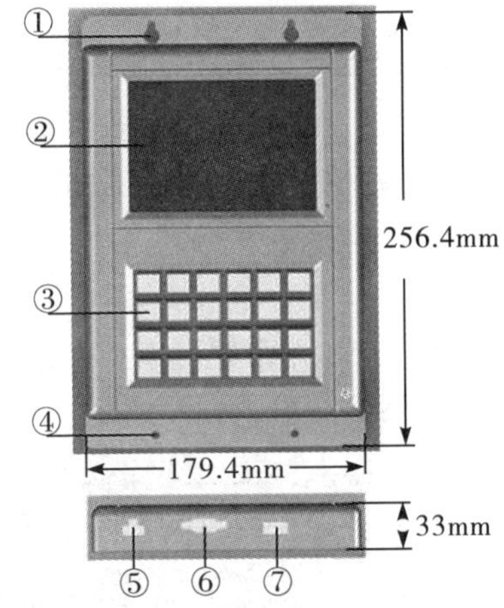

图4－11　自动售票机维护面板

自动售票机具备自诊断功能，可协助维护维修人员快速发现及确认故障。

（1）运营状态信息

当自动售票机门打开后，管理人员登入维护面板，在维护面板上即可通过“故障代码”或“中文提示信息”的方式提示自动售票机的运营状态，包括“设备运营模式”、“设备状态信息”和“设备故障信息”，以提示管理人员根据相应的信息进行操作。

（2）时钟显示和设置

自动售票机的时钟与自动售检票系统中时钟同步。管理人员可通过菜单或指令查询自动售票机的时钟信息，如果时钟不一致，则可通过设置调整（注意：其时钟必须与自动售检票系统时钟相一致，并在与自动售检票系统断去通信后才能做此操作）。

（3）运行版本信息

管理人员可通过该菜单或指令，查询自动售票机的运行版本信息，运行版本是直接影响到自动售票机运营状态的关键信息，如与正式运营版本不一致，则会造成自动售票机运营不稳定或错误运营的现象发生。

（4）部件运行状态信息

管理人员可通过该菜单或指令，查询部件运行状态信息。

（5）硬币清零菜单或指令

作为车站日常管理，管理人员可通过该操作进行自动售票机的账务处理，这属于结算的运营钱款操作，此操作也可判断自动售票机硬币模块的运转性能。

（6）打印账单菜单或指令

通过管理人员的钱款操作后，可进行该菜单或指令操作，打印自动售票机相关账单信息。

（7）部件测试菜单或指令

通过诊断、测试菜单或指令表，我们可以看到许多关于部件的测试菜单或指令，当发生故障时，管理人员可进行这些指令或菜单操作，来判断部件的运行状态，并进行相应的处理。

（8）关机、复位菜单或指令

管理人员可进行这些指令或菜单操作，对自动售票机进行逻辑关闭、复位操作，以免硬关机所造成的伤害。

4. 乘客触摸显示器

乘客显示器是自动售票机人机界面操作的主要部件，乘客根据显示器提示界面，通过加装在乘客显示器上的触摸屏选择进行购票操作。乘客显示器安装在自动售票机前面板乘客操作范围内，用于显示有关购票操作信息。乘客显示器显示字体为中文，在需要时可选择用英语显示。显示语言类型作为参数设置。

在乘客购票过程中，乘客显示器能显示乘客所选择的目的地车站、票种、单价、张数、付费总金额、已投币金额等信息。乘客显示器能显示所有可发售的票种、张数、各种付费方式、交易取消、交易确认等选择按钮供乘客选择。在交易过程中，乘客显示器能指示乘客下一步的操作，并能提示其无效操作。在设备故障、关闭或暂停服务时，乘客显示器能显示相关的信息。乘客显示器还可以替代运营状态显示器，用于显示当前设备的运行模式和操作模式，包括暂停服务模式、无找零模式、关闭模式、只收硬币模式、只收纸币模式、只找硬币模式、只找纸币模式等信息。

任务4.2 半自动售票机

半自动售票机（简称BOM，Booking Office Machine），通常安装在售/补票房或车站服务中心内，采用人工方式完成票务处理、车票发售、加值、车票分析（验票）、退票及其他票务服务，因此，BOM机又称为人工售/补票机或票房售/补票机。

根据应用需求，可按功能分离设置成单独的半自动售票机或半自动补票机，也可设置成半自动售票和补票功能结合的设备。

功能单一的半自动售票机应部署于非付费区，而半自动补票机则用于付费区内服务。功能结合的BOM机可以同时为非付费区与付费区服务，兼顾售票及补票功能，使用同一车票处理设备，但需对两个区域分别设置单独的乘客显示器，以适用处理不同区域乘客票务的需要。

图4－12 半自动售票机

半自动售票机如图4－12所示。

一、半自动售票机功能

BOM机是在车站中以人工方式为乘客提供服务的售/补票设备，放置于车站售票和补票室内。BOM机的主要功能包括：售票、补票、充值、更新、替换、退票、车票挂失、车票分析、车票处理、车票查询、收益管理、设备操作等。

BOM 机与车站自动售检票 AFC 控制系统相连，可以接受车站自动售检票 AFC 控制系统下达的各种参数及指令，同时向车站自动售检票 AFC 控制系统以及线路自动售检票 AFC 控制系统传送各类数据。

BOM 机的运行模式由车站自动售检票 AFC 控制系统进行设定和更改，并通过系统参数数据下载到 BOM 机上实现工作模式的自动切换。

同时，BOM 机还具备离线/在线状态自动检测切换的能力。根据当前的线路状态，动态提供能够处理的功能。在线状态下，能够实时从车站自动售检票 AFC 控制系统下载各种参数、接受车站自动售检票 AFC 控制系统的控制指令，能上传监控数据，根据预先设定的方式上传所处理的各种交易数据，与车站自动售检票 AFC 控制系统进行对账处理。离线状态下，BOM 机除了提供需要的功能外，还要保存本地运行数据的备份，在检测到网络恢复以后，进行数据的上传和续传，并进行数据账目的核对。

二、半自动售票机结构组成

BOM 机以主控单元为核心，由车票读写器、乘客显示器、打印机、电源等模块组成；还可以根据需要配置触摸屏、车票处理装置、钱箱等部件。主控单元一般选用高可靠性工业级计算机设备，也可以选用高档的商用计算机，需要具有丰富的外部接口以支持外部设备的连接，并需要保留部分接口以支持未来设备的拓展。

BOM 机可以使用键盘、鼠标等通用输入设备，也可以配置触摸屏。半自动售票机还可以配置支持自动发售车票的车票处理装置以完成车票自动发售功能。自动发售车票的车票处理装置与自动售票机中的车票处理装置类似，在接收到主控单元的命令后，可以自动完成供票、车票读写及出票功能。

半自动售票机系统主要设备构成见表 4－1。

表 4－1　半自动售票机系统主要设备

序号	名称	说明
1	主控单元 MCU	BOM 专用主机，采用工业型计算机
2	电源模块	为 MCU、TIU 及 MCU 外国设备提供电源。
3	IC 卡发售单元 TIU	发售单程 IC 卡地铁票
4	操作员显示器	触摸式液晶显示器，方便售票员操作
5	票据打印机	为购票、充值乘客打印收据
6	IC 卡读写器	读写取 IC 票
7	乘客显示器	为乘客提供文字信息

1. 主机

主机由主控单元和电源模块组成，其结构如图 4－13 所示。

图 4-13 半自动售票机的主机结构图

主控单元 MCU 负责运行人工售/补票机的控制软件，完成车票处理、数据通信、状态监控及故障检测等功能。主控单元 MCU 采用模块化设计，以满足物理上和功能上的互换性要求，便于维护。

主要技术要求如下：

①采用低功耗 CPU，主频 1GHz 以上。

②512M DDR RAM 内存，可升级至 1G。

③配备工业级硬盘或 CF 卡，用于保存数据。

④具有多 I/O 接口，以满足各部件、模块连接要求，主要包括 USB2.0 口、并口/串口、PS/2 接口、以太网口等。

⑤带后备电池，具备电源故障数据保护功能，以避免在电源故障时丢失数据。

⑥工作温度：0～60℃。

⑦MTBF＞100000 h。

2. IC 票卡发售模块

IC 票卡发售模块由对车票进行读写的票卡读写器和用于发售 IC 车票的车票处理模块组成。如图 4-14 所示。

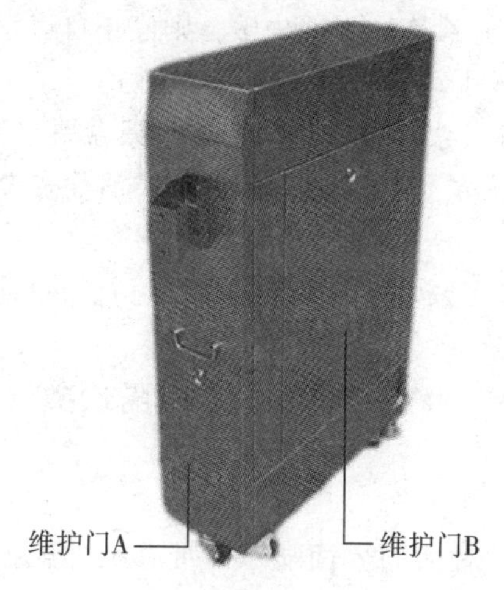

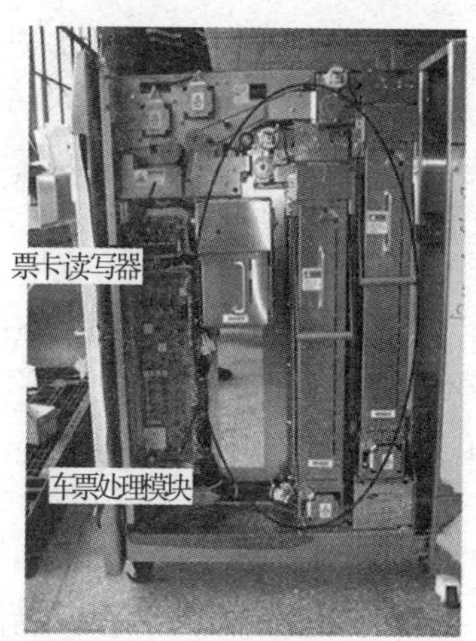

图 4-14 IC 票卡发售模块

车票发售模块可用来完成单程车票的自动发售工作，以提高人工发售车票速度和效率。在以自动售票机自助式售票为主的车站，车票处理机构可以用来作为应急发售车票装置。车票处理机构内的主要部件：车票发卡装置、读写器、出票控制板等，这与自动售票机中的模块基本类似。处理机构与主控单元通过串口连接，接受主控单元发出的指令，对单程票进行各种处理，如读取车票内存信息，判断车票的有效性，对车票内储值清零、赋值、校验、出票和废票回收等。车票处理机构能一次发售多张同一票值的车票。

车票处理机构的基本功能要求：

（1）具有 BOM 的分析和发售单程票功能。

（2）一次可连续发售 100 张车票。

（3）装有废票回收盒，回收盒容量≥50 张。

（4）发票装置与 BOM 主机的通讯连接采用通用的接口方式。

（5）发票装置有独立的电源控制开关及电子器件的复位控制按钮。

（6）发票速度：连续发票速度（从票箱至出票口）≤1 张/s。

（7）单次发票速度（确认后）≥30 张/min。

（8）具有独立的维修诊断程序，能对发票装置所有传输控制器件进行检测，方便故障的鉴别和诊断。如：发票装置的通讯。

（9）运行车票的输送电动机。

（10）车票路径和控制传感器。

（11）车票读写器。

（12）可预留发售测试票。

（13）在自动发售模式下，对发票过程具有显示、监控作用，实时将运行数据和机器状态信息通过显示屏向操作人员提供显示。

（14）当发票装置发生故障或报警时在 BOM 显示屏有相应的信息提示出现，停止自动发票，等待操作人员作相应处理。若报警消失，继续工作，若报切换进入手动发售模式。

（15）当发票装置在自动发票过程中出现连续三次发票失败，则停止自售发票，显示屏上显示发票失败的信息提示，可切换进入手动发售模式。

（16）能自动检测票盒中票的位置，当输入票盒中票“空”或废票盒票“满”，显示屏应提示告警信息，停止自动发票，操作人员作相应处理确认后，消除告警，恢复运行。

（17）自动发票要求计数准确，统计记录废票盒中的废票数量，可打印自动发票装置班次操作记录和汇总。

（18）可靠性：工作环境温度：－10～45℃；平均故障间隔次数（MCBF）≤20000。

3. 操作员触摸屏显示器

操作员触摸屏显示器为操作员提供人机对话的界面显示，带有红外触摸屏，如图 4－15 所示。

图 4-15 操作员触摸屏显示器

4. 乘客显示器

每套半自动售票机 BOM 配置 1~2 个乘客显示器。分别安放在付费区、非付费区靠近窗口、方便乘客阅读的地方；为乘客提供相关信息的显示（显示中文或英文信息，可以通过操作员选择来实现）；并且带有一定的语音提示。如图 4-16 所示。

5. 桌面 IC 卡读写器

桌面 IC 卡读写器提供高级应用程序编程接口，支持对 ISO 14443 A/B 标准卡片的读写操作。读写器设计有 4 个读卡器与安全认证模块 SAM 卡座，支持多密钥应用，提供读卡器与安全认证模块（SAM）之间的接口和数据传输。扩展读卡器与安全认证模块 SAM 不会造成读卡器性能的降低。

针对不同的设备应用，相应的 IC 卡读写器执行充值和消费操作。读写器有效读写距离 10cm。交易速度在 200~1000ms 之间。读写器对票卡的操作满足一卡通对 IC 卡应用流程标准要求，满足读卡器与安全认证模块 SAM 安全保密处理要求和交易数据处理要求。桌面 IC 卡读写器如图 4-17 所示。

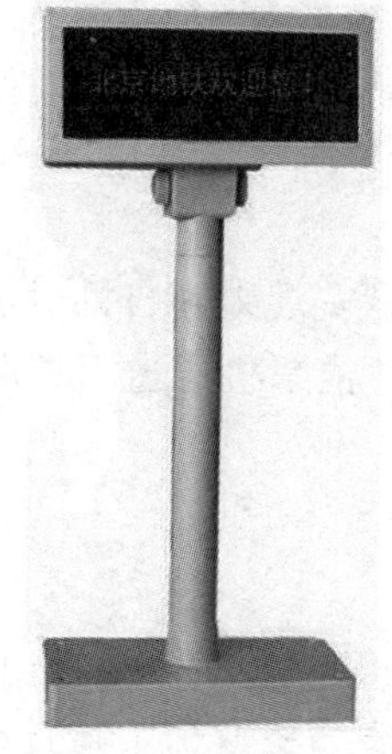

图4-16 乘客显示器

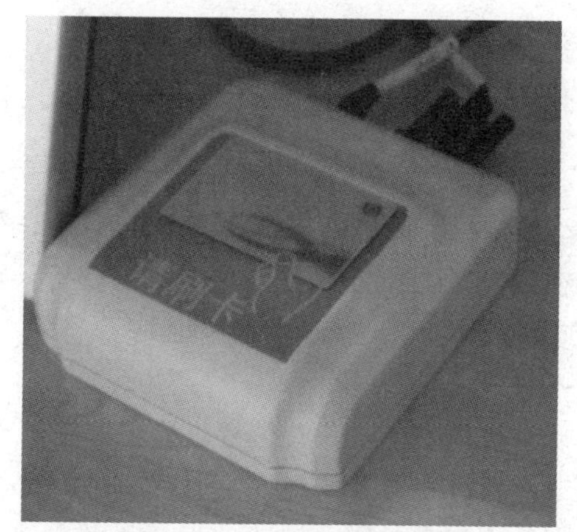

图 4-17 桌面 IC 卡读写器

6. 票据打印机

票据打印机用于车票发售、加值单据的打印，也用于打印班次报表或其他有关信息。可以通过设定、选择每完成一次交易，打印机就打印一次，给出运行号、系列号、截止日期等。

半自动售票机 BOM 一般采用小型针式打印机，也可采用小型热敏打印机。热敏打印机具有使用寿命长、故障率低的优点，但打印后的单据不能长期保留。目前，半自动售票机 BOM 还是以使用针式打印机为主。打印机有自检功能，操作人员或技术人员使用前，必须启动自检。自检提供有关固件及其他参数的信息，如果自检失败，打印机将不会工作，也不会有任何打印输出。票据打印外观图如图 4－18 所示。

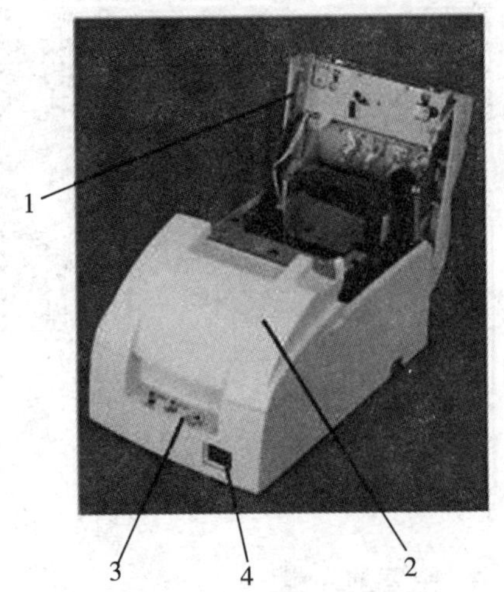

图 4－18　票据打印机外观围

1. 纸卷盖；2. 色带盒盖；
3. 控制面板；4. 电源形状

控制面板（指示灯和按键）：接通电源时，指示灯点亮。切断电源时，指示灯熄灭。

票据打印机使用注意事项及说明，见表 4－2。

表 4－2　票据打印机使用注意事项及说明

序号	事项	说明
1	错误	打印机脱纸时，灯点亮（卷纸到达终端，或者卷纸盖打开时）；打印机正确作业时，指示灯熄灭；发生错误时，指示灯闪亮
2	缺纸	缺纸或者接近缺纸时，指示灯点亮
3	按键进纸	装入卷纸； 注意：当检测出没有卷纸的时候，此键不起作用

任务 4.3　自动检票机

自动检票机，简称闸机（Automatic Gate，简称 AG），是实现乘客自助进出站检票交易（在非付费区和付费区间通行）的设备。对有效车票，检票机通道阻挡解除（门扇开启或释放转杆），允许乘客进出站。

想一想

自动检票机安装在什么位置，它的使用环境如何？

自动检票机安装于车站付费区与非付费区的交界处，用于实现自动进出站检票。自动检票机应能适应地铁车站的强磁干扰、尘土、高温、振动等恶劣工作环境，具有防潮、防火、防酸的功能，如图 4－19 所示。

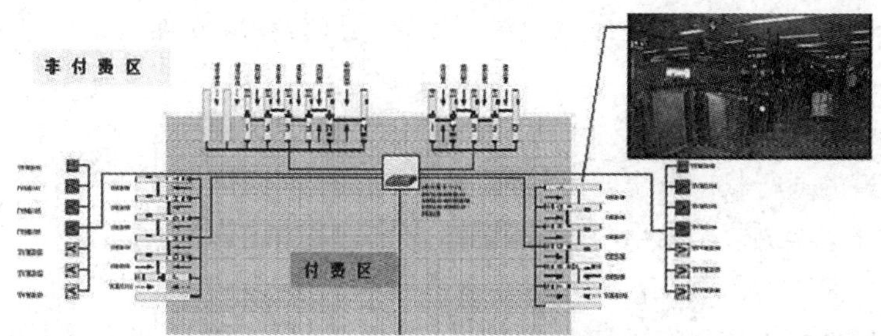

图 4－19 自动检票机的位置及其使用环境

一、自动检票机分类与功能

1. 自动检票机分类

自动检票机根据功能的不同，可以划分为进站检票机、出站检票机和双向检票机三种。进站检票机用于完成进站检票，检票端在非付费区；出站检票机用于完成出站检票，检票端在收费区；双向检票机既可以完成进站检票也可完成出站检票，在非付费区和付费区可分别按照进站和出站的处理规则完成检票功能。

自动检票机根据阻挡装置的类型可以分为三杆式检票机、扇门式检票机（图 4－20）和拍打门式检票机三大类型，根据通道宽度，可以分为普通检票机和宽通道检票机两种类型。

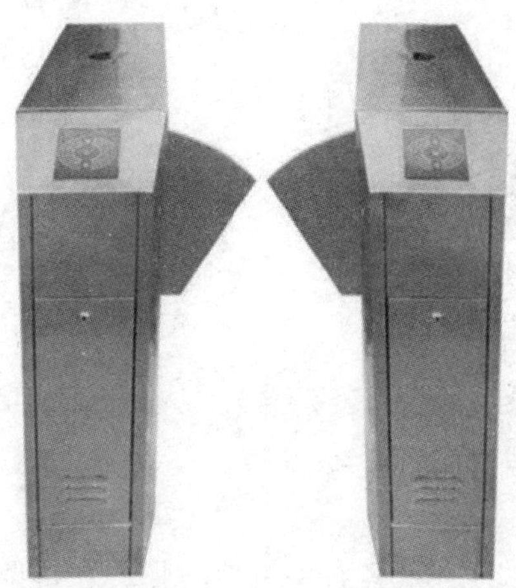

图 4－20 扇门式检票机

2. 自动检票机功能

自动检票机的基本功能是对乘客所持的车票进行检验，并完成进站或出站的交易处理。在计时计程的收费规则下，在进入收费区及离开收费区都需要进行车票检验。进入收费区时检查车票的合法性并记录进入时的地点和时间；离开收费区时检查车票的合法性、进站信息的合法性及收费区内的停留时间，并根据进入位置和离开位置计算本次旅程的费用，完成车票扣款操作。

自动检票机的主要功能如下：

（1）自动对车票进行有效性检验，对有效车票进行相应处理后放行乘客，对无效车票拒绝放行。

（2）对车票处理结果给出明确的提示信息。

（3）对通道的通行状态给出明确的指示。

（4）对特殊车票的使用给出明确的提示。

（5）对需要回收的车票执行回收操作。

（6）对各部件的工作状态进行自动监测，并向车站计算机系统上报工作状态。

（7）接受车站计算机系统下发的参数和控制命令，并执行相应的操作。

（8）存储并上传交易信息。

（9）接受紧急按钮信号并控制设备的操作。

二、自动检票机结构组成

自动检票机以主控单元为核心，辅以阻挡装置、车票处理装置、声光提示装置等模块。主控单元一般选用高可靠性、低功耗的通用型嵌入式计算机设备或工业级计算机设备，需要具有丰富的外部接口以支持外部设备的连接，并需要保留部分接口以支持未来设备的扩展。自动检票机的总体布局和结构，如图 4－21、图 4－22 所示。

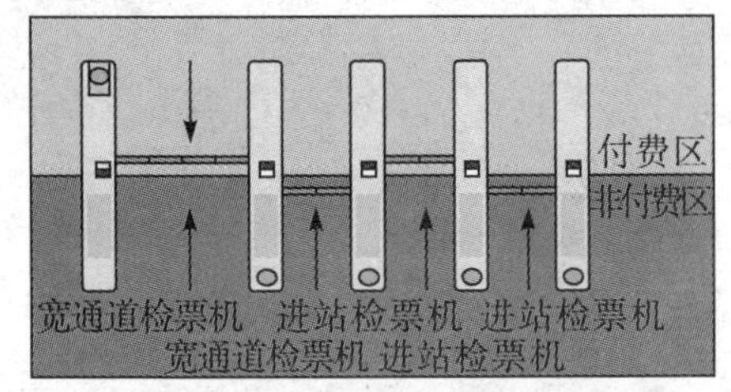

图 4－21　自动检票机总体布局图

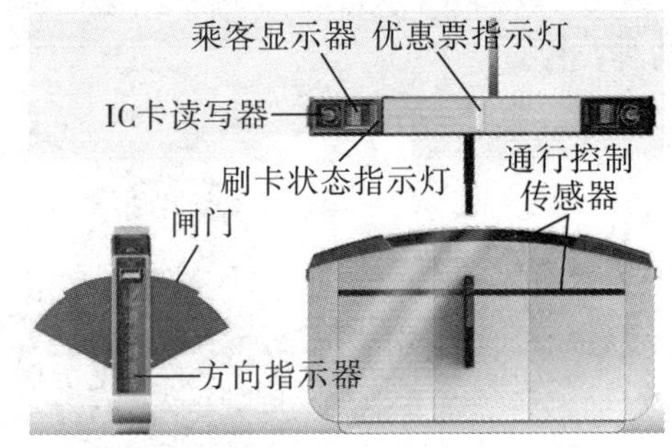

图 4－22　扇门式自动检票机外观结构

1. 自动检票机上部结构

自动检票机上部外观结构如图 4－23 所示。

（1）票卡读写器

票卡读写器的安装位置符合乘客右手持票习惯，在检票机安装读写器的位置有醒目的标识指示乘客刷卡位置。闸机的读写器可分为两种：储值票读写器和单程票读写器（两种读写器可以互换），两种读写器软件版本相同。

票卡读写器提供高级应用程序编程接口，支持对 ISO 14443 A/B 标准卡片的读写操作。读写器设计有 4 个安全认证模块 SAM 卡座，支持多密钥应用，提供读卡器与安全认证模块 SAM 之间的接口和数据运输。扩展安全认证模块 SAM 不会造成读卡器性能的降低。

针对不同的设备应用，相应的票卡读写器执行充值和消费操作。读写器有效读写距离为 10cm，交易速度为 200～1000ms。读写器对票卡的操作满足一卡通对票卡应用流程标准要求、安全认证模块 SAM 的安全保密处理要求和交易数据处理要求。

图 4－24 为读写器及天线。读写器相关技术参数见表 4－3。

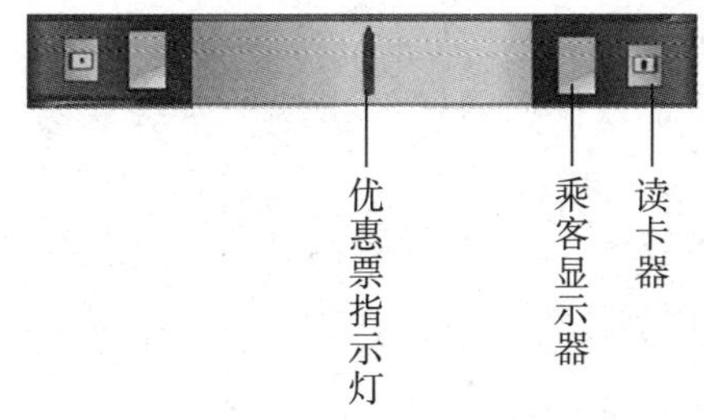

图 4－23 自动检票机上部外观结构

图 4－24 读写器与天线

表 4－3 读写器相关技术参数

项 目	技术参数
工作环境温度	－10℃ ~ +70℃
工作湿度	20% ~90% RH
工作电压	DC12V ±1V
基本配置	天线（连同轴电缆）、2 个安全模块插座、DB 针 RS－232 接口
	DC12V 电源接口
最大感应距离	不小于 6 mm（外置）、不小于 2 mm（内置于机芯）
场强	最大值 Hmax 不小于 7.5 A/m、最小值 Hmin 大于 1.5 A/m
读写时间	公共交通卡交易处理速度：≤0.3 s/张
	单程票回收处理速度：≤0.8 s/张
工作频率	13.56 MHz +7 kHz
读写器与 IC 卡片通信速率	106 k 波特率
读写寿命	大于 100 万次
MTBF	大于 100 000 小时
与上位机接口方式	RS－232
与上位机通信速率	28 800bit/s ~57 600 bit/s
与上位机通信协议	符合国家标准
物理特性符合	ISO/IEC7816－1. ISO/IEC7816－2
逻辑接口和通信协议符合	ISO/IEC7816－3

进站检票机及出站检票机都装有一个储值票读写器及天线，另外，出站检票机传输装置中还装有一个小天线的单程票读写器。用以完成单程票回收时的读写操作；双向检票机具有进站和出站的所有读写器。

读写器天线负责储值票和单程票中的数据通信和能量传输，将车票中数据通过读写器上传到工控机（读卡过程），由工控机对车票中数据进行判断，再将判断结果下发给读写器，由读写器通过天线对车票中数据信息进行修改（写卡过程）。

读写器完成一次交易的时间：在规定的数据格式下，单程票与读写器之间完成一次交易所需的时间小于 200ms，储值票与读写器之间完成一次交易所需时间小于 300ms。

读写器冲突处理机制：同一时刻内，在读写器感应区内同时出现两张（或以上）的单程票时，读写器对单程票均不作处理。

读写器掉电保护：外部电源失电时，不破坏或改变读写器的内存数据。复电时，能恢复到断电前的状态及内存数据。

读写器的有效读写范围如图 4－25 所示。

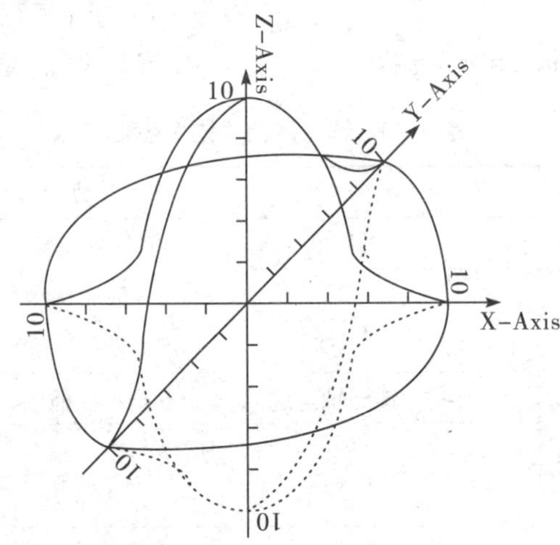

图 4－25　读写器的有效读写范围

读写器的有效读写范围具有以下特点：

①原点是天线的中心点。

②天线平面为 X 和 Y 轴平面。

③天线上方和下方的有效读写范围一致。

④范围说明：卡片处于有效读写时，卡片中心在天线平面上的投影与天线中心的距离：0mm、40mm、70mm、100mm。

⑤卡片中心距天线平面的最大垂直距离：100mm、70mm、15mm、0mm。

（2）乘客显示器（图 4－26）

乘客显示器为可变显示，能够显示中文、英文、数字及图形，以引导乘客正确使用检票机。常见乘客显示器内容与说明，见表 4－4。

图 4－26　乘客显示器

表 4－4　常见乘客显示器内容与说明

类型	作用	示例
乘客显示器	向乘客显示车票处理结果、显示设备运行模式、状态等显示信息。	

方向指示器	提示通道进出方向是否可用	
警示灯	报警、无效票	
员工票灯	使用员工票时显示	
优惠票灯	当乘客使用优惠类车票（例如：福利票）时显示	
刷卡指示灯	根据模式显示	
语音提示	乘客正确使用车票、正确过闸等语言提示信息。	例如：“请您通知工作人员”

2. 自动检票机侧向结构

自动检票机侧向外观结构如图 4－27 所示。

（1）通行传感器

通行传感器能够监控乘客通过自动检票机的整个过程以及监测通过自动检票机的人数。自动检票机一般采用两种传感器：透过型传感器和漫反射型传感器。

每对（个）传感器都不是单独使用的，通行控制单元对一组或者所有传感器的检测反馈信息进行分析处理，保证通行控制的准确性和安全性。自动检票机通行传感器分布和主要功能如图 4－28 所示。

A：进站区域 1 组传感器采用透过型传感器，主要监测是否有乘客进入通道。

B：进站区域 2 组采用透过型传感器和反射型传感器组合使用，判断无票乘客的通行行为。

C：安全区传感器采用透过型传感器，安装于不同的高度，监测通行情况，反馈信号控制闸门，保护已进入通道的乘客，防止闸门夹住乘客。

D：出站区域 1 组传感器采用透过型传感器，检测乘客是否已经通过闸门，如果发现乘客已经通过闸门，如有跟随通行行为，反馈信号控制闸门关闭，为防止第二个乘客通过。

E：出站区域 2 组传感器采用透过型和反射型传感器的组合，检测与自动检票机设定方向相反进入通道的乘客，如有逆行通行行为，检票机将关闭闸门并报警。

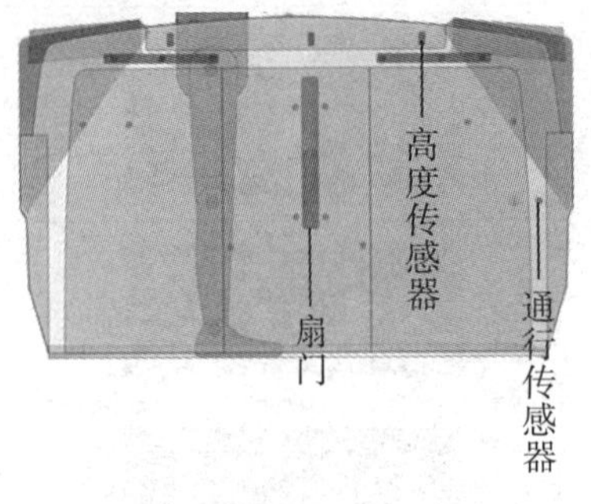

图4-27 自动检票机侧向外观结构

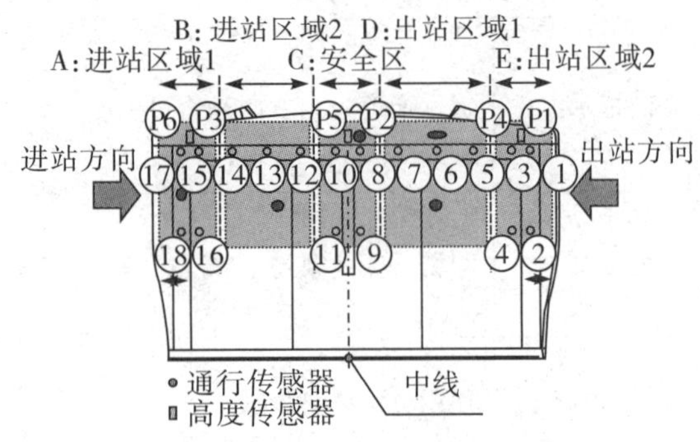

图4-28 通行传感器分区示意图

（2）高度传感器

自动检票机上装有检测身高的反射型传感器，用于检测通过的乘客是否是身高为1.2m～1.4m（高度可调）以下的儿童。从检票机中部呈向斜上方的反射型传感器，可以检测到约1.2～1.4m以上位置的物体。当这个反射型传感器未检测到任何物体时，即使其他的传感器检测到有物体通过，也不认为是通过的乘客。因此，身高约1.2～1.4m以下的儿童既可以安全地通行。但是在实际通行当中，由于乘客通过时身高变化较大，所以不能非常精确地利用身高作为识别儿童乘客的依据。儿童安全检测示意图，如图4-29所示。

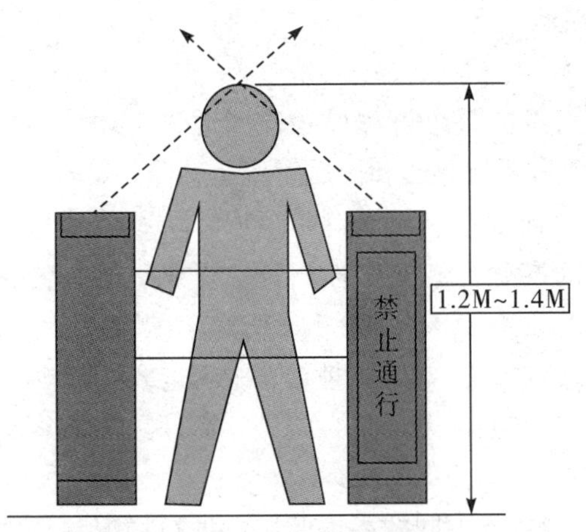

图4-29 儿童身高检测示意图

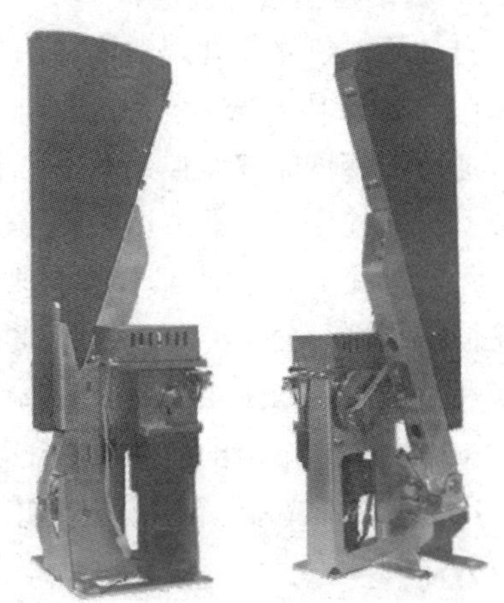

图4-30 扇形式装置示意图

（3）扇门

扇形门装置是另一种得到广泛应用的检票机阻挡装置。扇形门装置由扇形门、机械控制结构和控制板组成。

扇形门由软件塑胶和内置钢板组成，门的边缘部分采用软性塑胶材料生产，从而能最大限度地减小强行通过时对人体的损害。其内部的钢板可保证扇形门有效地快速关闭和阻止强行推动扇形门。扇形门为三角形，由可吸收能量的软性材料制成，当受到冲击时发生变形并能自动恢复到原来状态。

当扇门需要动作时，控制板驱动电动机，通过减速齿轮提供动力给转换器，在操作杆连接处产生力矩，通过电磁铁传递运动，带动扇门运动。控制板负责对机械的控制功能及传感器信号的管理。扇形门装置示意图，如图 4 – 30 所示。

3. 自动检票机立面结构

自动检票机立面结构如图 4 – 31 所示。

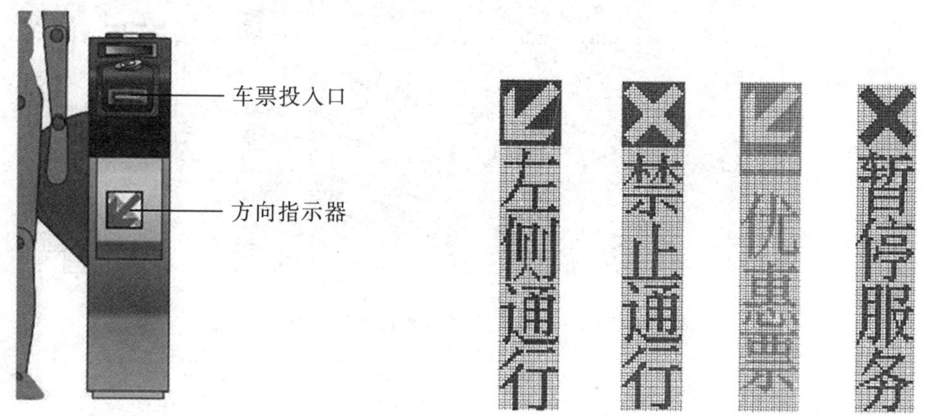

图 4 – 31　自动检票机立面结构图

图 4 – 32　方向指示标志

（1）方向指示器

方向指示器位于检票机面向乘客的前面板上，显示通道的通行方向标志，远距离指示乘客通道的通行状态，方向指示器的设计确保乘客在 30 米外的距离可以明辨标志的内容和含义。

方向指示器及乘客显示器关于“通行”与“禁行”的标志统一，采用国际通用的标志，且配有中文说明文字，以图形加文字的形式提示乘客，如图 4 – 32 所示。

（2）车票处理装置

车票处理装置是自动检票机的另一个关键部件，车票处理装置负责完成车票读写、传送及回收处理。车票处理装置主要包括两大部分：车票读写设备和车票传送装置。

对于 IC 车票，目前使用的基本上都是非接触式 IC 芯片车票，只要车票停留在天线感应的范围内都可以对其进行读写。因此，对于进站交易而言，只需要使用车票读写器就可以完成进站处理而不需要配置传动装置。由于出站时单程使用的 IC 车票都需要回收，因此当使用单程 IC 车票出站时，必须将 IC 车票投入（筹码型）或插入（方卡型）车票处理装置中，车票通过传送装置（通道）到达天线感应区并在此完成车票读写，交易成功的车票继续经传送装置回收到票箱中，非法车票或交易失败的车票将返回给乘客，由乘客到车站服务中心完成票务更新后再次使用。对于不需要回收的 IC 车票，与进站类似，仅使用车票读写器就可以完成出站处理。

带有票箱的车票处理装置通常需要配置两个票箱，并实时监控票箱的状态，在票箱未安装、票箱将满或票箱已满时，需要向主控单元发送相关信息，主控单元将相关信息上传到车站计算机系统 SC。票箱通常还需要具有计数功能，或由主控单元进行计数。车票处理装置应可以根据主控单元的命令将车票回收到指定的票箱中。

自动检票机车票回收模块如图 4 – 33 所示。

图 4-33　自动检票机车票回收模块

任务 4.4　自动查询机

一、自动查询机概述

自动查询机简称 TCM 机（TCM，Ticket Checking Machine），它安装在非付费区，供乘客自助查看车票的信息及有效性。读取过程不修改车票上的任何数据。自动查询机的操作方式采用触摸屏。自动查询机应可显示乘客服务信息，由线路自动售检票 AFC 控制系统下载。自动查询机如图 4-34 所示。

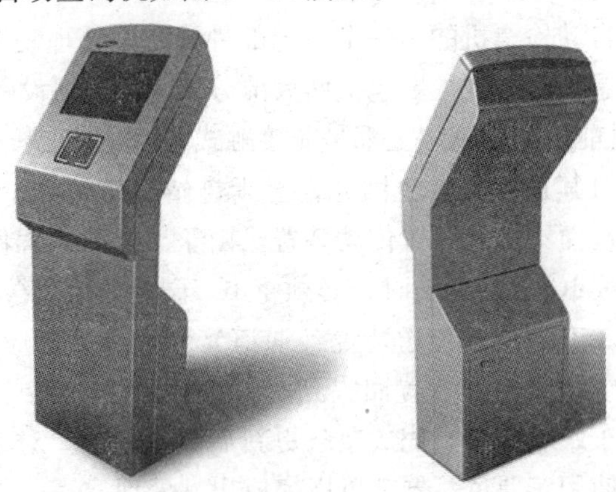

图 4-34　自动查询机

二、自动查询机组成结构与功能

自动查询机主要由主机，电源，读卡器和触摸显示器等结构组成。

自动查询机具有车票查询和乘客服务信息查询等功能。车票查询是读取票卡信息，不具备写票功能，工作人员将车票在阅读器/天线出示后 1 秒内，能显示车票的查询内容：

（1）车票逻辑卡号。

（2）车票类型。

（3）余额/使用次数：显示该车票当前所剩余额及使用次数。

（4）车票有效期：显示该车票的有效期限。

（5）车票无效原因（如安全性检查，出入顺序检查，黑名单票检查，超乘，超时等等）。

（6）交易历史等。

乘客服务信息查询的信息由后台定制下载，可以接受 Flash、图片、文本文件。提供的乘客服务信息力求最方便适用。乘客服务内容分类可定制，当一屏显示不完时，使用垂直滚动条翻页，内容包括：自动售检票 AFC 系统介绍，自动售检票 AFC 系统使用指南和地铁公告等。

三、自动查询机操作界面（图 4－35）

图 4－35　自动查询机操作界面

任务 4.5　自动售检票设备的检修工作

一、车站计算机计划检修

按照巡检周期和维护范围，车站计算机的日常维护检修分为日检、双周检、季检和年检。

1. 日检

日检由车站工作人员完成，主要维护操作显示屏、设备门锁、UPS 和 HUB，要做到直观状态良好，维护锁闭，UPS 处于充电状态，HUB 指示灯正常。工作人员目测车站计算机操作屏，查看通信状态正常，时间同步，图形监控内容正确，接收客流数据正确，UPS 电源指示灯正常亮，HUB 连接端口显示绿灯。

2. 双周检

双周检在日检的基础上还要检查液晶显示器、键盘、鼠标、键盘状态和显示屏转换器，用抹布和毛刷清洁液晶显示器、键盘、鼠标等外设表面的积尘；检查计算机各磁盘分区运行情况，通过“系统桌面—开始菜单—控制面板—管理工具—计算机管理—事件查看—应用程序和系统—查看日志文件属性”路径查看键盘是否出现故障，并确认无报警；检验液晶显示屏、键盘、鼠标、显示屏转换器等使用性能是否良好。

3. 季检

季检在双周检的基础上增加供电部分、打印机、紧急按钮的检查，要求主要部件表面无积尘，地面无积尘，机箱内无散落的螺钉或零部件，全部螺钉完整紧固，零部件安装稳固，运作良好，线缆包扎良好、标志清晰，数据可以正常保存、交换。

季检使用口罩、手套、吸尘器、十字和一字旋具、万用表进行机箱内部组件除尘、地面除尘；检查交流电源输入插座固定情况，交流电源输入线缆连接及固定情况，测量交流电输入；检查数据通信线缆状态，确认连接及运作良好；检查 UPS 运作功能，确认在交流电源输入中断时能正常供电 15 分钟以上；检查主控机磁盘空间，确保每一分区的可使用容量不少于 1GB，进行磁盘空间整理；测试 AFC 紧急按钮等。

4. 年检

年检在季检的基础上还需要更换 UPS 电池，检测 UPS 供电性能；更换主控机内部散热风扇，整理机箱内部各组线缆，做到整齐有序、标志清楚；检查紧急按钮内部接线情况，紧固接线端子。

二、自动售票机计划检修

自动售票机的计划检修同样分为日检、双周检、季度检和年检。

1. 日检

日检主要维护乘客操作区外观和设备门锁。日检需目测乘客状态显示屏正常显示；观察纸币入钞口 LED 灯正常亮；观察设备能正常接收、执行乘客的购票指令，并正常完成交易；目测设备乘客显示屏显示内容正确（包括通信状态、时间同步、购票地图）；设备乘客显示屏固定良好，外观完好，门锁正常锁闭。

2. 双周检

在日检基础上，增加硬币模块、纸币模块、取票口、维修面板的检查。双周检需清洁设备内部各部件的表面积尘；清洁硬币、纸币模块验币口；清洁硬币模块缓存器、找零器；清洁纸币模块各部件（含传动带）表面积尘；手动测试取票口挡板正常动作。

3. 季度检

在双周检基础上增加电源模块、乘客显示屏、打印机、蜂鸣器、散热风扇的检查，要求主要部件表面无积尘，地面无积尘，机箱内无散落的螺钉或零部件，全部螺钉完整紧固，部件安装稳固、运作良好，线缆包扎良好、标志清晰。

季检进行内部组件除尘；检查交流电源输入插座固定情况，交流电源输入线缆连接及固定情况，测量交流电输入；拆开 UPS、直流供电器外壳，进行内部除尘，检查 UPS 运作功能；检查、清洁乘客显示屏；检查打印机、蜂鸣器运作正常；拆下散热风扇除灰；清洁硬币、纸币、单程票发售模块动作部件，并涂油；紧固各连接线缆接头等。

4. 年检

年检在季检的基础上还需要更换 UPS 电池，监测 UPS 供电性能；更换主控机内部散热风扇，整理机箱内部各组线缆，做到整齐有序、标志清楚；更换打印机色带；更换主板电池；检查内部各种接线情况，紧固接线端子。

三、自动检票机计划检修

自动检票机的计划检修分为日检、双周检、季度检和年检。

1. 日检

观察设备能正常检验车票，出闸机正常回收；乘客显示屏显示正常，设备服务状态内容正确；外观良好，门锁及上盖锁正常锁闭；扇门/转杆稳固，运转正常；通行指示灯正确显示；软件版本号、时钟、设备编号、车站编号正确；蜂鸣器正常响；状态灯（特殊票指示灯）正常。

2. 双周检

双周检除日检内容外，还需清洁读卡区验票面板使用区域，紧固面板螺钉，检查无划痕、凹陷；检查液晶乘客显示屏无划痕、碎裂、凹陷；检查转杆固定情况，电磁阀吸合情况，中轴铜套完好，更换损坏的缓冲胶；检查扇门外观良好，无磨损、破裂，轴承固定，螺钉紧固，更换损坏的缓冲胶，电机行程开关正常，电机弹簧正常，动作顺畅；检查主控单元 CPU 风扇、主机散热风扇运转正常。

3. 季度检

季度检主要检查设备内部零部件。检查交流接线连接点、漏电保护器、电源开关、熔断器、输出插座无损坏，地线接触良好，测量交流电压；检查后备电池供电，测量负载电压输出值符合要求；检查直流电源模块输出电压正常，测量输出电压值；检查扇门与电机连接紧凑，无松动、脱落，扇门无断裂、变形；检查电机组件中的弹簧、行程开关、凸轮等无断裂，更换弹簧润滑剂，调整行程开关至最佳位置，调整扇门至最佳状态，检查机体所有部件无破裂、松动，螺钉紧固；清洁、测试维修键盘，维修显示屏状态正常；检查同行传感器正常；检查乘客显示屏电源、信号线缆牢固，无破损，液晶屏无花屏、闪烁；检查车票读写器天线正常；检查出闸机车票回收模块安装牢固，票箱组件齐全，投票口、进票箱、退票、回收分向电磁阀正常，投票口、单程票读票、退票、票箱传感器组正常，票箱垫脚胶粒无缺少；测试散热风扇运转正常，检查主控单元连接各线缆、接头、针脚正常，安装稳固，检查输入电压正常，与各部件通信正常；清洁 SAM 卡和卡座；检查主/从接线板连接正常；检查同行指示灯、状态灯正常无坏点；检查维修门牢固，门传感器正常；重启后，各部件正常自动复位，软件版本、时钟、设备编号、车站编号正确。

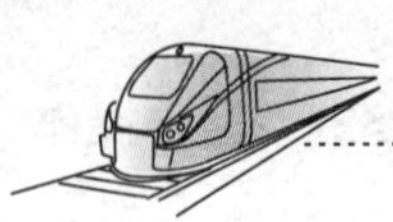

4. 年检

年检清洁电源，更换散热风扇，检查电源 220V 交流模块、直流电源模块安装正确，插座无破损，地线接触良好；检查站厅两端墙壁上交流接线盘电源接线牢固，螺钉紧固，电源线无破损，测量火线对地电阻符合要求；更换 UPS 后备电池；更换 CPU 散热风扇、散热硅膏，清洁散热片；拆卸/清洁/更换/通行指示灯、状态灯；检查接地电阻。

任务 4.6　自动售检票设备的故障处理

一、车站计算机主要故障及处理方法

1. 服务器不能正常启动

某日某站报故障表现为服务器不能正常启动，服务器硬盘故障灯常亮。维修人员检查后，发现服务器硬盘指示灯不亮，不能识别硬盘；检查 220V 交流电输入正常，检查主板与硬盘连线正常。拆开服务器，用清洁的压缩空气和软毛刷清洁服务器各硬件表面积尘后，重新安装插槽，硬盘指示灯正常闪亮，硬盘能正常识别，故障修复。

该故障主要因为硬盘表面积尘和安装插槽积尘，导致服务器主机不能检测到硬盘。按顺序检测供电、连线后，成功判断故障原因，清洁后修复。在进行设备的清洁、维护时，应注意人身和设备安全，必须在断电情况下才能清洁电路板。清洁时，使用清洁的压缩空气和软毛刷，注意不要弄断电路板的线缆。

2. SC 服务器与 LCC 无通信

某日某站报故障 SC 服务器与 LCC 无通信。维修人员检查发现 SC 各软件和程序运作正常，在服务器 ping 站厅设备和远程进入各设备均正常；服务器可正常识别网卡，交换机和网线接口正常；重启服务器，发现系统运作缓慢；打开系统进程查看 CPU 使用率，发现进程内有多个相同的程序文件同时运行。关闭相同程序，重启服务器后，运作正常。

该故障主要是因为多个相同的程序文件同时运行，导致系统运行缓慢，SC 服务器与 LCC 无通信。按顺序排查通信程序、网卡、交换机和交换机连接线后，重启程序，查看 CPU 使用率，发现问题。关闭相同的进程后，故障修复。维修人员对设备软件和硬件都要有一定的掌握能力，发现故障要心思细密，考虑多发因素。

二、自动售票机主要故障及处理方法

自动售票机的故障主要有卡纸币、卡硬币和卡票三种情况，具体处理方式要结合票务规章，处理的基本原则是接到乘客报告后，通过查询历史交易记录、打开维修门检查内部等手段确认情况属实后，按乘客要求退钱或重新售票，然后将设备复位，或将故障部件更换、送修。

1. TVM 卡纸币

接到故障报告后，工作人员首先要和乘客确认卡纸币具体情况，询问何时购票、投入纸币面额及张数。

为保障票款安全，一般规定 TVM 维修门钥匙只能由车站人员保管，维修人员借用，开门后双方互为监督。打开维修门之前，工作人员应先设置“暂停服务”牌；开门后，检查纸币模块是否卡币，重点查看入钱箱口、暂存位、验币区等容易卡币的位置，然后通过维护面板查询售票记录。若发现卡币，且检查金额、张数与乘客反映一致，按乘客要求退还纸币或重新购票；不一致或未发现纸币、未查到相应售票记录的情况，按票务规章处理。

处理结束后，复位纸币模块，进行购票测试。设备恢复正常后，撤走“暂停服务”牌，然后按规章填写维修记录，并由车站和维修人员双方签认。

2. TVM 卡硬币

接到故障报告后，工作人员先确认卡硬币具体情况，询问何时购票、投入硬币数量。

打开维修门之前，工作人员应先设置“暂停服务”牌；车站和维修人员互为监督，开门后，检查硬币模块是否卡币，重点查看投币通道、验币器、分向器、找零器等容易卡币的位置，然后通过维护面板查询售票记录。若发现卡币且检查数量与乘客反映一致，按乘客要求退还或重新购票；不一致或未发现硬币、未查到相应售票记录的情况，按票务规章处理。

检查是否卡硬币时，应先拉出硬币模块，阻断找零和清点回收口，防止卡住的硬币掉落而无法确认卡币金额。

处理了结束后，复位硬币模块，进行购票测试。设备恢复正常后，撤走“暂停服务”牌，然后按规章填写维修记录，并由车站和维修人员双方签认。

3. TVM 卡票

接到故障报告后，重新给乘客发售车票。工作人员设置“暂停服务”牌；车站和维修人员互为监督，打开维修门，检查单程票发卡模块是否卡票，重点查看走卡通道、票箱口等容易卡票的位置，然后通过维护面板查询售票记录。若发现卡票，将车票分析回收，测试单程票发卡模块各项动作。正常的话，复位模块；否则，更换部件，再次测试。最终正常后，复位 TVM，撤走“暂停服务”牌，然后填写维修记录，并由车站和维修人员双方确认。

三、自动检票机故障及处理方法

1. 卡票

接到故障报告后，工作人员首先要和乘客确认卡票具体情况，询问何时插入车票、车票进站地点等。

相关人员借出 AGM 维修门钥匙，设置“暂停服务”牌。开门后，输入工号密码，拉出车票回收模块，检查回收通道是否卡票。如有卡票，旋开固定螺钉，打开通道门取出车票，复位出闸机。分析取出的车票正常，则投入闸机回收箱；如果车票分析异常或严重变形，由客值确认后按票务规章回收。未发现车票，则查询闸机验票记录，按票务规章办理。故障处理结束后，确认设备状态正常，撤走“暂停服务”牌，归还AGM维修门钥匙，并在相关维修记录上签认。

2. 扇门动作异常

接到故障报告后，工作人员首先要和乘客确认动作异常具体情况。相关人员借出AGM维修门钥匙，设置“暂停服务”牌。开门后，输入工号密码。检查扇门电机是否发热量大。如果电机中途停止动作，不能转动，可断电后推动内部齿轮使其恢复动作，供电后再测试下是否动作；检查主控单元通信指示灯、电源指示灯是否正常显示；检查行程开关接触式开关与触片位置是否正常，连线是否折断，通断是否正常。故障处理结束后，确保设备状态正常，撤走“暂停服务”牌，归还AGM维修门钥匙，并在相关维修记录上签认。

实践操作

任务一　认知自动检票机AG的基本构成

（1）认知自动检票机AG的外部基本构成

自动检票机主要由读写装置、显示装置、乘客通行检测装置、扇门、报警提示装置、车票投入口（仅出站检票机和双向检票机有）等组成。

如图4－36所示，请写出自动检票机各外部结构的名称。

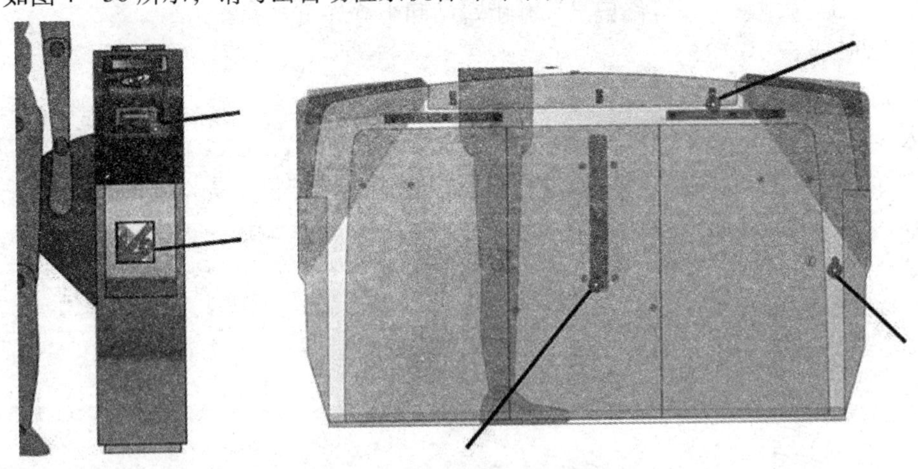

图4－36　自动检票机各外部结构

（2）认知自动检票机AG的内部基本构成

如图4－37所示，请写出图中自动检票机内部结构的名称。

图 4－37 自动检票机内部结构

任务二 认知自动售票机（TVM 机）的内外部结构

（1）认知自动售票机（TVM 机）的外部结构

如图 4－38 所示，请写出图中 TVM 机的外部结构名称。

（2）认知自动售票机的内部结构

如图 4－39 所示，请写出图中 TVM 机的内部结构名称。

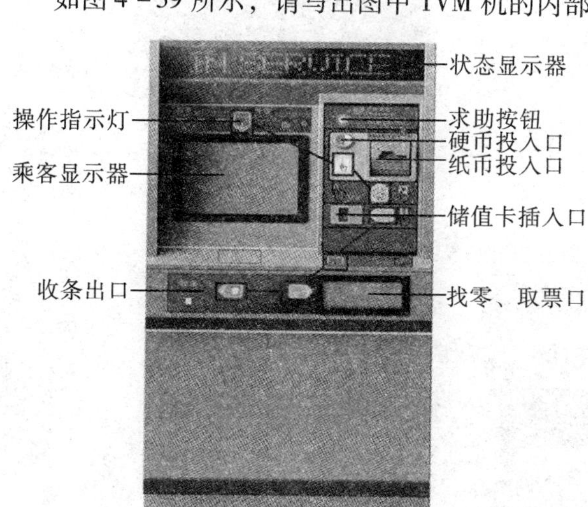

图 4－38 TVM 机的外观结构

图 4－39 TVM 机的内部结构

任务三 认知半自动售票机的结构组成

（1）认知半自动售票机的外部结构

如图 4－40 所示，请写出图中 BOM 机的外部结构名称。

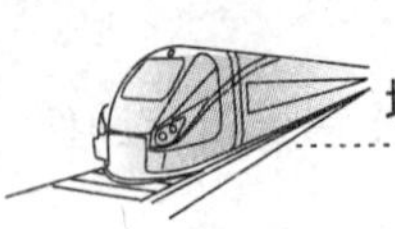

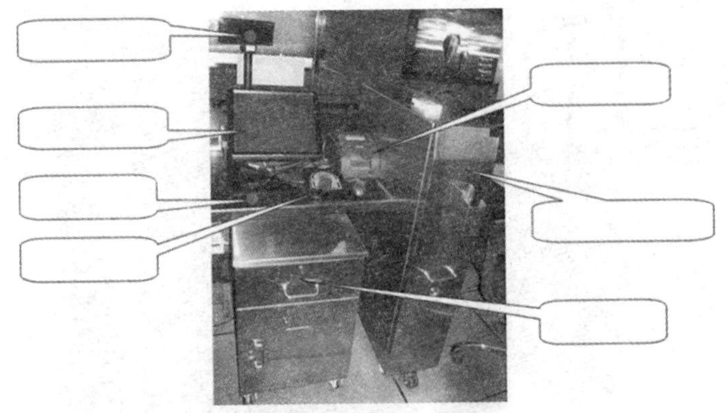

图 4-40　BOM 机的外部结构

(2) 认知半自动售票机的内部结构

如图 4-41 所示，请写出图中 BOM 机的内部结构名称。

图 4-41　BOM 机的内部结构

任务四　出站闸机卡票的处理

根据图 4-42 卡票现象，规范完成其处理操作。

图 4-42　自动检票机卡票

【思考与练习】

1. 简述自动检票机结构组成及其结构功能。
2. 简述自动售票机结构组成及其结构功能。
3. 简述半自动售票机结构组成及其结构功能。

9 评价跟进

1. 教师的评价

由教师在完成本章的教学任务后填写，在相应表格中画“√”。

评价项目		教师的评价			
序号	题目	好	较好	一般	较差
1	对本章教学过程的控制				
2	在本章教学过程中，学员的参与情况				
3	学员对本章知识学习后的效果反馈				
教师对本章教学的总结评价意见及跟进措施					

2. 学员的评价

由学员在完成本章的教学任务后填写，在相应表格中画“√”。

评价项目		学员的评价			
序号	题目	好	较好	一般	较差
1	对本章教学执行过程中教师的表现				
2	本章教学内容与社会实际需求的联系情况				
3	自己在本章学习过程中的表现				
学员对本章教学的总结评价意见及跟进措施					

3. 知识跟进

（1）从生活中发现自动检票机使用过程中常出现的问题及改进措施。

（2）从生活中发现自动售票机使用过程中常出现的问题及改进措施。

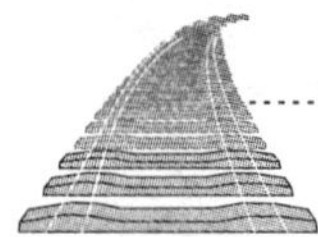

项目五 票务管理工作

学习目标

1. 熟悉下站指导、核查票务工作的相关规定。
2. 熟悉票务差错类型及处理原则的相关规定。
3. 掌握票款协查工作的相关规定。
4. 掌握收益管理组车票保管、交接的相关规定。
5. 掌握报表相关处理及台账装订、保管的规定。
6. 熟悉车票配送流程等。
7. 掌握票务中心配发车票。
8. 掌握按规定进行上交车票。
9. 掌握按规定执行车票调出。
10. 掌握按规定执行车票调入。
11. 掌握按规定完成票务岗位作业等。
12. 掌握票务违章类型及时进行处理。
13. 掌握实际情况对典型票务事件分析。
14. 掌握票务部门的票据管理职责。
15. 能正确使用、填记、打印发票。
16. 能正确使用、填记、打印收据。

教学建议

1. 教学场地：在普通教室、能连接互联网的多媒体教室及城市轨道交通系统的各种模型实训室中进行，课后可实地参观。

2. 设备要求：各种城市轨道交通车站的票务管理工作仿真模型 1 套，或能播放影视投影的设备及相关课件、视频。

3. 课时要求：共 20 课时，其中课堂讲授 14 课时，模拟操作 6 课时。

教学导入

车站各岗位管理工作职责及工作制度是职业教育的重点知识。随着城市轨道交通车站设备设施的不断发展变化，我国各大中城市车站的设备设施及岗位设置也不尽相同，对于客运岗位的职责及作业流程设计也有很大差别。本单元所列的各岗位票务工作职责及相应的工作制度均是以某些地铁公司车站的岗位职责及工作制度标准为例引用的。

理论知识

任务 5.1 票务中心工作规定

一、下站指导、核查票务工作规定

1. 指导、核查程序

（1）做好指导、核查计划，准备相关资料《收益管理组下站记录表》。

（2）到达车站，必须遵守车站相关规定，必须知会站长或值班站长，进入 AFC 票务室，由站长或值班站长安排相关人员配合审核工作。

（3）对各站站存车票、备用金、票款及票务主要备品等进行普查的程序如下。

①在相关人员配合下进入 AFC 票务室，检查车站站内站存车票、现金、备品的管理情况以及各种账册、交接班本或报表填写是否正确、完整、及时。

②清点车站备用金，与《车站票务交接班登记本》核对，检查是否账实相符，《车站票务交接班登记本》是否如实反映备用金数量、机币、假币、残币数量。

③查看备用金、票款是否分区管理。

（4）检查票务工作相关人员是否按规章制度进行日常工作。

①检查客服中心售票员是否存在违规违章作业。

②检查售票员与值班员结算、交接情况。

③检查售票员交接是否清楚、值班员日常工作是否标准、值班员对当班期间票务情况是否清楚。

④检查车站人员更换、清点钱箱、票箱的操作情况以及车站人员 AFC 设备操作情况。

（5）封窗审核工作程序如下。

①根据需要在不影响车站正常票务工作的前提下，抽查售票员在客服中心的工作情况。

②在值班站长陪同下进入客服中心，挂上“暂停服务牌”。

③售票员注销 BOM，取出一定数量的硬币、备用金、车票（做好记录）。

④售票员重新登录，继续工作，取消“暂停服务牌”。

⑤现场清点客服中心内各种车票的数量，并抽查车票的信息，做好相关记录。

⑥现场清点客服中心所有现金的数量（包括备用金、票款），做好记录。

⑦检查售票员是否按规定办理特殊车票，是否按规定处理乘客事务。

2. 非运营时间内审核程序

（1）在运营结束前，到达车站，在值班站长协助下进行审核工作。

（2）检查站务员更换钱箱、更换票箱的程序，各层级人员操作 AFC 设备的情况。

（3）检查值班员与售票员之间的结算程序。

（4）检查站存车票、现金、备品的管理情况。清点车站站存车票与现金，并做好相关记录。

（5）检查值班员账册、报表的填写情况。

3. 掌握车站 AFC 性能

（1）收益管理员根据收益核对员的信息回馈，初步掌握车站 AFC 设备的状态。

（2）到车站询问并抽查车站 AFC 设备的性能及设备状态。

二、票务差错类型及处理原则相关规定

1. 票务差错类型汇总需站长签名确认（车票管理相关规定除外）票务差错类型汇总表。

2. 票务差错处理原则。

3. 车票管理差错处理原则。

三、票款协查工作规定

1. 协查工作要求

（1）收益核对员应根据核对无误后的《售票员结算单》、《设备票款差异》、《TVM（AVM）钱箱更换/清点记录表（纸币）》、《TVM（AVM）钱箱更换/清点记录表（硬币）》、《TVM 补币记录表》、《AVM 充值收钱不写卡协查单》等报表填写《票款差异协查单》，如遇特殊情况需紧急协查的事项，收益核对员应预先通知收益管理员。

（2）《票款差异协查单》协查事宜填写要求详细、完整。协查情况根据设备日志等系统数据填写，要求准确、简单、易懂。

（3）若某台设备大额长、短款无法查明原因，收益管理员询问相关车站的设备报障记录，根据报障记录具体分析设备大额长、短款的原因。若车站无相关报障记录，将协查单递交系统设备管理协查。

（4）正常情况下，收益核对员在收到车站票务报表之日起 3 个工作日内（AVM 充

值收钱不写卡情况除外）将需协查的事宜交收益管理员，收益管理员收到协查单3个工作日内将协查结果交还收益核对员，如遇特殊情况，可适当延长协查周期。

（5）协查单一式两份，收益管理员留存一份，收益核对员留存一份，收益核对员将协查单附在《售票员结算单》、《设备票款差异》后备查。

2. 需协查事项

（1）售票员长、短款金额在50元以上。

（2）售票员互用员工号，当天两名售票员结算一长一短。

（3）BOM无交易日志、后台数据或统计异常。

（4）车站售票员备注了异常情况。

（5）TVM设备故障，修复后仍有差异在30元以上。

（6）当天单台TVM设备无拾币且票款差异在30元以上。

（7）当天单台TVM设备有拾币，《设备票款差异》票款差异与拾币金额不符且差额在30元及以上的。

（8）单台TVM设备连续3天以上长、短款，且每天长、短款金额在10元以上。

（9）AVM设备有差异或设备故障，修复后仍有差异的。

（10）当天单台AVM设备无充值收钱不写卡且票款有差异的。

（11）当天单台AVM设备有充值收钱不写卡且金额与《设备票款差异》票款差异不符的。

（12）设备压数3天仍未上传或上传后有数据差异（BOM在50元以上，TVM在30元以上）。

四、收益管理组车票保管、交接规定

1. 收益管理组车票保管规定

（1）收益核对员对于车站上交的各类车票必须妥善保管。在处理车票的过程中，办理人员如要离开，车票不得放在桌面上，必须放入上锁的抽屉或柜子中。

（2）在处理车票时，工作台面应保持整洁，不能有无关的车票，以免混淆。

2. 收益管理组车票交接规定

（1）一卡通卡交接规定。收益核对员收到车站上交的无效一卡通卡或异常的一卡通卡（在车站能正常充值但不能正常使用的一卡通卡，或出售后产生的无效一卡通卡）时，查询交易记录、余额、状态后，将一卡通卡及时交收益管理员复查，收益管理员再次进行确认之后进行相关的处理工作。具体规定如下：

①经车站发售后，未发生交易的一卡通卡，交车票组入库处理并登记《异常卡交接台账》。

②经车站发售后，产生交易的一卡通卡，交一卡通公司办理异常卡退款，若未涉及乘客的异常卡处理，将异常卡退款交车站解行；若涉及乘客的异常卡处理，通知车站将异常卡退款退还乘客。交接一卡通卡时需在《异常卡交接台账》上详细记录车票内容，收益管理员必须将情况及时向上级汇报。

③车站充值后，经核查产生交易的一卡通卡，交一卡通公司办理异常卡退款（包含卡内余额与卡押金并扣除卡月租）或换卡处理，通知车站将异常卡退款或更换的新卡退还乘客。交接一卡通卡时需在《异常卡交接台账》上详细记录车票内容。收益管理员必须将情况及时向组长及主任汇报。

（2）单程票交接规定（含各种无效票）

①收益核对员每月一次对核对无误后的单程票当面交给负责保管无效票的收益核对员并填写《单程票交接台账》。

②收益核对员每月一次将车票移交给车票管理组。

（3）其他车票交接规定。收益核对员将核对后的无效次票或其他特种票交与收益管理员，收益管理员复核无误后及时与车票管理组交接，办理换票处理，交接时需在《异常卡交接台账》上详细记录车票内容。

五、报表及台账装订、保管规定

1. 收益管理组需保管的报表

（1）车站报表（手工与车站计算机 SC 打印清单）

①《售票员结算单》（售票员配票款清单、售票员下班上交票款清单）。

②《乘客事务处理单》（打印小单）。

③《TVM/AVM 钱箱更换/清点报告（硬币）》（TVM/AVM 钱箱清单）。

④《TVM/AVM 钱箱更换/清点报告（纸币）》（TVM/AVM 钱箱清单）。

⑤《TVM 清空清点清单》（SC 表格）。

⑥《车站营收日报》（SC 表格）。

⑦《TVM 补币记录表》（TVM 补币清单）。

⑧《备用金借出记录表》。

⑨《短款补款登记记录表》（SC 表格）。

⑩《异常票款变动登记清单》（SC 表格）。

⑪《银行配备用金清单》（SC 表格）。

⑫《现金解行清单》（SC 表格）。

⑬《设备票款差异表》（SC 表格）。

⑭《AVM 收钱不写卡协查单》。

⑮《车站票务事件说明》。

（2）收益管理组台账

①《单程票交接记录表》。

②《异常卡交接台账》。

③《异币、残币交接登记表》。

④《车站退款汇总表》。

⑤《收益管理组下站记录表》。

⑥《收益管理组票款差异协查单》。

⑦《协查单借阅表》。

⑧《AFC 系统异常情况反馈表》。

2. 车票管理组需装订的报表

（1）编码员报表

①《车票生产情况单》。

②《出入编码室登记本》。

③《车票注销清点单》。

④《无效单程票分拣单》。

（2）票务管理 1 号岗位报表

①《票库票柜车票存/取记录表》。

②《票库车票盘点表》。

③《出入票库登记本》。

④《钥匙交接记录簿》。

（3）票务管理 2 号岗位报表

①《车票出库单》（SC 一式三联）。

②《车票入库单》（SC 一式三联）。

③《车票配发单》（SC 一式三联）。

④《车票结存情况月报》（SC 一式两联）。

⑤《资料存档目录》。

⑥《借阅资料登记本》。

（4）车票监控员报表

①《车票日生产计划》（SC 一式三联）。

②《配票明细单》（SC 一式三联）。

③《车票回收明细单》（SC 一式三联）。

④《车票调配表》（SC 一式三联）。

⑤《车票结存量统计表》。

⑥《车站票务事件说明》。

（5）车站报表

①《车站售/存票日报》（SC 表格）。

②《车站上交车票清单》（SC 表格）。

③《车站 TVM 加票记录》。

④《车站闸机回收车票记录表》。

⑤《车站废票上交单》。

3. 报表装订时间

（1）正常情况下，每月 10 号前将上月核对完的报表装订完毕。

（2）正常情况下，上交公司的统计报表应在每月 20 号前装订完毕。

4. 报表装订负责人

各类报表由当月负责审核、制作、保管人员装订。

5. 报表装订要求

（1）报表装订需加封面及封底，其封面及封底应与报表大小一致。

（2）装订前需将报表按顺序排列，然后装订。

（3）若某种报表较多需分几本装订时，应在封面上注明本数及序号。

（4）报表装订时，应仔细检查是否夹杂了其他报表。

（5）报表装订后，装订人必须在封面上盖章或签名。

六、报表打包及存放

1. 装订后的报表应立即存放在指定的文件柜中。

2. 正常情况下，每月 20 号前将上月各类车站报表打包送到指定的存放地点。

3. 各类报表应用绳子捆绑或报表封装盒封装，捆绑前应注意报表日期是否齐全，报表应按日期顺序排列。

4. 封装人填写《收益管理组报表封装清单》，将报表送到仓库后，需分类装进同一种规格的纸箱中，每一个箱子原则上放一种报表。

5. 按分公司要求对打包的票务报表定期进行销毁。

七、报表库管理规定

1. 报表库的日常安全、管理工作必须指定专人负责。

2. 非当班人员进入报表库，必须经本组组长批准后，由当班人员陪同进入。

3. 进出报表库必须及时锁闭报表库的门。

4. 使用报表库的钥匙应及时归还原处保管，不得遗失与丢弃。

5. 任何人不得携带危险物品进入报表库。

6. 不定期检查报表库的温度与湿度，如发现异常应及时向上级汇报并采取相应的处理措施。

7. 对报表库不定期进行清扫，确保报表库房干净、整齐。

8. 对于核对后的报表封装后定期归入报表库存放保管，并在一定的时期内统一封装打包。

9. 不定期检查报表库门锁、钥匙、柜门是否处于正常状态。

八、安全管理规定

1. 每日下班前，必须检查组内所有的电源开关，确保电源全部关闭。

2. 在组员全部离开办公室前，必须确保室门窗全部上锁。

3. 所有车站上交的报表装订后必须存放在固定的档案柜中，不得随意摆放。所有重要报表及有值车票必须放入专用的档案柜中上锁保管。

4. 对于组内的统计报表、台账等有关收益的资料要注意保密工作，不能随意对外透露。当其他相关室要求提供统计资料时，经室主任同意后方可提供。

5. 不可私自安装软件。

6. 贵重工器具在不使用时，必须锁入档案柜中保存。

7. 办公室严禁使用明火。

8. 严禁在办公室场所放置任何易爆的危险物品。

九、与各专业、各部门的接口

1. 与系统、设备管理的接口

（1）从运营的角度提交 AFC 系统、设备改进意见及要求技术咨询。

（2）提供修改、制作相关报表的需求。

（3）设备异常反馈及协查。

（4）对车站所上交的异币进行交接与处理。

（5）日常设备、系统业务的培训工作。

2. 与派驻财务部的接口

（1）车站备用金的配备、调增及调减等。

（2）定期提供《车站票务退款汇总表》并核销全线各站备用金。

3. 与车务部的接口

（1）定期下发《××线车站报表、票款差错台账》《××线短款补款通知书》。

（2）共同协商车站备用金配备、调增及调减等。

（3）提供相关票务政策及票务操作培训。

（4）对车站票务业务异常情况进行沟通与协调。

（5）不定期对车站进行票务检查与指导。

4. 与票务稽查的接口

（1）发现车站票务事件应及时上报票务稽查。

（2）配合票务稽查相关的票务稽查工作。

（3）在票务稽查的监督下，清点或注销车站车票。

5. 与一卡通公司的接口

（1）向一卡通公司提报地铁公司一卡通卡的需求数量，并在指定地点进行一卡通卡的交接。

（2）沟通、协调有异常情况的一卡通卡，对异常一卡通卡进行处理。

（3）地铁员工卡的初始化及挂失处理。

6. 与 ACC 的接口

（1）与 ACC 公司进行清分结算。

（2）向 ACC 提报地铁公司各类车票（除一卡通卡）的需求数量，并在指定地点进行车票的交接。

（3）与 ACC 进行车站上交无效单程票的交接。

十、车票配送管理规定

1. 车票出库必须经点算封装，严禁散装配票。

2. 车票配送途中，一律放在专用的配票箱内。

3. 车票配送过程中至少有一名车票管理组人员和保安人员护送。

4. 配送时的押送及保安人员由车辆段物业派出，人员应相对固定并经过相关业务培训。

5. 配票人员佩戴工牌，跟随保安一律从边门进出。

6. 必须专车专线办理配票业务，途中严禁办理私事或与票务工作无关业务。

7. 配送过程中，配票人员负责车票的安全，并做好与车站的交接工作。

8. 上、下车站站厅与站台时，乘坐垂直电梯，严禁乘坐自动电梯。

9. 在列车上，配票箱需靠边停放，严禁堵塞通道。

十一、配票过程中发生抢劫、事故、损坏、遗失或数量不符的管理规定

1. 如配票过程中发生抢劫和事故，配送人员应第一时间报警及通知车票管理组组长并维护现场，在确保人身安全的情况下保护车票的安全。

2. 协助公安部门处理事件并积极寻找目击证人。

3. 被劫车票数量，应由票务稽查和票务部共同清点并确认损失。

4. 如配票过程中发生车票损坏、遗失或数量不符的情况应由在场人员签名确认情况，以便进行票务违章的调查。

十二、车票用房管理规定

1. 中心票库管理用房管理规定

（1）非车票管理组人员进入票库，必须经室主任或车票管理组组长批准。

（2）进入票库的人员（包括编码员、保安），必须由车票管理员陪同。

（3）非车票管理组人员进出票库必须在《出入票库登记本》上登记来访人姓名、单位、来访事由以及进入和离开时间。

（4）票务管理 1 号岗位负责保管票库钥匙，票务管理 1 号岗位和票务管理 2 号岗位对票库车票的清查盘点每月不少于 4 次。

（5）票务管理 1 号岗位休假时，必须提前按要求做好车票、钥匙的清点移交工作。

（6）票务管理 1 号岗位休假前后，需与票务管理 2 号岗位进行票库盘点，并在盘点记录表上登记。

（7）进出票库必须及时锁闭票库房门。

（8）票务管理 1 号岗位上、下班前，要检查票库门锁、钥匙、柜门、防火、防盗报警系统是否处于正常状态（票务管理 1 号岗位休假由票务管理 2 号岗位负责）。

（9）放入票库的车票，严格执行分区保管，且有规律地摆放。

2. 中心票库钥匙管理规定

（1）票库的门锁钥匙全部由票务管理1号岗位保管。

（2）票库、票柜的钥匙如无特殊情况不能带出票库区域。

（3）IC卡初始化卡票库、员工票、票区票柜钥匙由员工票管理员保管，其他票区票柜钥匙及票库门钥匙由票务管理1号岗位保管。

（4）票库的备用钥匙由车票管理员加封后交车票管理组组长保管。

（5）票务管理1号岗位休假时，需在车票管理组组长的监督下提前将钥匙交与指定人员，并在移交和归还时填写《钥匙交接记录簿》。

3. 车票编码室管理规定

（1）非当日车票生产人员不得随意进出编码室。

（2）非车票管理组人员进入编码室，必须由编码员陪同。

（3）非车票管理组人员进出编码室必须在《出入编码室登记本》上写清来访人姓名、单位，来访事由，以及进入和离开的时间。

（4）进入编码室的人员，未经许可不得随意动用设备及车票，不得大声喧哗，干扰编码员的正常工作。

（5）出入编码室必须及时锁闭编码室房门。

（6）下班前，编码员要检查门锁、防火、防盗报警系统是否处于正常状态。

（7）生产车票所需公用印章放编码室，由编码员统一保管，编码员私章由个人保管。

（8）生产结束后，车票要及时办理入库手续，下班后编码室不许存有任何车票。

（9）生产结束编码员要及时清理编码室的卫生，工器具摆放整齐。

（10）编码室的门锁钥匙由编码员保管。

4. 中心分发室管理规定

（1）非车票管理组人员进入分发室，必须有车票管理组人员陪同。

（2）分发室作为车票交接专用房间，严禁在工作时间做与工作无关的事情。

（3）车票管理组员工不在分发室时，严禁存放任何车票。

（4）下班前必须关闭带电设备和门窗。

（5）每周做一次安全和消防检查。

（6）分发室由票务管理2号岗位负责。

十三、车票设备使用规定

1. 初始化机使用规定

（1）编码员要严格遵守操作规程，保障本人及他人的人身安全。

（2）严禁非熟练工单独操作，严禁设备“带病”运作。

（3）操作密码不可外泄或借予他人使用。

（4）机器在运行过程中，严禁将手放在储票仓上。

（5）车票制作过程中，严禁移动票箱。

（6）车票制作过程中，不准随意关掉电源。

（7）不准随意打开维修面板。

（8）编码员车票生产完毕，必须注销操作权限。

（9）在设备出现故障时，要及时通知轮值监控员，请专业人员修理，严禁私自拆卸设备。

（10）生产结束，编码员要将设备放置整齐。

2. 单程票清点机使用规定

（1）单程票清点机必须专人专管。

（2）生产结束，使用人员要确认清点机内及周边有无遗留车票，并关闭电源，摆放整齐。

（3）严禁使用水清洗清点机。

（4）若有卡票等情况，严禁使用重物敲击清点机，通知专业维修人员修理。

（5）定期对单程票清点机进行清洁、维护。

3. 中心 BOM 使用规定

（1）非收益及车票管理室工作人员使用中心 BOM，需经室主任或车票管理组组长许可。

（2）操作密码不可外泄或借予他人使用。

（3）非本组人员使用中心 BOM 分析车票时，需在《出入编码室登记本》中做好使用记录。

（4）未经室主任或本组组长同意，严禁将中心 BOM 借给他人分析或其他操作。

（5）编码员完成生产任务时，关闭中心 BOM 电源，设备放置整齐。

4. 手持验票机使用规定

（1）手持验票机只能进行车票分析。

（2）手持验票机必须由专人专管。

（3）在设备出现故障时，应请专业人员修理，严禁私自拆卸设备。

5. 设备的保养与维护

（1）积极配合设备管理人员排除设备故障，确保设备处于良好的运作状态。

（2）初始化机和单程票清点机、手持验票机，每周的清洁工作不少于一次。

十四、车票的封装

1. 布袋包装（仅适用单程票）

（1）材料：布袋、胶水、大号胶纸、标签。

（2）封装方法。

①以 500 张、1 000 张或 2 000 张单程票为一个布袋进行双人封装。

②每袋票都要有标签，标签上注明封装数量、封装车站、封装人、封装时间（预制单程票写明有效起止日期）、封装票种。

③不足 500 张的也用此方法进行封装。

④不同种类的单程票标签要用不同颜色进行区分。

（3）注意事项。

①胶水不能粘得太多，以防弄糊标签。

②绑袋时候要用力扯绳，再把布袋翻转，袋口朝下，看有无车票遗漏。

③打最后一个死结时，两个死结之间的距离必须与标签相符，位置刚刚好。

2. 信封包装（适用任何车票）

（1）材料：信封、胶水、胶纸。

（2）封装方法。

①把需封装的车票装进信封，用胶水把封口粘好。

②在信封三处骑缝处盖章加封。

③加封后，用胶纸把信封的各骑缝处粘好。

④在信封上写明封装数量、封装车站、封装人、封装时间、封装票种（预制单程票要写有效起止日期）。

（3）注意事项：信封封装车票数量不要超过 100 张，太多容易造成信封破损、车票丢失。

十五、配票过程中在地铁车站内车票被抢

1. 在车站被劫

（1）事故现象：车票在配送途中，在地铁车站内出现车票被他人劫走。

（2）处理指引。

①配票过程中发生抢劫和事故的情况下，配送人员应第一时间报警及通知车站车控室。

②配票人员应在确保人身安全的情况下保护车票的安全。

③车站应全力协助配票人员维护现场及加强保安巡查。

④车票管理组组长在接到配票人员的通知后，立即向室领导进行汇报。

⑤配票人员应协助公安部门处理事件并积极寻找目击证人。

⑥联系票务稽查，对损失进行确认。

2. 在配票途中车票被抢

（1）事故现象：车票在配送途中（不在地铁车站内），出现车票被他人劫走。

（2）处理指引。

①配票过程中发生抢劫和事故的情况下，配送人员应第一时间报警及通知车票管理组组长。

②配票人员应在确保人身安全的情况下保护车票的安全。

③车票管理组组长在接到配票人员的通知后，立即向室领导进行汇报。

④配票人员应协助公安部门处理事件并积极寻找目击证人。

⑤联系票务稽查，对损失进行确认。

3. 配票保安劫走车票

（1）事故现象：车票在配送途中，车票被配票保安劫走。

（2）处理指引。

①配票过程中发生车票被配票保安抢劫走的情况下，配送人员应第一时间报警及通知车票管理组组长。

②配票人员应在确保人身安全的情况下保护车票的安全。

③车票管理组组长在接到配票人员的通知后，立即向室领导进行汇报。

④车票监控员立即联系车辆段保安队队长，寻找配票保安。

⑤配票人员应协助公安部门处理事件并积极寻找目击证人。

⑥联系票务稽查，对损失进行确认。

十六、收益管理组 AVM 充值收钱不写卡处理流程

车站发生 AVM 充值收钱不写卡情况，将填写完整的《AVM 充值收钱不写卡协查单》随当日报表上交票务部收益及车票管理室收益管理组。

1. 通过轮值监控员查询后仍需后续 5 个工作日处理的

（1）收益核对员收到车站上交的《AVM 充值收钱不写卡协查单》于两个工作日内，对充值一卡通卡 ID 号交易情况、车站处理结果进行初步查询，并填写《票款差异协查单》，与《AVM 充值收钱不写卡协查单》等相关单据一并交与收益管理员 B 进行协查。

（2）收益管理员 B 收到《票款差异协查单》后，于 3 个工作日内完成 AVM 收钱不写卡的协查工作（特殊情况除外）。收益管理员 B 根据协查结果做如下处理：

①无异常可退备用金的情况，将《票款差异协查单》与《AVM 充值收钱不写卡协查单》返还收益核对员。

②有异常或无须退款情况，必须上报收益管理组组长，对此结果再行进行复核，核对无误后，收益管理组组长在《票款差异协查单》右下空白处签名确认，收益管理员 B 将《票款差异协查单》与《AVM 充值收钱不写卡协查单》返还收益核对员。

（3）收益核对员接到《票款差异协查单》，先行电话通知车站处理结果，同时将结果填入收益管理组意见栏，签名确认后传真至车站，根据实际情况做如下处理：

①无须退备用金，收益核对员将《AVM 充值收钱不写卡协查单》交由收益管理员 B 存档。

②可退备用金，待车站处理完成后，收益核对员将车站退款日期、退备用金操作人、操作 BOM 号、退款金额等详情在《AVM 充值收钱不写卡协查单》收益管理组意见栏补充注明后，交收益管理员 B 存档。

③可退备用金，收益核对员跟踪一个月后乘客仍未找回，则将《AVM 充值收钱不写卡协查单》交收益管理员 B 存档。

（4）收益管理员 B 随时对已处理完成的 AVM 充值收钱不写卡处理情况随时进行抽查。

2. 已通过轮值监控员查询处理完成的

收益核对员对车站已处理完成的充值一卡通卡 ID 号交易情况、车站处理结果进行初步查验。

（1）车站已处理完成且处理结果无误。

①车站已在车站处理详情栏注明车站退款日期、退备用金操作人、操作 BOM 号、退款金额的，收益核对员在《AVM 充值收钱不写卡协查单》收益管理组意见栏注明“已核”，签名确认后交收益管理员 B 存档。

②车站未注明处理详情的，收益核对员将车站退款日期、退备用金操作人、操作 BOM 号、退款金额等详情在《AVM 充值收钱不写卡协查单》收益管理组意见栏注明后，交收益管理员 B 存档。

（2）车站已处理完成但处理结果有误。

①收益核对员填写《票务事件报告单》上报票务稽查。

②经票务稽查调查确认后返回《票务事件报告单》，收益核对员电话通知车站处理结果，并将《票务事件报告单》传真至车站。

③待车站处理完成后，收益核对员将票务稽查处理意见、车站最终处理结果在《AVM 充值收钱不写卡协查单》收益管理组意见栏注明，签名确认后交收益管理员 B 存档。

（3）收益管理员 B 随时对已处理完成的 AVM 充值收钱不写卡处理情况随时进行抽查。

十七、车站现金管理报表管理

车站的现金主要由两大部分构成：一是设备和人工收取的票款；二是用于自动售票机找零和客服中心处进行乘客事务处理的备用金。

1. 车站现金的管理规定

（1）车站票务备用金和票款必须严格按照车站现金的管理规定执行，备用金和票款必须专款专用，不得挪作他用。

（2）车站票务备用金和票款必须严格按照“账实相符”的管理规定执行，严禁弄虚作假、虚报瞒报。

（3）车站应对现金的使用和保管设立安全区域，未经允许和授权，无关人员不得进入现金安全区域，现金安全区域内严禁存放私人现金。

2. 车站日常现金安全管理

车站的现金只能存放在现金安全区域内。现金安全区域相关规定如下。

（1）车站现金安全区域是指票务室、客服中心、TVM 钱箱。

（2）现金安全区域内严禁存放私人钱、票（员工票及票务室批准的特殊情况下临时存放的现金除外）。

（3）客服中心内所有的现金均应放在 BOM 的现金屉及配票箱中（硬币除外）。

（4）售票员在处理现金时，必须将现金放在乘客接触不到的地方。

（5）运营时间内，任何非当班票务工作人员在未得到当班值班站长的许可，不得进入客服中心；非运营时间内，未经许可，车站工作人员不得进入客服中心开启、操作 BOM，除非有特殊情况时，由值班站长或站长批准进入。

（6）AFC 票务室的门 24h 处于锁闭状态；AFC 票务室摄像监控设备必须 24h 开启，录影资料未经批准不得删剪。任何人员在进入 AFC 票务室时，必须有当值客运值班员陪同，并且在进出台账上登记。

（7）票款及备用金必须在监控摄像有效范围内由当班工作人员双人清点，清点后即放入 AFC 票务室的保险柜内保管。

（8）交接班时，现金应在 AFC 票务室内的监控摄像有效范围内，双人进行清点、核对、确认。

（9）隔夜票款必须由客运值班员及值班站长当面清点、交接，清点无误后立即锁入保险柜，并在《车站营收日报》、《客运值班员交接班簿》上注明。

3. 备用金的管理

车站备用金的使用范围应严格控制，不得挪用，各站之间不得擅自互相调拨备用金。

备用金用于车站的自动售票机找零，在每日的运营前准备时加入，在运营中根据设备的使用情况进行补充，每日运营结束时进行回收。在这个过程中，要注意备用金和票款的区别，以免将备用金计入票款而发生误解行的情况。

用于乘客兑零的备用金在使用过程中情况与自动售票机的情况类似。备用金数额不会发生变化，但形式则发生变化，由原来的零钞变为面额较大的纸币。在对客服中心服务人员的结算中，也要注意不要将这部分备用金与票款混淆。

车站在对备用金的管理中，要注意以下几点：

（1）对配备的备用金，每班交接都需清点；对设备配备的备用金，每日营业完都需清点，若有异常情况都需登记备案。

（2）严格执行车站的现金管理制度，车站票务备用金使用及保管不能和当日的车站票款收入混淆管理，更不能出现坐支现金的现象。

（3）车站票务备用金除配备在售票设备的找零钱箱及客服中心处外，一律存放在专用保险柜中，并由专人保管，不得将暂时不用的多余现金存入银行。

（4）必须按规定用途使用车站票务备用金。

（5）不得因私借用车站票务备用金。

（6）不得贪污及挪用车站票务备用金。

（7）各站之间不得擅自互相调拨票务备用金。

4. 车站的现金交接

（1）纸币：在监控范围内，纸币必须由车站当班工作人员双人（其中一名需为当班客运值班员）当面清点后签认交接。交接时若发现数目有误，应及时上报客运服务部、票务中心、安全稽查部等部门，并调查处理此事，若差额原因无法查明，则所短款项由交班人当场补足，长款随当日票款上交。

（2）硬币：在监控范围内，硬币必须由车站当班工作人员双人当面清点后签认交接，对已加封的硬币交接时，接班人确认加封正确完好后可凭加封数目交接，对零散硬币按实点数交接。

硬币加封前必须双人在监控摄像有效范围内清点，确认无误后共同签章加封。开封前必须双人在监控摄像有效范围内确认封条正确完好后开封共同清点。清点后若发现金额不符，应立即报站长或当班值班站长到票务室确认，并在《客运值班员交接班簿》备注栏中说明。差额由加封人负责；如未执行双人开封清点规定时，差额由开封人负责。与银行兑换的硬币，应双人在监控摄像有效范围内清点后加封。

严禁使用交接未经清点或未加封的钱款。

5. 车站报表管理

（1）报表填写要求。

报表填写应遵守相关票务规章制度，必须真实、准确、完整、及时，报表填写应细致、严谨，填制人员必须签名或加盖私章。

①真实：报表必须由相关人员填写且如实反映票务情况，不得捏造事实、弄虚作假。

②准确：报表填写前认真核对实际情况，以正确无误的数据填写，并要仔细复核。

③完整：必须按报表所列事项填写，不得遗漏。

④及时：报表必须在规定期限内填制完毕，并按规定时间上交票务中心，不得故意延迟时间。

属于过底的报表，一定要写透，不要上面清楚，下面模糊。报表的各项指标必须按要求填写，不应随便空格不报，因客观原因不产生数字的空格用“—”符号表示。

报表填写的文字必须用蓝色或黑色笔填写，字迹必须清晰、工整，不得潦草。属于过底的报表用圆珠笔填写，属于非过底的报表用钢笔或签字笔填写。填写人员必须签章确认。

报表填写的数字必须一个一个填写，不得连笔书写。对金额一项，小数点后无数时，应写“00”或“—”表示。

报表填写发生错误时，不得刮擦、挖补、涂抹或用化学药水更改字迹。更改数字必须用“画线更正法”。运用“画线更正法”更正时，在报表中错误文字或数字上画一条红线，以示注销，要求画去整个错误数字，然后在该处盖上更改人员名字修正章，以示负责。

若更改次数过多导致报表不清时，应另填写一份，该报表作废。报表在写坏作废时，应当加盖“作废”戳记，全部保存，不得撕毁，并随当日报表于次日上交票务中心。

（2）报表的保管。

报表应分类归整，检查报表是否齐全，报表均应按月装订成册。装订时要加具专用封面、封底，封面注明加封车站、加封报表名称、加封时间及装订人姓名等内容。

车站所有报表的保管年限为 2 年。不足半年的报表必须放在票务室内保管，期限满半年的报表按月份打包加封后存放于车站备品库。

报表保管期满由车站按年份打包，并列出清单，同时由票务中心统一回收，经客运中心、安全监察部等相关部门会签后，可以进行注销、销毁。严禁私自对票务报表进行注销、销毁。

任务5.2　票务管理系统作业流程

一、中心配发车票

收益部向车站配发车票时，车站可通过“配发车票”窗口看到配发车票的票种和数量。实际数量为系统默认为配发数量，如不一致，客运值班员根据实际数量录入，如图5－1所示。

1. 车票配收员与客运值班员根据《票务室车票组配票明细单》核对车票信息正确后进行车票交接，客运值班员在“车站票务管理系统”中进行“配发车票”操作并在《票务室车票组配票明细单》上签收，车站存最后一联，其余由车票配收员上交收益部。

2. 客运值班员在《客运值班员交接班簿》上做好记录。

二、上交车票

车站上交车票分为两种形式：一种需随报表上交收益部的车票；另一种收益部票卡组指定回收的车票。

1. 随报表上交收益部的车票。客运值班员在车站票务管理系统“上交车票”中录入，“上交部门”选择为“收益组”，将已用票务信封加封好的车票分为以下3种形式用钱袋加封后，随报表上交至收益部。

①TVM废票用一个钱袋加封。

②车站办理的即时退款车票和非即时退款无效票、车站回收箱回收车票、乘客弃置车票用一个钱袋加封。

③乘客事务车票、发售不成功车票、BOM废票用一个钱袋加封。

2. 票卡组指定上交的车票。由收益部票卡组在票务管理系统通知车站需回收车票的种类、数量，客运值班员按要求提前准备好车票，并在车站票务管理系统“上交车票”中录入，“上交部门”选择为“车票组”。配票人员到站后根据系统打印《车票上交清单》清点各车票的加封数量，确认无误后签收，客运值班员在《客运值班员交接班簿》上做好记录，如图5－2所示。

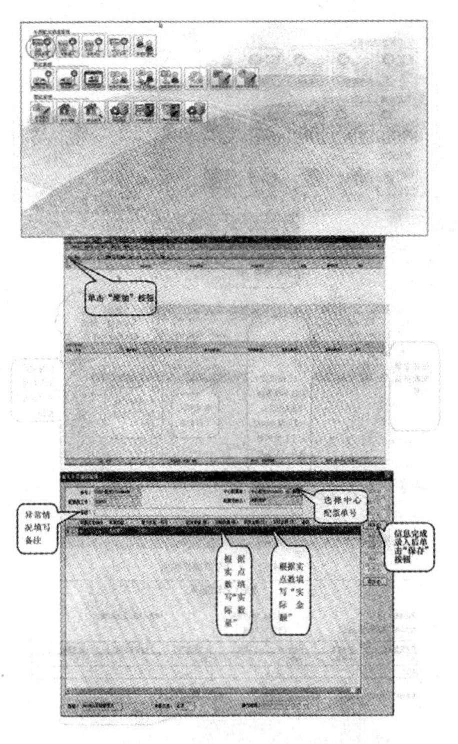

图5－1　配发车票操作界面

图5－2　上交车票操作界面

3. 售卖剩余的E/S预制票由客运值班员与售票员按售卖日期加封，并在车站票务管理系统"上交车票"中录入，"上交部门"选择为"车票组"。配票人员到站后根据系统打印《车票上交清单》清点各车票的加封数量，确认无误后签收，客运值班员在《客运值班员交接班簿》上做好记录，如图5－3所示。

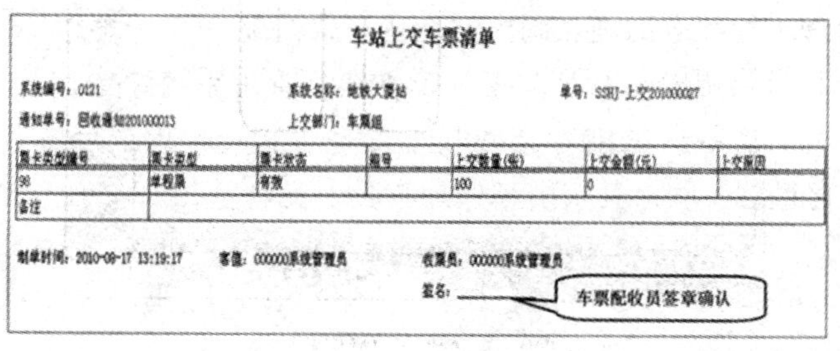

车站上交车票清单

系统编号：0121　　系统名称：地铁大厦站　　单号：SSHJ-上交201000027

通知单号：回收通知201000013　　上交部门：车票组

票卡类型编号	票卡类型	票卡状态	箱号	上交数量(张)	上交金额(元)	上交原因
98	单程票	有效		100	0	
备注						

制单时间：2010-09-17 13:19:17　　客值：000000系统管理员　　收票员：000000系统管理员

签名：

图5－3　上交车票清单

三、车票调出

票卡主任管理工程师根据站存车票情况，在"票务管理系统"中进行"调配通知"操作，生成并打印《票务室车票组车票调配表》，签章后交车票配收员。车站进行如图5－4所示的操作。

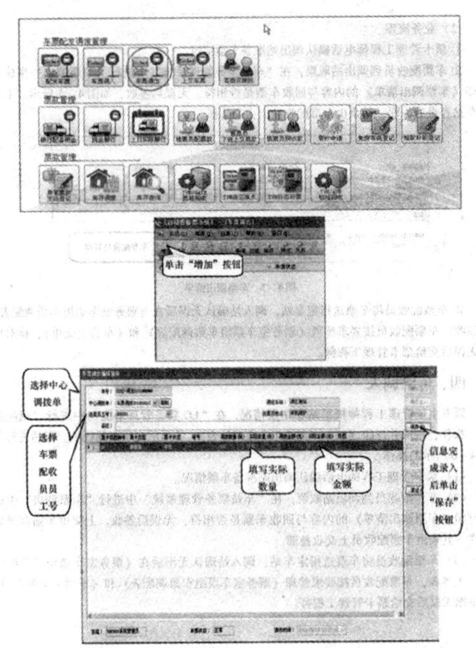

图5－4　车票调出操作界面

1. 计算机操作流程

（1）在车票配发调度管理里面单击车票调出。

（2）在弹出的车票调出界面单击工具栏第一项增加，增加车票调出。

（3）在弹出的车票调出编辑窗体界面上，依次选择中心调拨单、车票配收员员工号，填写实际数量、实际金额，确认之后单击“保存”按钮。

2. 业务流程

（1）票卡管理工程师电话确认调出站准备车票情况。

（2）车票配收员到调出站取票，在“车站票务管理系统”中进行“车票调出”生成并打印《车票调出清单》的内容与回收车票是否相符，无误后签收，如图5－5所示。上交单车站存最后一联，其余由车票配收员上交收益部。

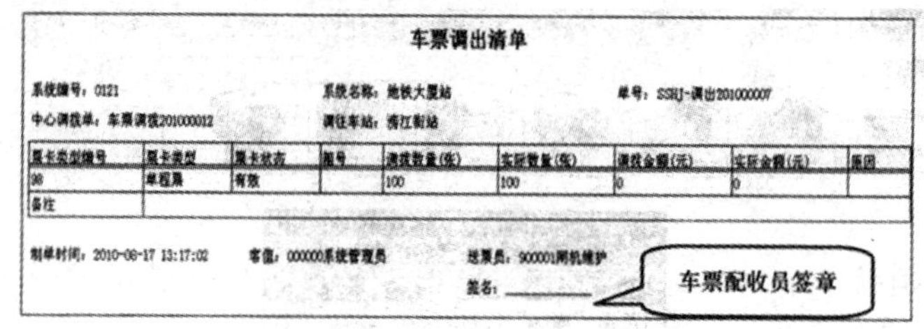

车票调出清单

系统编号：0121　　系统名称：地铁大厦站　　单号：SSHJ-调出201000007

中心调拨单：车票调拨201000012　　调往车站：香江新站

票卡类型编号	票卡类型	票卡状态	箱号	调拨数量(张)	实际数量(张)	调拨金额(元)	实际金额(元)	原因
98	单程票	有效		100	100	0	0	
备注								

制单时间：2010-08-17 13:17:02　　审核：000000系统管理员　　送票员：900001网机维护

签名：________

图5－5　车票调出清单

（3）车票配收员将车票送至指定车站，调入站确认无误后在《票务室车票组车票调配表》上签收，车票配收员按要求整理《票务室车票组车票调配表》和《车票上交单》，核对单据无误后交给票卡管理工程师。

四、车票调入

票卡主任管理工程师根据站存车票情况，在“IC 票务管理系统”中进行“调配通知”操作，生成并打印《票务室车票组车票调配表》，签章后交车票配收员。车站进行如图 5 -6 所示的操作。

1. 票卡管理工程师电话确认调出站准备车票情况。

2. 车票配收员到调出站取票，在“车站票务管理系统”中进行“车票调出”生成并打印《车票调出清单》的内容与回收车票是否相符，无误后签收。上交单车站存最后一联，其余由车票配收员上交收益部。

3. 车票配收员将车票送至指定车站，调入站确认无误后在《票务室车票组车票调配表》上签收，车票配收员按要求整理《票务室车票组车票调配表》和《车票上交单》，核对单据无误后交给票卡管理工程师。

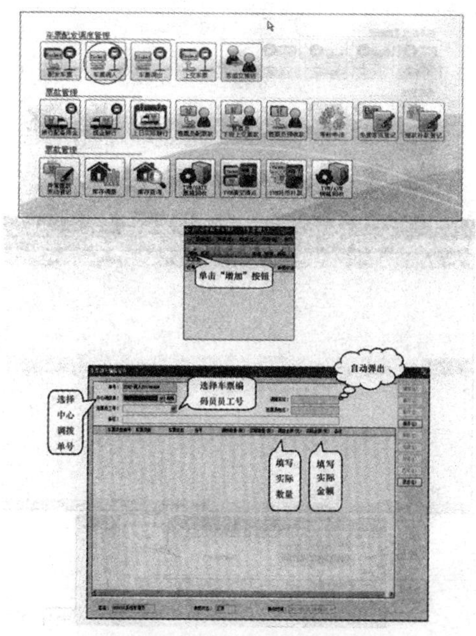

图 5 -6　车票调入操作界面

五、银行配备用金

客运值班员单击该按钮，输入银行配备用金金额。如清点后发现非标准币、多币及少币，按实际金额录入，非标准币、多币及少币情况在系统备注中录入，并在手工台账“客运值班员交接班簿”中记录，如图 5 -7 所示。

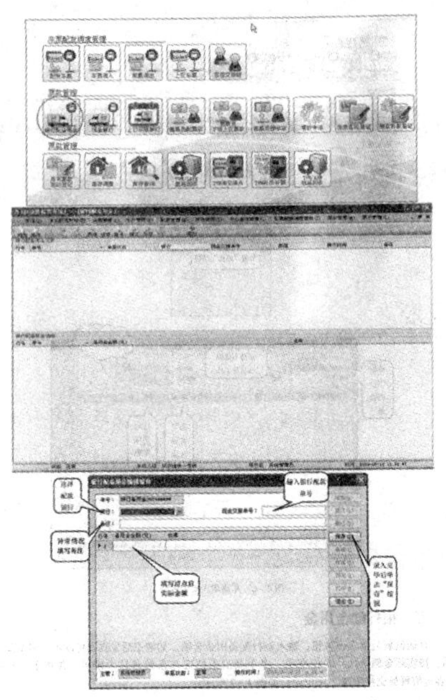

图 5－7　银行配备用金设置界面

六、售票员上岗前作业

售票员上岗配票款时，由客运值班员登录并进入“售票员配票款”界面，单击“增加”按钮，弹出“售票员配票款”窗口，如需增加行次，单击“插行”按钮，输入配给售票员的车票的票种张数及备用金金额，如图 5－8 所示。

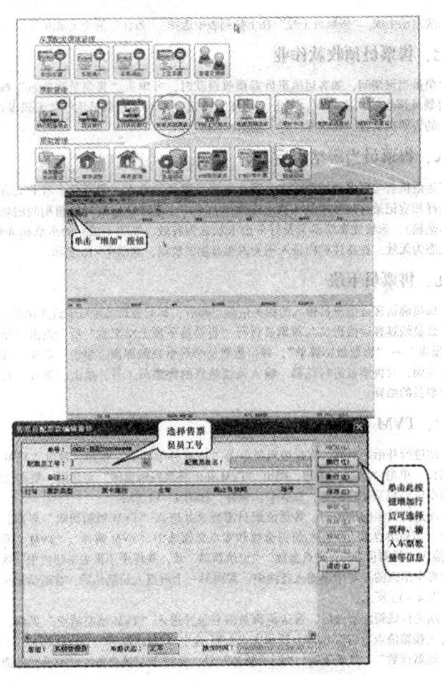

图 5－8　售票员上岗前相关作业界面

客运值班员输入完成后，售票员需当面确认客运值班员输入的内容正确后，客运值班员确认保存，单据状态显示为“审核”。

若售票员在售卖过程中需追加车票或备用金，则重复前面操作。若售票员当天结账后，需再次上票亭岗时，则重复前面操作。如保存后发现录入错误，可单击该条记录，弹出“售票员配票款编辑窗体”，单击“作废”后重新录入。“单号”“客值”“单据状态”“操作时间”系统自动生成。“售票员工号”在下拉列表中选择，“备注”需手工录入。

七、售票员：预收款作业

售票员当班期间，如客运值班员需预收票款时，可单击“售票员预收款”按钮，弹出“售票员预收款”主界面。单击“增加”按钮，弹出“售票员预收款编辑窗体”，输入预收的售票员票款。确认并保存。如图 5－9 所示。

八、售票员当班结束

客运值班员与售票员结账时，由客运值班员登录并进入“售票员下班上交票款”界面，选择相应记录，输入涉及车票上交数量及手中全部现金金额（当班期间的票款和备用金总金额）。未售完车票票卡及好卡退卡状态为有效，发售不成功的车票和 BOM 废票票卡状态为无效，在备注栏内录入相关说明及相关数据，如图 5－10 所示。

九、售票员下班

售票员确认客运值班员输入的相关信息正确后，客运值班员进行确认并保存，退出登录。售票员结算客运值班员与售票员进行“售票员下班上交票款”后，点击“结算”—“结算报表”—“售票员结算单”，弹出售票员结算单查询界面。单击“增加”按钮，进入编辑界面，对售票员进行结算。输入需要结算的售票员工号，单击“统计”按钮，完成该售票员的结算。

十、TVM 补币补票

车站进行补币补票时，客运值班员单击“TVM 补币补票”按钮，弹出“TVM 补币补票”窗口。单击“增加”按钮，弹出“TVM 补币补票编辑窗体”对话框，根据《TVM 补币打印小单》填写相应内容，双人确认保存，如图 5－11 所示。

车站进行钱箱的清点后，客运值班员需登录并进入“TVM 钱箱回收”界面，根据手工报表《钱箱清点报告》中的机器金额和实点金额选中“TVM 编号”“TVM 名称”“箱号”，输入“机器读数”“实点金额”“记录票单”号，并将手工报表备注栏中反映的清点钱箱过程中出现的异常情况输入备注中。需由另一个清点人员确认后，客运值班员才能保存，如图 5－12 所示。

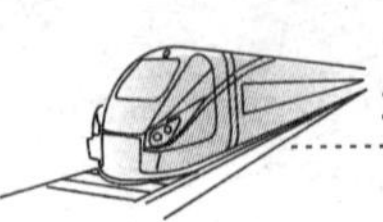

车站进行钱箱的清点后，客运值班员需登录并进入“TVM 清空清点”界面，根据手工报表《钱箱清点报告》机器金额和实点金额选中“TVM 编号”“TVM 名称”“箱号”，输入“机器读数”“实点金额”“记录票单”号，并将手工报表备注栏中反映的清点钱箱过程中出现的异常情况输入备注中。需由另一个清点人员确认后，客运值班员才能保存，如图 5 - 13 所示。

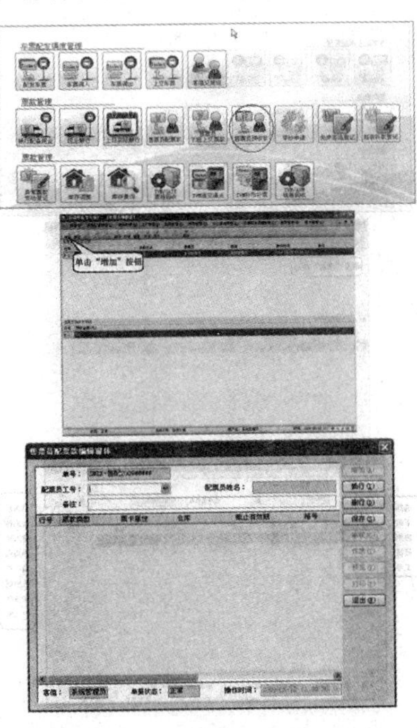

图 5 - 9　售票员预收款作业界面

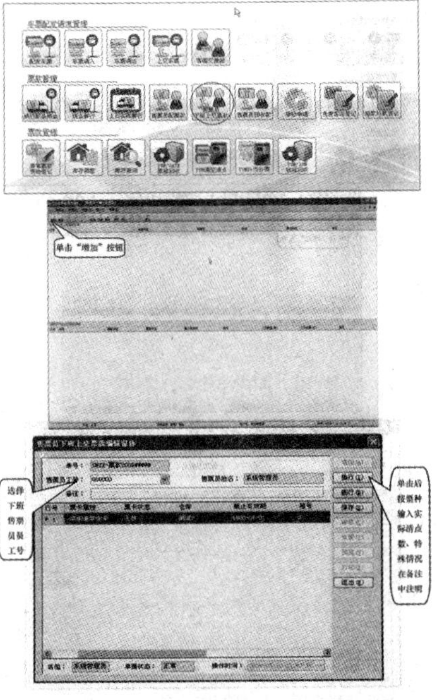

图 5 - 10　售票员当班结束后相关作业界面

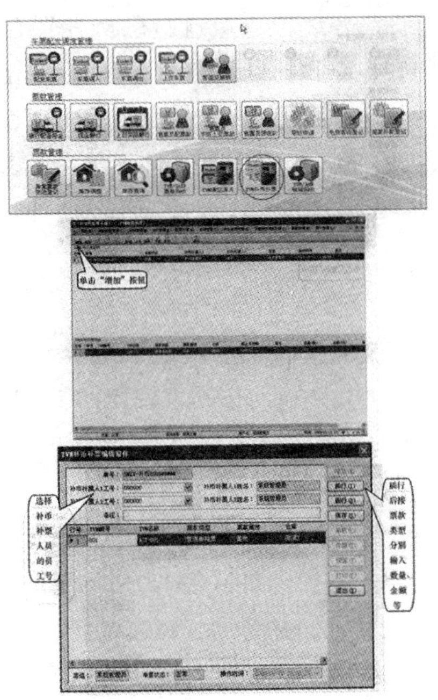

图 5 - 11　TVM 补币补票操作界面

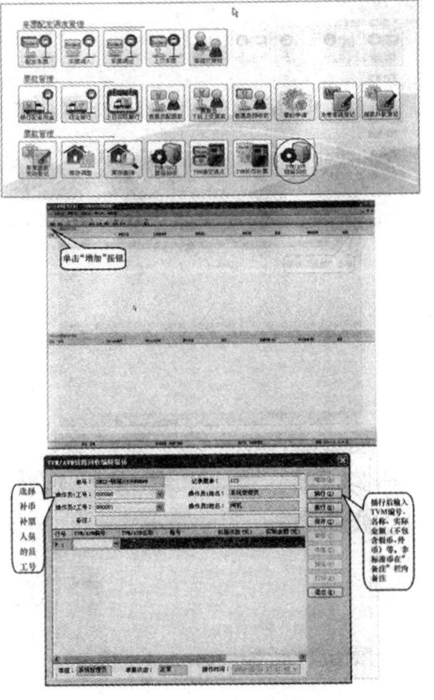

图 5 - 12　TVM 钱箱回收操作界面

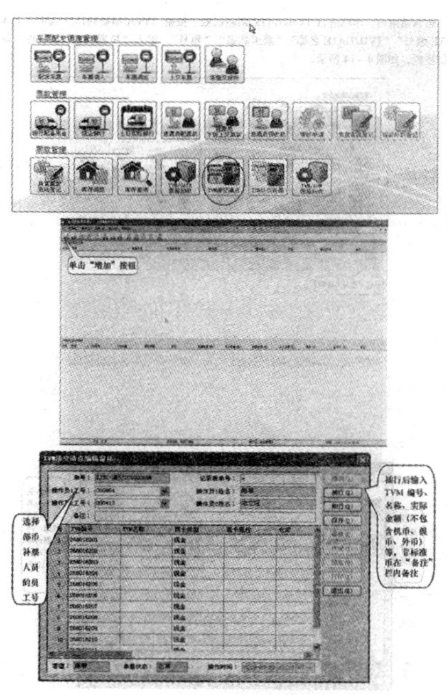

图 5 - 13　TVM 清空清点操作界面

运营结束后，车站进行 TVM/CATE 票箱回收，根据“TVM 结账列印”选中“TVM/CATE 编号”、“TVM/GATE 名称”、“票卡状态”、“箱号”，输入“机器读数”、“实点数量”和备注栏，如图 5 - 14 所示。

如车站人员或 AFC 人员从 TVM 内部拾到现金和客值交接出现长款等金额（手工报表《特殊票款交接记录表》）、回收箱车票、乘客弃票等情况填录入，如图 5 - 15 所示。

十一、补短款登记

客运值班员单击“短款补款登记”按钮，弹出“短款补款登记编辑窗体”对话框，打印“补款通知书”，根据售票员按“补款通知书”的补短款金额输入，并根据售票员补交情况填写已补交金额，如图 5 - 16 所示。

十二、现金解行

客运值班员根据已填写的《现金交款单》金额录入，如图 5 - 17 所示。

十三、上日实际解行

客运值班员根据银行盖章确认返还的《现金缴款单》录入，如图 5 - 18 所示。

十四、客值交接班

交班客运值班员退出系统后，接班客运值班员重新登录系统，根据双人确认的《客运值班员交接班簿》录入接班时车票、票款及备用金的账面数量、账面金额，单击“保存”按钮后退出系统，如图5－19所示。

根据登记的符合票务政策免费进出车站的客流数量录入，如图5－20所示。

十五、运营结束后

1. TVM票款差异日报

客运值班员在运营结束后系统规定的时间，选择“结算”→“TVM票款差异日报”命令，弹出统计界面并进行打印。

2. TVM设备车票差异日报

客运值班员在运营结束后系统规定的时间，选择“结算”→“TVM设备车票差异日报”命令，弹出统计界面并打印该日报。

3. 车站售存票日报

客运值班员在运营结束后系统规定的时间，选择“结算”→“车站售存票日报”命令，弹出车站售存票日报界面并打印该日报。

4. 车站营收日报

客运值班员运营结束后系统规定的时间（次日凌晨4点），选择“结算”→“结算报表”→“车站营收日报”命令，系统自动弹出车站营收日报查询界面并打印该日报。

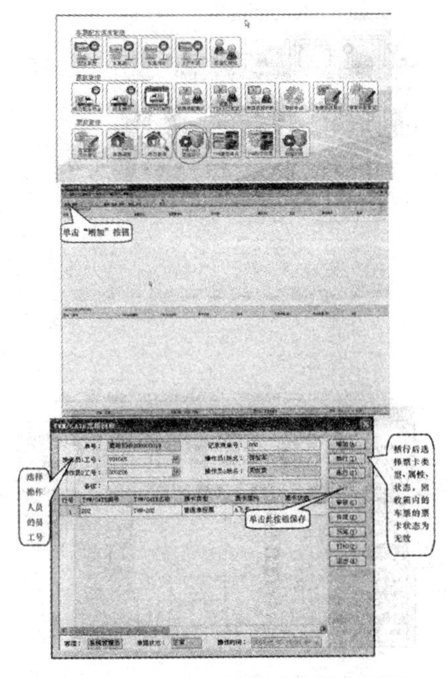

图5－14 TVM票箱回收操作界面

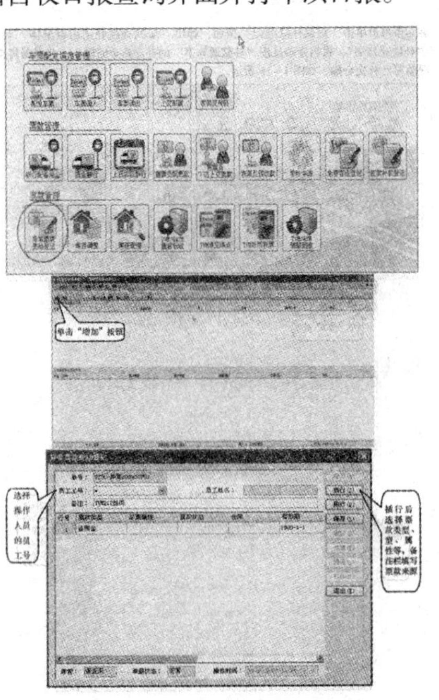

图5－15 异常票款变动登记操作界面

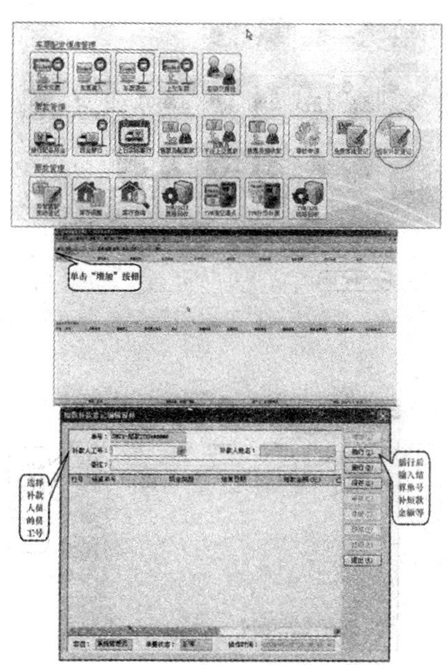

图5-16　短款补款登记操作界面

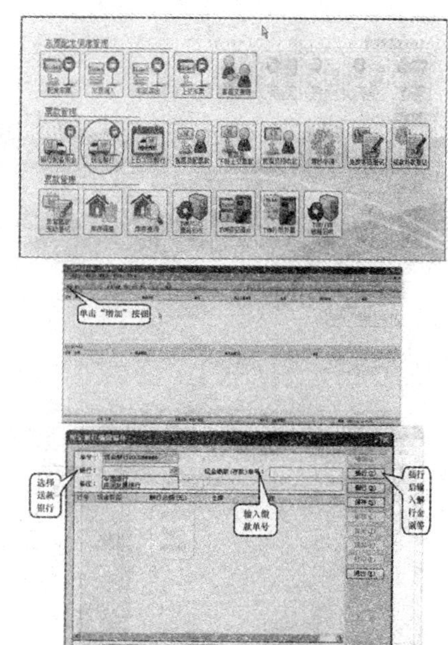

图5-17　现金解行操作界面

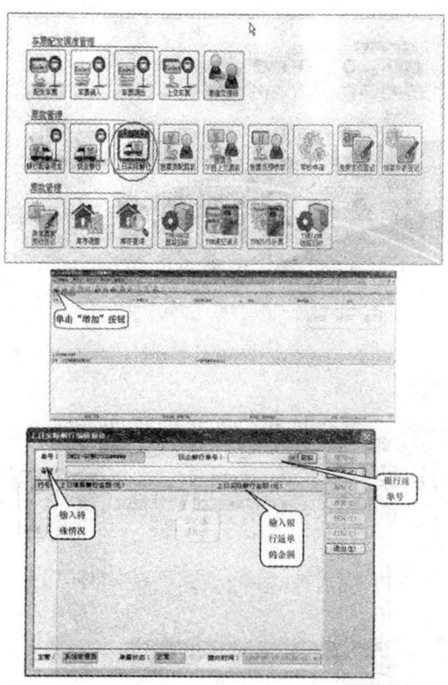

图5-18　上日实际解行操作界面

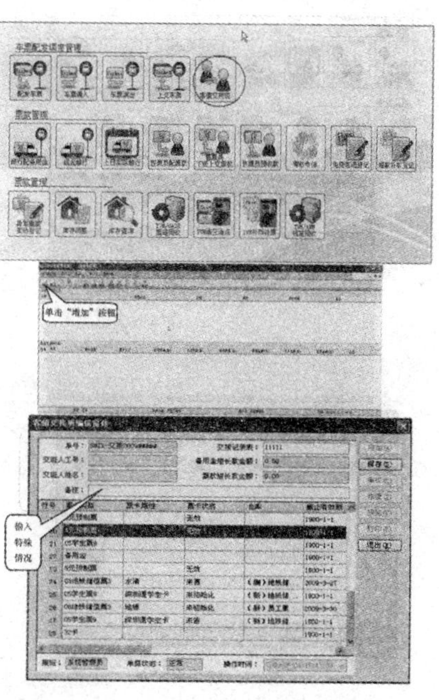

图5-19　客值交接班操作界面

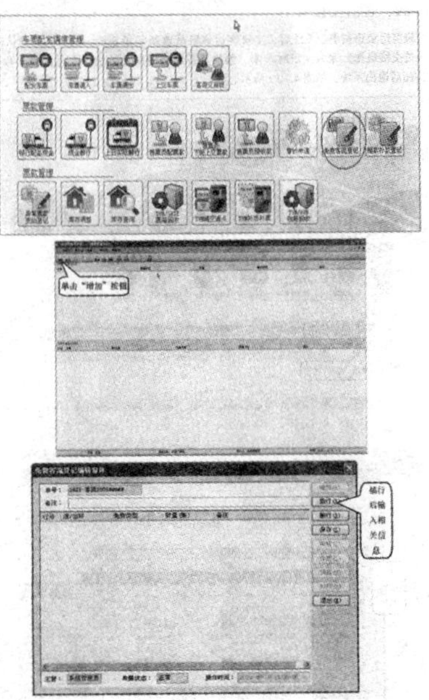

图 5-20　客流登记操作界面

5. 报表提交

客运值班员完成打印系统报表后，同相关手工报表及设备打印小单一起加封，待收益部收取。

十六、库存调整

每月盘点后，由客运值班员根据收益部审批同意后的《车站库存调整申请表》进行录入调整，如图 5-21 所示。

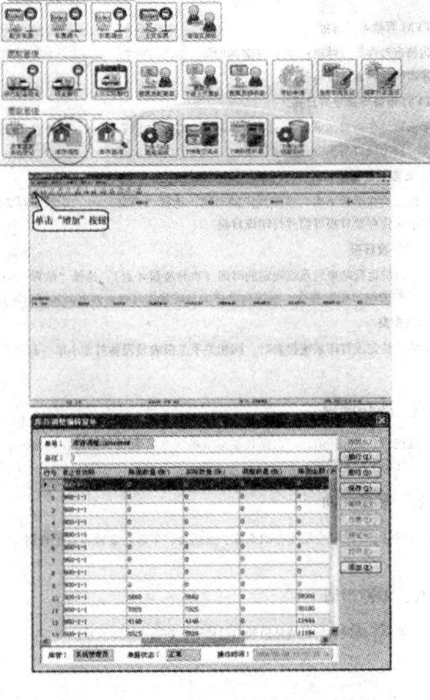

图 5-21　库存调整操作界面

十七、库存查询

库存查询用于车站对本站库存的票款、备用金、车票的金额和数量查询，如图5－22所示。

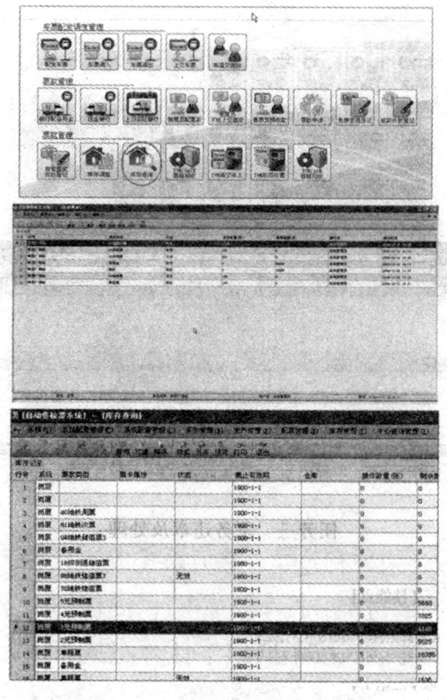

图5－22 库存查询操作界面

十八、零钞申请

零钞申请在车站向银行申请兑换硬币时使用，如图5－23所示。

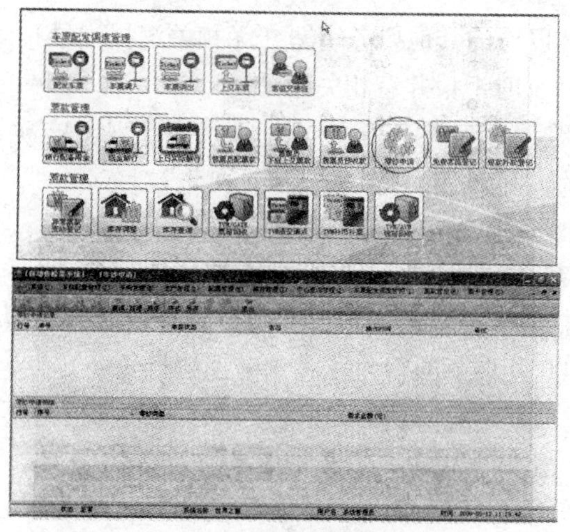

图5－23 零钞申请操作界面

任务5.3　票务违章及处理

一、票务违章类型及处理

在公司的票务运作中，凡是由于管理、设备操作、作业等过程中已造成公司票务收益流失、财产损失的行为都构成票务违章。票务违章行为按照其造成的影响、损失、性质划分为一至四类。

1. 一类违章的内容

（1）备用金、票款的管理和使用。

①将备用金、票款挪作与票务工作无关用途，金额在100元以下的行为（备用金误解行除外）。

②票务工作人员（如售票员、客运值班员）离开工作岗位，未将现金安全上锁。

（2）报表填写和管理。相关人员未按规定认真审核、查实车站票务报表的内容或发现报表错误后，没有及时跟踪、更正，造成价值100元以下的票款流失。

（3）车票管理和使用。

①车票加封数与实点数、票种有差异，储值票按成本计算造成100元以下的经济损失；单程票每笔差错在2‰以上且超过部分按车票成本计算造成100元以下的经济损失。

②丢失车票（含各类车票），按车票成本计算造成100元及以上，200元以下的经济损失。

（4）设备管理和操作。

①客运值班员未按规定在运营结束后将BOM读写器及SAM卡收回车站票务室。

②票务人员离开岗位没有按规定在票务设备上注销或误用他人账号操作票务设备。

③车票编码人员未在编码、分拣后注销就离开制票间。

（5）票务钥匙管理。

①丢失除钱箱钥匙以外的其他票务钥匙（无相关汇报记录）。

②丢失钱箱钥匙（及时汇报并有相关记录）。

（6）车站现场管理。未按规定在TVM补币或者TVM/AVM钱箱回收时现场填报《TVM补币记录表》及《TVM/AVM钱箱回收记录表》。

（7）经认定的其他行为。

2. 二类违章的内容

（1）备用金、票款的管理和使用。将备用金、票款挪作与票务工作无关用途，金额在100元及以上，500元以下的行为（备用金误解行除外）。

（2）报表填写和管理。相关人员未按规定审核、查实车站票务报表的内容或发现报表错误后，没有及时跟踪、更正，造成价值100元及以上，500元以下的票款流失。

（3）车票管理和使用。

①车票编码人员错误编码车票或现金数额出错，涉及金额在100元及以上，500元

以下的行为。

②车票加封数与实点数、票种有差异，储值票按成本计算造成100元及以上，500元以下的经济损失；单程票每笔差错在2‰以上且超过部分按车票成本计算造成100元及以上，500元以下的经济损失。

③丢失车票（含各类车票），按车票成本及涉及金额计算造成200元及以上，500元以下的经济损失（配票途中非人为因素除外）。

（4）设备管理和操作。误操作AFC设备或其他票务设备，导致设备运作异常，造成分公司财产损失，金额在100元及以上，500元以下的行为。

（5）票务钥匙（SAM卡、BOM读写器）管理。

①丢失钱箱钥匙（无相关汇报记录）。

②丢失SAM卡、BOM读写器（无相关汇报记录）。

（6）经认定的其他行为。

3. 三类违章的内容

（1）备用金、票款的管理和使用。将备用金、票款挪作与票务工作无关用途，金额在500元及以上，1 000元以下的（备用金误解行除外）。

（2）报表填写和管理。

①员工弄虚作假，有意涂改账目、擅自销毁含有数据的票务报表（含空白报表）、账册或其他记账的原始凭证（违章占有现金除外）。

②相关人员未按规定认真审核、查实车站票务报表的内容或发现报表错误后，没有及时跟踪、更正，造成价值500元以上，1 000元以下票款流失。

（3）车票管理和使用。

①采取不正当的手段，填平车票的差额（违章占有车票除外）。

②丢失车票（含各类车票），按车票成本及涉及金额计算造成500元及以上的经济损失（配票途中非人为因素除外）。

③车票加封数与实点数、票种有差异，储值票按成本计算造成500元及以上的经济损失；单程票每笔差错在2‰以上且超过部分按车票成本计算造成500元及以上的经济损失。

（4）设备管理和操作。误操作AFC设备或其他票务设备，造成设备故障或车票编码错误，造成公司财产损失，金额在500元及以上，1 000元以下。

（5）经认定的其他行为。

4. 四类违章的内容

（1）备用金、票款的管理和使用。

①违章占有任何现金或截留现金。

②将备用金、票款挪作与票务工作无关用途，金额在1 000元及以上的（备用金误解行除外）。

（2）报表填写和管理。相关人员未按规定认真审核、查实车站票务报表的内容或发现报表错误后，没有及时跟踪、更正，造成价值1 000元及以上票款流失。

（3）车票管理和使用（违章占有任何车票）。

（4）设备管理和操作。

①盗用他人密码在 AFC 设备上进行涉及现金的交易或擅自修改票务数据等方面的操作，或故意损坏 AFC 设备或其他票务设备，造成设备故障或车票编码错误。

②违章利用 AFC 设备赋值或盗用密钥制作/发售车票，造成公司收益损失。

③未经批准擅自带走 BOM 读/写器及 SAM 卡。

（5）经认定的其他行为。

二、典型票务事件分析

案例 1

车站在回收硬币时，发现硬币回收单元出现故障，硬币在循环单元内无法转入回收箱，因为考虑到相关票务管理人员已经下班，即使上报也不能立即修复，为了确保不影响清点工作，所以自行将硬币从循环单元取出，同时打电话给票务轮值报故障并将轮值工号填写在故障登记本，结果此机器发生短款，车站却无法找到证明此机器曾经故障的证据。

工作指引

（1）车站 AFC 设备发生故障，往往得不到车站人员的重视，不论是报障还是销障，总是存在不及时，甚至缺漏现象，其实，它与电扶梯、屏蔽门等关乎安全的设备设施一样，其后果的严重性也是不可小觑的，因为其涉及钱、票，如果因设备原因出现差异，报障记录就是最有利的证据，就如案例中所述现象。车站无此机器故障的相关记录，结果有口难辩。所以，值得注意的是，AFC 设备故障，无论是不是在运营时间内发生，一定要第一时间报故障并填写故障登记本，这也是在保护员工自己。

（2）如果出现设备故障，运营结束后无法将钱取出的现象（包括纸币取不出、硬币取不出或两者均取不出），在填写报表时，需将所有备用金剔除（实际钱箱清点金额中减去一天所有的补币金额），在输入 SC 时，必须将故障机器做清空、清点，以保证备用金数目正确。

案例 2

（1）客值在回收硬币时，未留意昨日有数据未清零，清点时又因为混点未发现实点数与机读数不符，直接将实点数与机读数写为一致，结果造成当天硬币长款。

（2）值站与客值回收闸机单程票时，闸机当时显示暂停服务，票箱 1、2 机读均为 0，由于该机器近期曾发生故障并因某种原因当时未修复，所以，二人便误以为故障没有修复，没有对闸机进行回收。第二日 6：25 在车票差异统计中发现闸机短 327 张单程票，到现场查看票箱 1、2 机读还是为 0。断电回收清点后发现其实票箱中有 327 张单程票，与差异数据相符。

工作指引

（1）车站经常会出现纸币、硬币无法清零的现象，这需要车站人员特别留意，在上述案例中，有 4 个方面车站没有做到位，第一，前一日晚班回收完硬币，装回硬币回收箱时未发现数据未清零；第二，当日早上加币时，未留意前一天数据未清零；第三，当日回收硬币，在查看机器读数时，未发现前一天数据未清零；第四，清点硬币时，由于混点未发现机读数与实点数存在差异。以上4个环节，无论哪一个环节都有可能发现数据存在差异，只要有一个环节采取相应措施，都完全可以避免这种差错的产生，由此可见，车站人员在回收机器时，仍存在一定的漏洞，希望此案例能为其他车站人员敲响警钟。

(2) 机器发生故障后，当班人员应立刻报修并设置暂停服务牌，如机器状态不稳定，时好时坏，或维修人员不能立即修复，当班人员最好将其设置为暂停服务，并将维修进展情况及故障发生后的设备状态（例如，是否已进行清点回收，有无钱、票）等信息做好交接班。

(3) 在进行机器回收时发现某台设备状况异常，如交接班中并未提到“该设备故障，已经暂停使用，设备中没有任何钱、票”。无论机读数是否为零，必须查看箱中是否有钱、票。

案例3

结算单免费出站票栏张数修改后未加盖修正章。

红联备用金借出记录表借出金额合计修改后未加盖修正章。

工作指引

近期车站出现许多“报表未按规定修改”的差错，多数为修改后未盖章签名，此类差错的出现实属不该，希望各站注意以下几点。

(1) 许多员工（特别是新员工）尚没有意识到报表填写是一项细致而又严肃的工作，不得随意更改或是在原来数字的基础上涂描，一旦需要更改就必须按要求用“画线更正法”更正，建议车站加强培训教育。

(2) 画线更改后要及时加盖私章，如果私章未带在身边，则在旁边签名（红色笔、蓝色笔均可），千万不要有“等等再去盖章”的想法，否则很可能忘记。

(3) 客值不仅要保证自己所填报表正确，还要对售票员填写的报表进行核查，发现有未按规定修改的地方必须及时提醒，值站在审核本班报表时也要留意。

案例4

晚班客值给售票员配好票后，售票员说要去洗手间，晚班客值就把钱、票放进抽屉等售票员。此时早班客值来接班，晚班客值交代早班客值待售票员回来后把钱、票给他，售票员回来后，早班客值忘记晚班客值已给售票员配钱、票，又配了一次，导致结算时备用金少1100元，单程票少3张，储值票少20张。

工作指引

(1) 车站内部应根据售票员及客值的交接班时间，对某班次售票员应由某班次客值配票、结算形成相应规定，除特殊情况外，不得随意变动，例如：根据车站实际情况规定早班售票员必须由前一日晚班客值配票，由当日白班客值结算；中班售票员必须由当日白班客值配票，由当日晚班客值结算，特殊情况除外。以此规定来防止两个班次的客值均给同一售票员配票的情况发生。

(2) 此事件暴露出车站交接班中存在严重的隐患：①客值交接时，仅核对票务室内现金与SC的备用金数目是否一致，而按规定《车站票务交接班登记本》备用全交接金额需包括本班AFC设备加币和售票员配币数，即交接金额＝库存备用金＋AFC设备加币＋售票员配币数，客值由于未按规定交接，造成盲目相信数据正确，对交班时售票员的配币数不清楚，导致给同一售票员配票两次；②售票员与客值配票时，未当面清点签认，从而导致两名客值给自己配票却没有产生疑义。

案例5

《售票员结算单》中“团体票”“行李票”未填写造成合计数计算有误。

工作指引

本月，各站《售票员结算单》中“团体票”“行李票”未填写的差错共计6个，次数相对较多。“团体票”与“行李票”在大部分车站发售次数的确较少，并不是每天都能遇到，很容易被客值忽视，尤其是“行李票”的白联交给乘客，红联随报表上交，而单独的一张红色小票较容易与充值小票混淆，结算时不易被客值留意到。

由于以上客观原因，售票员与客值结算时更需加倍谨慎，做到互相提醒，售票员如在当班过程中有“行李票”或“团体票”售出，结算前应特别提醒客值，客值结算前也应主动询问售票员是否有“行李票”或“团体票”售出。如果双方都能多问一句，此类差错是可以避免的。

另外，客值根据电子版《售票员结算单》填写手工版《售票员结算单》时，应特别留意“其他收入”及“行政收入”栏是否有金额，若有，则说明有团体票、行李票、补收票款等业务发生，从而提醒自己在手工报表“其他”栏内填写相关内容。

案例6

加币/加票与设备回收的所有手工报表，经常将操作时间写在同一个时间，一分一秒都不差。怎么可能同一个时间内同时完成这么多设备的操作呢?

工作指引

在填写手工报表时，每台设备的时间可以延迟两分钟。

任务5.4　票据管理

一、部门职责

1. 财务部

（1）根据各业务部门的发票印制计划，与税务机关及印刷厂等外部单位联系，办理发票印制手续。

（2）根据各业务部门申报的收据申领计划，按规定的流程申报收据采购计划，相应的费用由领用部门负担。

（3）根据业务的需求，负责购买、开具及保管相关税控发票、个人劳务发票等。

（4）牵头发票的缴销工作。

（5）配合税务机关发票检查。

（6）定期检查各部门的发票使用情况，并作出业务指导及考核。

（7）根据业务部门的需求组织发票培训。

2. 业务部门

（1）根据业务情况定期上报发票申印计划、收据领购计划。

（2）负责对领用发票或收据进行管理、配发及检查。

（3）按要求使用及保管发票、收据。

（4）按规定报送发票使用、结存等情况。

（5）负责收据缴销工作。

（6）负责缴销发票的整理以及数据的填报工作。

二、发票

1. 发票种类及用途

（1）发票是指在购销商品、提供或者接受服务以及从事其他经营活动中开具、收取的收付款凭证。发票的基本联次为三联，第一联为存根联，开票方留存备查；第二联为发票联，收执方作为付款或收款原始凭证；第三联为记账联，开票方作为记账原始凭证。发票主要有定额客运发票、乘车报销凭证、手写发票、税控发票等。

（2）定额客运发票是票面已印制固定金额的发票。定额客运发票在乘客持单程票、地铁储值票及一卡通乘坐地铁以及向乘客收取车票押金时使用；乘客索取发票时，原则上按乘客乘坐的当次车程车资开具同等金额的发票，如遇车站出现排队，派发给每个乘客的发票面值不能超过本站的最高单程票价，向乘客收取押金时按实际收取金额开具发票。地铁储值票及一卡通充值不开具发票。

（3）报销凭证与定额客运发票的使用原则基本相同，不同的是报销凭证没有存根联，且仅有两元、三元两种面值。

（4）手写发票是需要人工填写的普通发票。手写客运发票用于提供交易金额较大或非整数的客运服务（如出售团体票）以及出售纪念票时使用。

（5）税控发票是按税法规定，使用税控发票机开具的发票，适合所有类型的合法业务使用。税控发票开具后的存根联应当按照顺序号装订成册。

2. 发票印制及领用

（1）业务部门根据发票需求量填写发票印制申请表，并提前两个月完成审批手续报财务部。

（2）业务部门需要再向下级部门发放发票时，应填写发票领用登记簿。

3. 发票开具

（1）销售商品、提供服务以及从事其他经营活动的单位和个人，对外发生经营业务收取款项，收款方应向付款方开具发票。

（2）开具发票应当按照规定的时限、顺序，逐栏、全部联次一次性如实开具，并加盖财务印章或发票专用章。

（3）填写发票必须真实、准确、完整（发票上应记载的所有事项），不得涂改、挖补或撕毁；必须使用双面复写纸复写，不得用墨水笔直接填写；如填写有误，应将发票的所有联次加盖“作废”字样并完整粘贴、保存在其原来位置，并另行开具发票。

（4）填写手写发票时如有折扣，应在发票上同时填写原价与折扣额，发票金额按实收金额填写，大小写需一致，否则作废。

（5）开具发票的开票人与收款人不能是同一人。

（6）使用电子计算机开具发票，必须经主管税务机关批准，并使用税务机关统一监制的机外发票，开具后的存根联应当按照顺序号装订成册。

（7）任何部门和个人不得转借、转让、代开发票或收据；未经税务机关批准，不得拆本使用发票或收据；不得自行扩大专业发票使用范围。

（8）特殊情况下，业务人员到对方单位收款，对方要求我方当场交付收款发票的，经办人员可填写《借出票据申请表》，到公司各财务部借出发票，收到款项后再到财务部办理手续。

4. 发票保管

（1）发票的保管是指对尚未填用的发票以及已经开具的发票存根联进行专门的保存管理。

（2）发票必须专人保管，开具发票的部门和个人应当建立发票使用登记制度，设置发票使用登记簿，一年一簿，及时记载发票领用、移交、使用、保管等情况。每个季度后第一个月的15号（如遇节假日顺延），业务部门需填写发票使用情况表经所在部门的财务部审核后上报到财务部。月末各业务部门需对结存未使用的发票进行清点，填写发票盘点表。

（3）使用发票的部门和个人应妥善保管发票，不得丢失。发票丢失任一联次，责任部门应于丢失当日连同部门证明、书面报告报分管领导及相关财务部，由财务部统一向税务机关报告，并在报刊和电视等传播媒介上公开声明作废，所需费用及税务机关的处罚由丢失发票的责任人负担。

（4）开具发票的单位和个人应当按照国家税务机关的规定存放和保管发票，不得擅自损毁。定额发票使用完，应按号码顺序每10本进行十字加封，同时填写发票缴销登记簿及发票存根登记簿。已经开具的发票存根联、车站收执联和发票登记簿，应当保存5年。保管期限从开具发票的会计年度终了后的第一天算起。

（5）每半年各车站应将已使用完的发票存根上交至车务中心统一保管，车务中心在回收发票存根时，应将发票存根与发票领用登记簿上的发放数量进行对照检查。年度终了后两个月内，车务中心将回收的发票存根上交到财务部。

（6）发票存根联等保存期满，由业务部门负责填报缴销申请，报财务部，经税务机关查验后销毁。

三、收据

1. 收据使用

主要使用三联收据及四联收据。三联收据主要用于内部结算、收取的投标保证金、押金等；四联收据主要用于补办员工工作证，员工工作证办理点需留存一联。

2. 收据领购

（1）收据主要由采购物流中心根据财务部申报的计划及要求统一采购。

（2）业务部门需根据业务需求提前将采购计划报财务部。

（3）采购物流中心采购完毕，由财务部根据申请发放给业务部门，并做好领用登记工作。

3. 收据保管

（1）收据必须由专人保管，并根据实际情况设置收据使用台账。

（2）收据发生丢失、缺页、损毁等情况应及时上报财务部。

（3）已经开具收据的存根联应当保存5年，不得擅自损毁。保管期限从开具收据的会计年度终了后的第一天算起。

4. 收据销毁

收据存根联保存期满，由责任部门负责填报缴销申请，缴销申请表可参照发票缴销申请表，经相关部门审批同意后办理销毁。

四、发票检查与考核

1. 财务部以及涉及的部门在发票管理中有权进行下列检查。

①检查印制计划、领购、开具、取得、保管或销毁等发票管理情况。

②向当事各方询问发票使用情况及其他有关问题。

2. 发票使用部门、个人必须接受财务部等有关部门的检查，如实反映情况，提供有关资料，不得拒绝、隐瞒。

3. 除特殊情况外，与本办法要求不符的行为，均属违规，所造成的后果由直接经办人及相关责任人负责，具体包括以下方面。

①不在规定时间内办理发票印制手续。

②不按规定发放、领用发票及收据。

③不按规定使用、保管发票及收据。

④不按规定缴销发票及收据。

⑤不按规定盘点发票。

⑥不及时报送发票使用情况。

⑦不配合发票检查工作。

4. 对违反发票管理行为的单位和个人，税务机关可责令限期改正，没收非法所得，可并处一万元以下罚款，这些行为主要包括（不限于此）以下方面。

①涂改发票。

②转借、转让、代开发票。

③未经批准拆本使用发票。

④开具票物不符发票。

⑤开具作废发票。

⑥未按规定报告发票使用情况。

⑦未按规定设置发票登记簿。

⑧丢失发票。

⑨损（撕）毁发票。

⑩丢失或擅自销毁发票存根联以及发票登记簿。

⑪未按规定缴销发票。

以上行为涉及国家有关行政处罚或需追究刑事责任的，应依法执行。

5. 对于未按规定保管、使用发票，未按规定报告发票使用情况及遗失发票存根联的情况，除税务机关处罚外，财务部将建议追究有关责任人和其所在部门的责任，年终考核时给予扣分。

发票使用的相关部门应按本办法，结合本部门的实际业务情况，参照执行或者另行制定本部门的发票管理办法，制定后需报财务部备案。

实训操作

1. TVM 补币补票操作。
2. TVM 钱箱回收操作。
3. TVM 清空清点操作。
4. 短款补款登记操作。
5. 客值交接班操作。
6. 客流登记操作。
7. 零钞申请操作。

思考练习

简述票务中心工作规定的组成。

简述票务管理系统作业流程。

票务管理违章的类型有哪些？如何处理？

简述票据管理包含哪些内容？

评价跟进

1. 教师的评价

由教师在完成本章的教学任务后填写，在相应表格中画“√”。

评价项目		教师的评价			
序号	题目	好	较好	一般	较差
1	对本章教学过程的控制				
2	在本章教学过程中，学员的参与情况				
3	学员对本章知识学习后的效果反馈				
教师对本章教学的总结评价意见及跟进措施					

2. 学员的评价

由学员在完成本章的教学任务后填写，在相应表格中画“√”。

评价项目		学员的评价			
序号	题目	好	较好	一般	较差
1	对本章教学执行过程中教师的表现				
2	本章教学内容与社会实际需求的联系情况				
3	自己在本章学习过程中的表现				
学员对本章教学的总结评价意见及跟进措施					

3. 知识跟进

（1）从互联网上了解城市轨道交通票务管理工作的现状如何。

（2）从互联网上了解城市轨道交通票务管理工作技术层面上的内容。

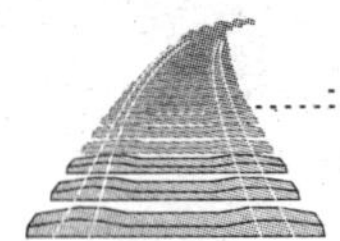

项目六 票务管理程序

学习目标

1. 了解票据与台帐的种类，掌握票据及台帐管理的基本内容及流程。
2. 掌握 AFC 现金日常管理及交接管理的各种方法、流程及注意事项。
3. 掌握备用金管理的办法，能够正确处理票务工作过程中遇到的假钞。
4. 掌握福利票的类型及换发流程。
5. 了解车站票务备品的种类及其简单的使用方法。

教学建议

1. 教学场地：在普通教室、能连接互联网的多媒体教室及城市轨道交通系统的各种模型实训室中进行，课后可实地参观。

2. 设备要求：各种城市轨道交通车站的票务系统仿真模型 1 套，或能播放影视投影的设备及相关课件、视频。

3. 课时要求：共 12 课时，其中课堂讲授 6 课时，模拟操作 6 课时。

教学引入

票务工作是城市轨道交通客运组织中一项重要的经济工作，是企业管理工作的重要组成部分，票务工作涉及面广，既有服务方面的，又有管理方面的。企业的经济效益很大一部分来源于票款收入，因此，做好票务工作对于企业的平稳发展意义深远。

票务管理的主要内容有票据与台帐管理、AFC 系统的现金管理、福利票的换发工作及车站各种票务备品的管理。

理论知识

任务6.1 票据与台帐管理

一、票据管理

城市轨道交通线路中使用的一票通报销凭证由公司自行印制，一卡通发票由一卡通公司提供。报销凭证和发票的保管，应由专人负责，妥善保管，不得丢失。各站应视报销凭证和发票的库存情况，于每月定期向票务收益室申报次月需求和上交计划。申报数量应保证车站一个半月的用量，并确保发票存根全部上交。

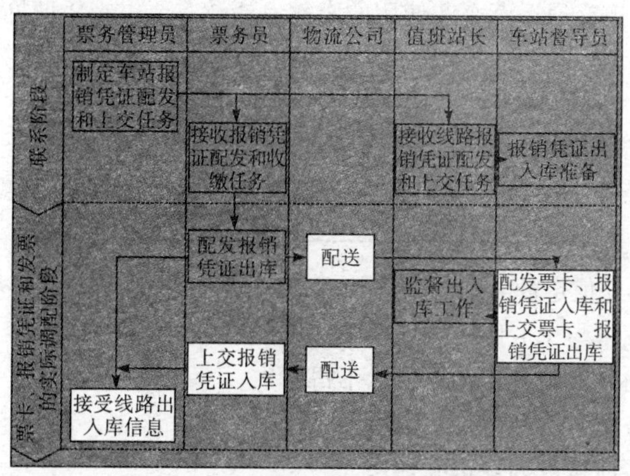

图6-1 票务收益室与车站间报销凭证、发票的配发、接收及上交管理流程图

车站在接收配发的报销凭证和发票时，须认真核对凭证种类、数量，确认无误后，方可在《票卡、报销凭证及发票调配单》上签字；接收报销凭证和发票的同时，填写《票卡、报销凭证及发票调配单》，将发票存根交回；领取报销凭证和发票后，计时在《车站票据及管理卡库存管理台帐》上填写相关记录。

票务管理员
车站A/车站督导员
车站B/车站督导员
接收车站将进行站间调配的消息
根据B站需求，协商报销凭证及发票调配事宜
本站出现报销凭证或发票缺乏的情况，与A站协商调配事宜
报销凭证及发票出库，记录出库信息
从A站取回的报销凭证及发票入库，记录入库信息
接收车站A、B报销凭证及发票出入库信息

图6-2 车站间报销凭证及发票调配管理流程

对于报销凭证和发票的管理，各岗位人员应对交接、库存变化和开具情况进行登记。车站下发报销凭证和发票时，应及时在《车站票据及管理卡库存管理台帐》上填写相关记录，由值班站长或车站督导员签字确认；车站应根据乘客购买车票面值或IC卡的售卡、充值水单开具报销凭证或发票，同时收回水单，不得虚开凭证。车站上交发票存根时，应按面值分箱封装。并在相应的管理

台帐上及时记录。

票务收益室与车站间报销凭证、发票的配发、接收及上交管理流程及车站间报销凭证及发票调配管理流程如图 6－1 及图 6－2 所示。

城市轨道交通运营企业所使用的票据有定额发票和手写发票两种，因定额发票方便、快捷，故使用最为频繁。

1. 定额发票

定额发票的发放、管理主要由车站站长及票款员负责，由票务人员申领。一般来说，票务人员领用定额发票须凭原发票存根与之调换，并做好登记等管理工作。"一卡通定额发票"在交易时，由票务员按交易金额主动提供给乘客。购票时，站务员应按票面金额主动提供"车票报销凭证"给乘客；出站时，如乘客需"车票报销凭证"，站务员按其乘坐的距离，给予其相应票价的单程票发售。若乘客事后索取一卡通发票，站务员原则上不应给予，并告知乘客可在各地铁站充值（购卡）时主动索取。

一般，城市轨道交通运营企业使用的定额发票及车票报销凭证见表 6－1。

表 6－1 定额发票及车票报销凭证

发票类别	面值
一卡通充值定额发票	10 元、50 元、100 元、200 元、500 元
车票报销凭证	1 元、2 元、3 元、4 元、5 元、6 元、7 元、8 元、9 元

一卡通储值票充值定额发票的一般管理规定：

（1）储值票发售与充值使用的发票为普通 IC 卡充值发票，由一卡通公司提供。

（2）发票应由专人负责妥善保管，不得丢失。

（3）站区票务员负责站区发票的换领工作。

（4）换领发票应按下列规定办理：

①站区票务员凭发票存根进行换领。

②换领发票时，应认真核对发票种类、数量，确认无误后，双方签字确认。

③换领发票后，票务员应及时在站区《发票领用交接台帐》上进行登记。

④站区票务员对于收回的发票存根，应填写《发票回收单》，并以 300 本为一箱，按面值分箱进行封装、送交。

（5）发票的交接、库存及使用管理，按下列要求办理：

①车站领用发票时，由 AFC 综合作业员填写车站《发票领用交接台帐》，站区票务员填写站区《发票领用交接台帐》，核对无误后双方签字确认。

②车站发票下发后，AFC 综合作业员填写车站《发票领用交接台帐》，票务员填写《发票交接登记簿》，核对无误后双方在车站《发票领用交接台帐》签字确认。

③发票使用时，票务员应根据发票的开具情况填写《发票交接登记》。

④交接班时，AFC 综合作业员和票务员均应进行发票的交接，填写相应台帐。

（6）票务员应根据 IC 卡充值金额如实开具发票，不得虚开发票。在交给乘客发票的同时在机打水单上应注明"已开发票"。

（7）AFC 综合作业员应按下列规定办理车站发票换领及存根回收工作：

①整本发票使用完毕后，票务员应将发票存根上交 AFC 综合作业员，AFC 综合作业员负责更换新的发票，双方核对无误后在《发票交接登记簿》上签字确认。

②AFC 综合作业员将发票存根上交站区票务员，站区票务员负责为其更换新的发票，双方核对无误后在车站《发票领用交接台帐》上进行签字确认。

单程票报销凭证的一般管理规定：

（1）单程票报销凭证由各站区票务员负责领用、发放。

（2）单程票报销凭证的领用、发放应填记《报销凭证 IC 卡领发登记台帐》。

（3）各站区的单程票报销凭证库存由站区票务员负责管理，各车站的单程票报销凭证库存由 AFC 综合作业员负责管理。

（4）运营时间内，各站的票务处应放置单程票报销凭证以方便乘客索取。

（5）由售、补票员负责为购票后有报销需求的乘客发放单程票报销凭证。

（6）岗位上的单程票报销凭证由售、补票岗负责对口交接。

2. 手写发票

由于手写发票使用不便，一般来说城市轨道交通企业较少使用手写发票。手写发票由车站站长负责管理，领用手写发票须凭发票存根联到客运主管部分调换，并做好交接工作。开票人员需要按照手写发票的具体填写要求正确、真实、如实填写，做到填写内容完整、大小写金额一致。手写发票如需作废，应在四联一起写上“作废”字样，不可撕下丢弃（已撕下发票应重新贴上）。车站对用完的发票应保证整本发票联号、不得缺号、缺张。发票作为票卡报销凭证，不得开具与票卡销售无关的报销内容。

二、台帐管理

城市轨道交通运营企业的票务工作纷繁复杂，每天都需要整理当天的票务工作，填写相应的台帐报表。票务报表是记录车站现金管理交接、收益汇总、车票交接、发售、站存的原始台帐，也是作为结算部门对站务员进行收益结算的原始数据，在车站票务工作中起着非常重要的作用。

1. 报表的种类

由票务员或值班站长填写的主要相关报表主要有：《票务员日营收结算单》《钱箱清点报告》（《TVM 机日营收结算单》）、《车站营收日报表》《AG 回收记录单》《单程票（应急票）储耗日报表》《票卡收发柜存账》《编码室票卡、物品收发台帐》《票务员票款、卡差异明细》和《乘客事务处理单》。

（1）《票务员日营收结算单》

《票务员日营收结算单》是票务员在结算过程中最常用的报表。当值班员给票务员配发车票、票据、备用金或追加车票、备用金，值班员预收款或与站务员结帐时，需要填写票务员结算单，以便记录票务员售票的现金变动情况，从而核算票务员实际票款收入。票务员结算单主要包括票务员和值班员班次、自动售票机设备号、配备备用金金额以及各类车票配出张数、回收张数、发售张数、实际金额等内容。车票发售张数根据配出张数与回收张数的差额计算填写，实收金额根据票务员回票务收益室后清点所有的现金所得金额减去所配备的备用金金额后填写，作为站务员实际收益结算的依据。售票过程中出现的一些异常现象可在备注栏说明。表6－2所示为广州地铁《票务员日营收结算单》。

（2）《钱箱清点报告》

《钱箱清点报告》由车站值班员在每次更换完TVM机钱箱进行钱箱清点时填写，用于记录TVM机钱箱收益，每天所有TVM机钱箱实点金额扣除车站补币金额就是车站当日TVM机票款收益。值班员需要填写的内容主要有：自动售票机编号、钱箱号码、机器金额、实点金额、差额、清点人员等。《钱箱清点报告》见表6－3。

表 6－2　售票员结算单

No：

A 站　　　　　　　　　　　　　　　　　　　　　　　　年　　月　　日

时间		从 12：00 到 22：00 点			配备备用金额（元）		5000	中途可追加					
BOM 编号		01			值班员签名								
项目 票种		配出张数	回收张数	出售				项目 票种		配出张数	回收张数	出售	
				张数	遗失	押金	金额					张数	金额（元）
IC 卡储值票	普通储值票	50	40	10	0	200	1500	单程票	普通单程票				
	学生储值票	10	8	2	0	40	100		单程福利票				
	老人储值票	5	4	1	0	20	50						
	储值福利票			配出与回收差									
	小计金额（元）					260	1650		小计金额（元）				
实收总金额	（根据站务员回点钞室后清点所有的现金所得金额减去所配备的备用金金额后填写）												
备注	（售票过程中出现的一些异常情况可在此处进行备注说明）												
售票员								值班员					
售票员员工号								值班员员工号					

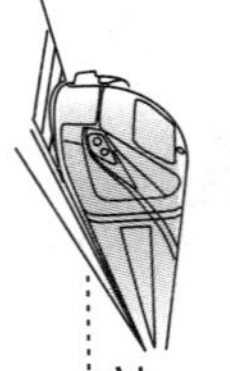

表 6－3　钱箱清点报告

No：

年　　月　　日

A 站　　　　　　单位：元

清点硬币					清点硬币				
TVM 号码	钱箱号码	实点金额	实点金额	差额（＋/－）	TVM 号码	钱箱号码	机器金额	实点金额	差额（＋/－）
01	001	1000	998	－2					
合计		1000	999	－2	合计				
钱箱总数		1	清点时间	22：00 钱箱总数					
清点人员	签章		员工号		备注：（清点钱箱过程中发现假币等异常情况时，可在此处进行备注说明。）				
值班员									
清点人员									

（第一联——票务分部　第二联——车站）

（3）《车站营收日报》

《车站营收日报》由每班值班员根据钱箱清点报告、票务员结算单、TVM 机打印的补币单等记录填写，用于体现车站每月的运营收入情况。值班员需逐渐填写钱箱票款，钱箱差额、补币金额、BOM 机票款、乘客事务差额等来计算 TVM 机收入和票务员收入，形成车站营收总金额，并记录票款解行情况。

（4）《乘客事务处理单》

《乘客事务处理单》一般用于车站发生 TVM 机少找零、卡币、卡票、发售无效票等特殊情况，需在半自动售票机上进行相关事务处理时填写，用于记录票务员进行的有关乘客事务的处理情况，与票务员结算单一起构成票务员收益结算的依据。《乘客事务处理单》包括票务员班次、具体事件详情、处理结果、涉及金额等内容，分为现金事务栏和非现金事务栏。现金事务栏主要是发生 TVM 机少找零、卡币、卡票，发售无效票等乘客事务时，票务员需在 BOM 机上进行涉及现金的操作，如不收取乘客现金，但在 BOM 机上为乘客发一定面额的车票或退还一定金额的现金时填写；非现金事务栏则主要是在进行不涉及现金的操作时填写。

2. 现金结算报表的流程

票务工作中，现金结算报表的使用流程如图 6－3 所示。

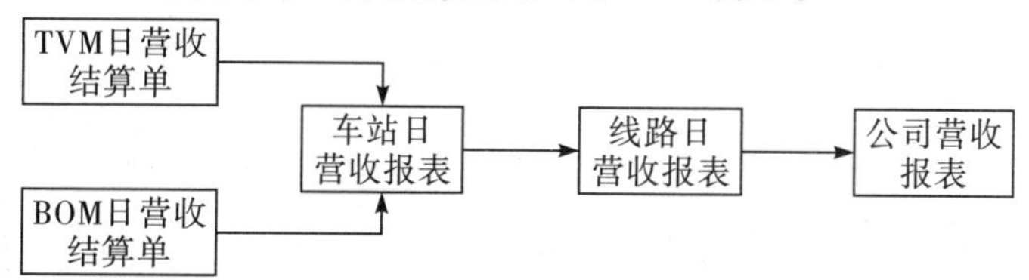

图 6－3　现金结算报表使用流程

3. 报表的填写及保管

车站在报表的填写、保管等方面都需严格执行相关收益安全管理规定，避免因报表填写不规范和保管不当而对票务收益安全造成影响。车站的报表有车票管理和现金管理两类。目前，城市轨道交通运营企业通常使用的报表包括票务员结算单、乘客事务处理单、钱箱清点报告、车站营收日报、车站售票、存票日报、车票上交单及现金缴款单等。其中，票务员结算单和乘客事务处理单主要由票务员填写，钱箱清点报告、车站营收日报、车站售票、存票日报、车票上交单及现金缴款单则由车站值班员填写。

报表的填写必须真实、准确、完整、及时、即报表的填写必须如实反映票务情况，不得捏造事实，弄虚作假，必须按报表所列事项填写，确保所填数据真实可靠，并且必须在规定期限内填制完毕，按规定时间上交结算部门，不得无故拖延。报表必须用蓝色或黑色笔填写，字迹清晰、工整，不得潦草。

因票务报表是作为车站现金交接、收益汇总、车票交接、发售与站存的原始台帐及站务员收益计算的原始依据，一经相关当事人填写完毕，原则上不得更改。当报表填写发生错误且确需更改时，应通知相关当事人确认，按规定当面进行更改。必须用画线更正法进行更改，即在报表中错误的文字或数字上划一红线，以示注销，然后在该处章上更改人员名字修正章或者签字以示负责；不得刮擦、挖补、涂抹或用化学药水更改字迹。

报表需在一定期限内存留，以备结算部门、审计部门提取相关数据。车站应定期按报表分类，整理并装订报表，检查报表是否完整；并设立专门的报表保管室对报表进行统一保管，确保报表的安全，不同的企业对具体的保管期限有不同的要求，一般是按照统计范畴的规定执行，保管期限满后，由所属部门统一注销、销毁，严禁私自将报表注销、销毁，以防泄露商业机密。

任务6.2 自动售检票AFC系统现金管理

城市轨道交通车站现金来源主要有两类，即备用金和票款。备用金指由上级部门配发给车站，专用于给乘客兑零、找零、自动售票机补币、与银行兑零等用途的周转资金。票款指车站通过自动售票机、半自动售票机或临时售票处人工向乘客发售车票及办理票卡充值、更新等售、补票业务过程中收取的现金。由车站具体负责对备用金及票款的安全管理。

一、AFC现金日常管理

1. 现金的管理流程

备用金配发到车站后，主要供车站流通使用。自动售票机及票务处的票款经车站清点后，应及时存入企业在银行的专用账户。现金的管理流程如图6－4所示。

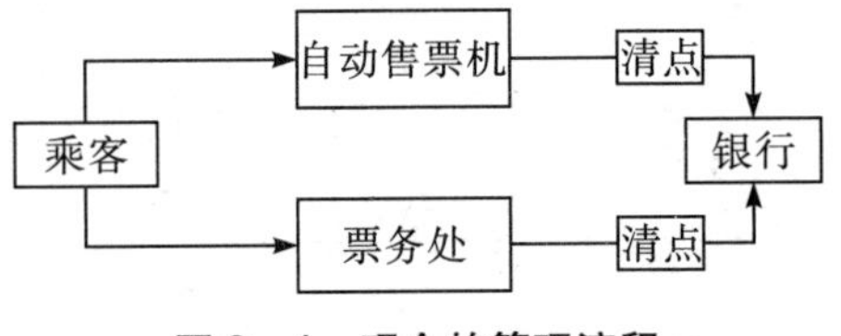

图6－4　现金的管理流程

2. 现金的安全管理

车站备用金及票款收入作为城市轨道交通运营企业现金收益的重要部分，其安全管理直接影响到企业收益安全。以保证现金安全为目的，原则上车站现金只能存放于专门的安全管理区域，主要包括票务收益室、票务室、临时售票处和自动售票机。

票务收益室、票务处应设有防盗门，并随时保持锁闭状态，门钥匙由专人保管及使用。室内应配备监视设备，能对所有现金操作环节进行实时监视和实时记录，并留存一定时间段的录像可供回收查看。除车站当班票务工作人员及其他指定票务工作人员外，其他人员不得随意进入票务收益室、票务处，确需进入时，必须得到当班值班站长或以上级别人员的许可，并由当班值班员陪同方可进入。车站需设立台账，记录批准人员和进入人员姓名、进入原因、进入时间以及离开时间等，当班值班员离开票务收益室或站务员离开票务处时，票务收益室、票务处内所有人员必须随时离开，不得逗留。除现金交接、钱箱清点之外，其他时间票务收益室内的所有现金只能保管在保险柜、补币箱、待清点钱箱或已锁闭的尾箱内，站务员在处理现金时，应将现金放在乘客接触不到的地方，存放于临时票务处的现金应做好防盗工作。日常运送现金时，必须将现金放入锁闭的钱箱、票盒或上锁的手推车中，并由两名车站站务员负责运送，以确保运送途中的安全。同时，车站应每月定期对车站备用金的库存情况进行盘点，做到账实相符。

工作人员在对自动售票机等设备进行换票、取币后，相关登录系统的密码应处于退出状态，相关设备门保持关闭并锁闭，票务人员在对自动售票机等设备进行取币操作时，需要携带对讲机，遇到异常情况时，应及时汇报。

3. 票款的收缴与核对

车站所有的票款结算、封包及票款交接工作都必须在编码室监视器下进行。工作人员在结算时要做到正确填写各类报表、解款单、计数单、封口条等。填写过程中要做到字迹清楚、结算准确，不得使用修正液等涂改，必须用画线更正法。

票款汇总后进行整理、封扎。封包必须用统一的封包纸袋和布袋按规定封包。每一笔解款单对应一只封包布袋，布袋口必须用绳子双结扎紧，绳结处加贴封口条，封口条加盖2名经办人骑缝章。封口条必须填写日期、站名、金额，金额必须与计数单和解款单金额一致。车站要按规定执行预缴款及封包交接制度，进款要做到收缴正确，账款相符，交接清楚，手续完整。票款的解缴，由银行到各站收取，车站须指定专人做好与银行的基础交接工作，确保现金安全。

票款收缴及核对管理流程如图6－5所示。

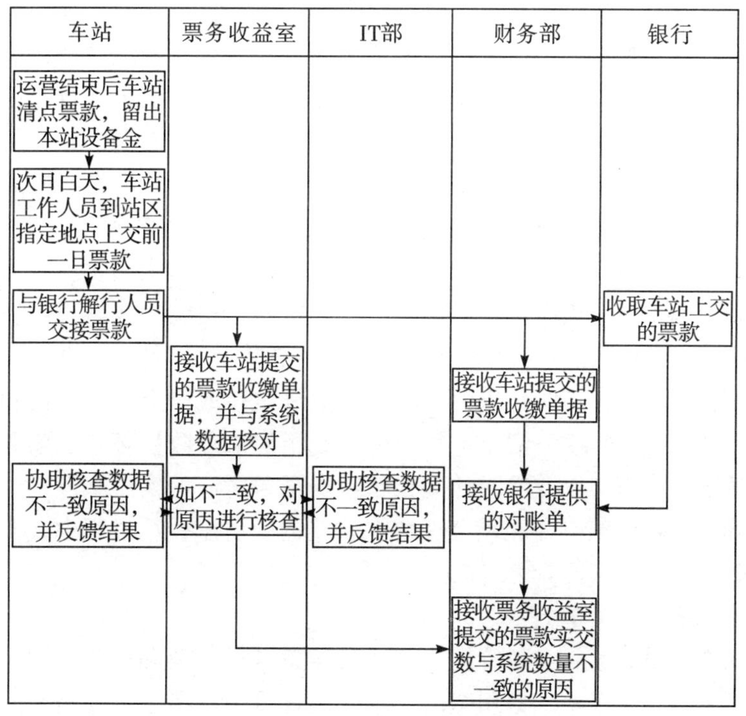

图6－5 票款收缴及核对管理流程

4. 票款结算

票务员下班后将当天的车票出售、补票收入、公共交通卡售卡、充值等票款情况填写在《票务员票款结算单》上，凭《票务员票款结算单》结交当日票款。车站站长及票款员根据各票务员结算情况和《TVM机日营收结算单》填写《车站日营收报表》。

车站站长、票款员结账后须将当班现金清点准确，并填写解款单（解款单金额与现金必须一致）封包，银行每日下午收取当日早班与上日中班票款。当班值班员除按现金安全管理相关规定做好对票务处、票务收益室现金的监控和管理工作外，还负责对自动售票机补币和清点钱箱，负责对票务员配票、结账，计算车站每日运营票款收益，并将票款存入银行专用账户及与银行沟通兑换零钱等工作。

在采用自动售检票系统的城市轨道交通运营企业，车站票款收益主要来源于两个方面：一是由自动售票机出售车票以及对储值票充值所得的收益；二是由票务员在票务处操作半自动售票机发售、处理车票所得的收益。值班员需在每天运营结束后，将所有自动售票机票款收益和票务员票款收益进行清点规整，计算每日运营总收入，并将其存入企业在银行的专用账户。

（1）自动售票机收益结算管理

每天运营开始前，车站值班员需将一定金额的硬币补充到自动售票机储币箱内，用于给购票乘客购票时提供找零，乘客投入的购票纸币或硬币则通过相应的处理模块存入到自动售票机的纸币钱箱和硬币钱箱内。每天运营结束后，值班员需对车站所有自动售票机进行结账操作，更换自动售票机内纸币、硬币钱箱，并回收到票务收益室进行清点。

清点所有钱箱票款金额，并扣除值班员为自动售票机补充找零硬币的金额，即为当日自动售票机票款收益。为保证自动售票机票款收益统计的准确性，车站对于补入自动售票机的找零硬币的清点及钱箱票款的清点必须按规范要求进行，以确保准确无误。一般情况下，补充硬币的清点及钱箱的清点工作应由双人在票务收益室监视仪监视状态下共同完成。值班员在清点用于补币的硬币时，每台自动售票机的补币清点数量必须在票务收益室监视系统下进行读数并加封。用于补币的硬币清点完至补币前，应存放在票务收益室监视区域，进行补充硬币操作时必须双人负责。一人操作，一人监控，补充硬币后须做好相应台帐记录。清点钱箱时，相应的钱箱、钱袋和点币机必须放在安全区域。整个清点过程中任何人不得遮挡监视仪，若监视系统发生故障而造成车站无法按程序清点钱箱时，应由一名车站值班站长或以上职务人员和车站值班员双人一起清点钱箱，必须逐一清点，每个硬币钱箱的清点数量必须在票务收益室监视系统下进行读数，并将实点数及时计入钱箱清点报告对应的实点金额栏，每清点完一个钱箱，应确保钱箱已倒空并无现金遗留在钱箱内。清点钱箱过程中，非紧急情况不得离开票务收益室。

（2）票务收益室结算管理

值班员对票务员票款收益的管理主要通过给票务员配票和结账来实现。配票指值班员为票务员配备各种车票、备用金的过程。值班员需在票务员到岗前配置一定数量的车票、备用金，填写票务员结算单，并签名确认，放置到专用售票盒内，待票务员到票务收益室后，监控票务员进行清点，确认所配的各类车票、现金数量与票务员结算单上记录的开窗张数、备用金数量一致后，监督票务员在票务员结算单上签字确认。

结账是指值班员在票务员售票结束后，在票务收益室监视系统下对票务员在票务处售检票工作中实际收取乘客的现金票款、回收的车票进行清点并记录在相关报表、台帐中的过程。因报表中记录的实收票款金额将作为结算票务员实收金额与营收金额，确保票务员有无长短款的唯一依据。因此，值班员在与票务员结账时，必须按照相关规定完成，确保报表记录的实收票款金额能如实反映票务员当班期间实际票款收入。

值班员结账的具体程序为：票务员售票结束后，应立即携带本班所有现金、车票回票务收益室，离开票务处前，应全面检查票务处有无遗留车票、现金。在运送本班所有现金、车票从票务处回票务收益室的过程中，须将车票、现金放在上锁的售票盒中，确保运送途中无遗失。结账过程须在票务收益室监视区域进行，首先由票务员清点所有现金，确认总金额后，由值班员进行清点，达到双人清点、共同确认的目的。双人确认实收总金额后，在监视区域填写票务员结算单的实收总金额栏，因实收总金额栏记录直接影响到票务员结算，所以原则上不得更改，当发生填写错误或其他原因需更改实收总金额栏时，当事票务员、值班员需报当班值班站长，由当班值班站长调查核实后才能更改，并由值班站长、值班员、票务员三方共同盖章确认。然后值班员与票务员共同清点确认回收的各类车票数量，并填写到票务员结算单关窗张数栏。最后由票务员完成其他辅助类报表的填写，并交值班员。值班员应检查票务员当班的所有报表是否全部交回且填写正确、完整，完成结账程序。

值班员每天需根据钱箱清点报告、票务员结算单等计算当日自动售票机票款收益及票务员票务处票款收益，填写车站营收日报，记录车站每日的运营收入情况，并按车站营收日报的数据将所有票款存入企业在银行的专用账户。

二、AFC 现金交接管理

AFC 的现金交接主要有值班员间的现金交接及车站与银行之间的票款交接等。为保证备用金、票款在交接过程中的安全，车站在进行备用金、票款交接时，应建立交接凭证和统计台帐，交接人员依据交接凭证办理交接手续并做好交接记录；交接时若发现实点金额与交接凭证有误，交接双方需及时核查更正。对于不能及时查明原因的，应按实点金额进行签收，车站在交接记录本上记录相关情况，并将情况立即报告上级组织调查。

值班员交接班是车站值班员之间交接班的记录凭证。交接班前，交班值班员须详细在值班员交接班本上记录反映票务收益室内所有现金、车票、票款钥匙、工具和器具的数量及状态，并在“交班值班员”栏内签名确认；接班值班员应对照值班员交接班本记录的情况，清点、检查票务收益室内所有现金、车票、票务钥匙、工具和器具的数量及状态与记录是否相符，确认相符后，在“接班值班员”栏内签字确认。

为确保半自动售票机能如实反映站务员当班期间涉及的现金、非现金操作，形成站务员本班次的后台结算数据，站务员上岗时应使用本人 ID 和密码登录半自动售票机进行操作，严禁使用他人密码进行操作。为确保站务员结帐时清点的实收金额能如实反映当班期间的票款收益，除给乘客办理业务收取的现金外，严禁票务员收取乘客拾获、车站其他员工拾获后上交的现金，应通知当班值班员按规定收取。为避免票务员将自己的现金、车票与售检票工作中涉及的工作现金、车票混淆，影响实际票款收益结算，票务员在当班期间不得携带个人现金和除员工票以外的车票进入票务处。票务处票务员间进行换岗交接时，为避免现金、车票、设备交接不清，应由交班的票务员先检查并确认收好所有的现金、车票，放入上锁的票盒，退出半自动售票机后，方可安排接班的票务员携带现金、车票进入票务处，并登录半自动售票机。站务员结束本班售票工作后，应立即在半自动售票机上签退，确认退出半自动售票机。携带本班所有现金、车票及各类报表回票务收益室。按照结账程序的要求与值班员结账，并归还票务处门钥匙。站务员在售检票过程中需要严格执行相关的票务规章制度及设备操作规范，根据实际情况如实收取乘客票款，真实反映当班期间的票款收益，不得蓄意侵占公司票款收益或蓄意导致公司票务收益流失。

1. AFC 现金交接的一般管理规定

（1）车站 AFC 票务收益室内的现金交接基本要求：

①纸币：在车站票务收益室监控范围内，双方当面清点确认后交接。

②硬币：在车站票务收益室监控范围内，对已加封的硬币，确认加封正确完好后，整捆交接；对零散硬币按实点数交接。

（2）售票/补票处备用金的交接基本要求：

①交接双方必须当面清点，并在车站《备用金/福利票领用台帐》上签字确认。

②不按规定进行清点、确认的，出现的一切后果均由接班人负责。

（3）AFC 综合作业员之间的现金交接：

①接班 AFC 综合作业员应在监控范围内与交班 AFC 综合作业员当面清点车站 AFC 票务收益室内所有现金、核对封包数量及金额等，确认无误后进行签收，如实填写《车站 AFC 综合作业员交接台帐》。

②交接清点时若发现现金不符，应立即通知当班值班站长到票务收益室确认；接班人员按实际数进行签收。若差额原因无法当场查明，则短款由交班人补足，长款随当天票款解行，同时站区应于 24h 内上报票务科和安保科等相关部门进行调查处理。

（4）AFC 综合作业员与 BOM 机操作员之间的交接：

①结帐时的票款交接；AFC 综合作业员与售、补票员在监控范围内当面进行现金清点按实点数填写《____车站日交款明细》，双方签字确认后将现金交 AFC 综合作业员保管。

②预收票款的交接：AFC 综合作业员向票务员收取预制票款时，双方应当面清点和交接所预收的款项后，AFC 综合作业员在《____车站日交款明细》上进行签收。

双方交接清点过程中发现的假钞由 BOM 机操作员负责等额补足。

BOM 机操作员应按照机打水单所列款项足额交款，长款上交、短款自负。

2. 值班员间的现金交接

车站值班员间的现金交接主要是指各班值班员在交接班过程中对车站备用金、票款的交接。交接账实相符直接反映车站备用金、票款收益安全情况及值班员差额补交情况，因此，值班员交接过程必须严格按照现金交接管理规定执行。交接前，交班值班员应根据相关原始报表记录核算交接时的票款收入金额及备用金金额，并记录在值班员交接班本和车站营收日报上，作为交接凭证；接班值班员应核算值班员交接班本和车站营收日报上记录准确，然后实际清点交接的票款、备用金、确保与值班员交接班本和车站营收日报上记录一致，在值班员交接班本上签字确认。

交班过程中，值班员如果发现实点金额与值班员交接班本和车站营收日报不一致时，若实点金额比报表金额小，则由交班人员补交相应差额，交接双方在交接台帐和车站营收日报上做好记录说明；若实点金额比报表金额大，则多出金额作为其他票款，由接班人员计入营收，交接双方在交接台帐和车站营收日报上作好记录，并对账实不一致情况立即组织调查。为避免值班员在交接过程中私自带走交接长款，侵占公司票款收益，车站值班员交接过程应在票务收益室监视区域进行，且由值班站长在现场监视，对交接中出现的长、短款情况，监视交接的值班站长需在交接台帐和车站营收日报上做好记录说明。

3. 车站与银行之间的票款交接

车站与银行之间票款交接主要指车站将票款收益存入企业在银行的专用账户的过程，通常称之为票款解行。解行操作时要求轨道交通运营企业根据车站特点及银行的服务时间确定解行时间，以保证车站能将票款尽可能多地存入银行，尽量减少存留在车站过夜的票款，降低车站收益保管风险。车站票款解行流程如图 6－6 所示。

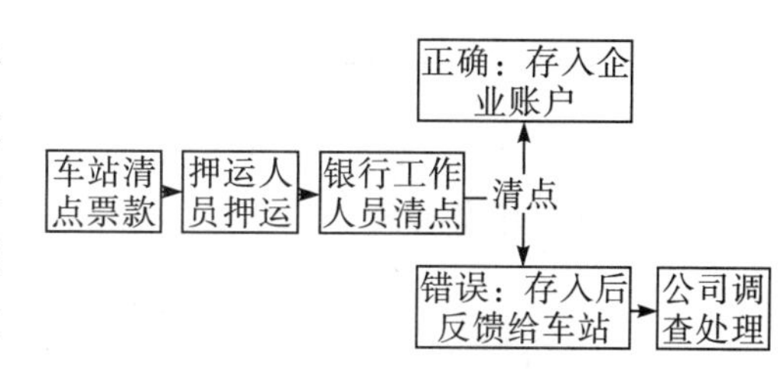

图 6－6　车站票款解行流程

根据各轨道交通运营企业的实际情况不同，所采用的票款解行方式也不尽相同，目前轨道交通企业的票款解行方式主要有直接解行和集中站收款两种。

（1）直接解行

直接解行是指由车站清点票款，并由车站人员送到银行，银行工作人员与交款人员当面清点票款并当即返还现金送款单的解款方式，这种方式适用于有驻站银行的车站。

（2）集中站收款

集中站收款是指由银行或者专门押运公司到车站收取票款，运送到银行，银行工作人员按规定清点票款后于次日返还现金送款单，最终确认送行金额的解款方式，这种方式适用于距离地理位置较远的车站。此种方式为每日白天运营低峰时段，车站票款清点封包后，由车站交款员及安保人员送至站区交款单，将票款交予银行工作人员。银行须将解行人员资料在安保部备案，由安保部将资料发至各收款点所在车站，以便核对；如有银行人员变动，银行须提前三日将解行人员变动名单在安保部备案，由安保部通知收款点所在车站；银行解行人员抵达收款点后，须到车站综控室由值班站长核对解行人员身份，办理登记手续，领取收款房间钥匙。各车站应于每日 8：00 前将本日交款人员名单报交款点所在车站，由该站值班站长将名单交收款点保安人员；车站交款人员前往交款点时，须有保安陪同。交款员持证登乘列车驾驶室，在规定时间和地点完成交款；各站交款人员交款时，须与银行人员共同核对封包数量、编号以及加封状况，无误后与解行人员办理交接手续；银行解行人员离开时须到车站综控室办理注销手续并交还钥匙。

两种解行方式的优缺点见表 6－4 所示。

表 6-4 直接解行和集中站收款的区别

优缺点 \ 解行方式	直接解行	集中站收款
优点	及时、准确地监控城市轨道交通车站收益票款环节，及时发现解行票款正确与否	具有专门配送机构，提高了运送途中的安全性，减少了城市轨道交通车站解行时间
缺点	票款运送途中的安全性不高，解行时间可能会受其他银行客户影响	银行入账凭证会延迟返还，不能及时发现城市轨道交通车站解行票款的问题，应与银行或专门配送公司签订相关协议，甚至应交付一定费用

三、备用金管理

票务收益室负责公司所辖各站客服中心备用金的统计、申领，车站负责客服中心备用金的管理。票务收益室将各站首次申请汇总，提交财务部核准，并根据核准金额配发车站。车站客服中心备用金的使用应严格执行财务制度，遵循专款专用的原则。若车站需要对客服中心备用金数额调整时，须先向站务经理提出申请，批准后转交票务收益室汇总，提交财务部核准，并根据核准金额进行调整。

由于各地硬币及零钞的使用及流通情况不同，备用金的获得途径也不一样。如上海、香港的硬币使用流通情况较好，市民广泛使用硬币，但北京、广州等硬币在市面上流通较少，市民习惯于使用纸币。当前情况下，各城市备用金使用最多的为备用硬币。票务收益室负责各车站备用硬币数量的预测和兑换工作的协调，车站负责备用硬币的管理。车站备用硬币应严格执行财务制度，遵循专款专用的原则。车站须在每周二 18：00 前以邮件形式向票务收益室提交下周的备用硬币兑换计划。

收益管理员接收到车站上传的《车站备用硬币兑换申请及配发计划单》后，填写《各站备用硬币兑换申请及配发计划汇总表》，将车站硬币使用申请通知财务部；如发现申请数量不合理，需与车站协调调整。收益管理员根据财务部确定的硬币实配数量，完成《车站备用硬币兑换申请及配发计划单》的填写，于每周五 17：00 前以邮件形式通知车站。《车站备用硬币兑换申请及配发计划单》左半部分由申请车站负责填写，右半部分由票务收益室负责填写。在车站硬币兑换计划确定后，票务收益室将本表单打印存档。

车站硬币库存的安全范围为：

车站库存基数 < 车站硬币库存 < 车站库存基数 ×80%

车站库存基数是指车站维持运营的基本硬币保有量，为本站单日最高硬币用量的 3 倍。

车站发现备用硬币数量接近或低于阀值时，应及时向票务收益室申请兑换。票务收益室定期组织车站进行备用硬币盘点。当发现硬币数量损失并在误差允许范围内时，车站应及时向票务收益室申请补足。当发现硬币损失量超出误差允许范围内，公司成立由站务室、财务室、票务收益室等相关部门组成的联合调查组，对硬币损失情况进行专项调查并最终得出调查报告，提出整改意见。

车站值班员在收到银行返还的兑零硬币时，应检查硬币袋上的封签或封捆硬币的扎把带是否完好，同时按封签或封捆硬币的扎把带上的金额在双方的交接登记本上办理交接（应注明交接金额）。若交接时发现封签破损，在不影响车站硬币使用的前提下，车站拒收该硬币，并在双方的交接登记本上注明情况；车站也可当场进行该袋硬币的清点，若出现少币等情况，按实际清点金额入账，同时向银行书面说明情况，差额由银行补还。车站值班员收到兑零返还的兑零硬币后，原则上应在24h内与车站站务员双人在监视仪监视下共同清点，在清点过程中，发现长款、短款或假钞时，值班员应保留该硬币袋上的封签或封捆硬币的扎把带（有名章部分）用信封加封后返还银行。如为长款，将长款硬币加封后返还银行，如为短款（即出现机币、假币、外币、少币等情况），由银行补还车站。

车站硬币兑换管理流程如图6－7所示。

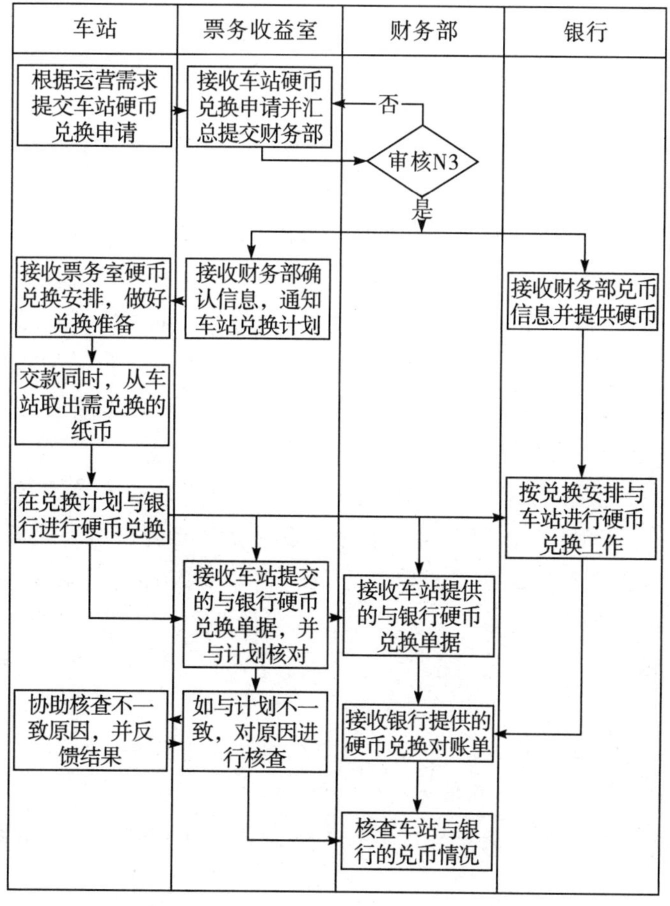

图6－7 车站硬币兑换管理流程

知识链接

北京市地铁运营有限公司关于备用金管理的规定

（1）车站备用金分为半自动售票机操作人员备用金、自动售票机找零备用金。

（2）车站票务备用金的使用应严格执行财务制度、遵循专款专用的原则，不准挪作他用。

（3）各地区票务主管领导为站区车站备用金的领用、配发责任人。

（4）自动售票机找零备用金和其他备用金由车站 AFC 综合作业员负责保管和交接，值班站长负责检查、监督。

（5）车站 AFC 综合作业员因工作调动或其他原因离开本岗位时，应及时办理备用金缴还或移交手续。

（6）半自动售票机操作人员备用金由 BOM 机操作员负责交接、保管，并执行力度交接。

（7）车站票务备用金必须放入专门的储币柜或保险柜加锁进行保管。备用金出入库必须有值班站长和 AFC 综合作业员双人在场，值班站长负责交接储币柜外门钥匙，AFC 综合作业员负责交接储币柜内门钥匙。

（8）遇重大节假日等特殊运输组织时，经站区主管领导同意，车站间可以临时借用备用金，但使用后必须立即归还。

（9）临时借用车站票务备用金的，应在 24h 内归还，逾期未归还的按相关财务管理制度处理。

（10）车站票务备用金的清点与交接；交接双方须在车站 AFC 票务收益室内监控状态下进行。在交接备用金时，须双方当面清点，按规定填写交接台帐（《备用金、福利票领用台帐》）、车站《AFC 综合作业岗交接台帐》），双方签字确认。

（11）各站区必须每半月对车站备用金组织自查一次，并在《AFC 综合作业岗交接台帐》上作相应记录。票务科、稽查科和安保科将对车站备用金交接、使用、报关情况进行不定期的检查和抽查。

（12）车站备用金在运转过程中原则上不会出现差额，若有差额情况发生时，必须立即向票务科、安保科报告。票务科、安保科会同其他相关部门到现场进行调查处理。

（13）领用整捆或整箱的备用找零硬币时，必须双人接收（其中一名为 AFC 综合作业员），确认封条正确完好后，放入储币柜或保险柜。

（14）票款解行。

①解行方式：

a. 银行坐收：1、2 号线、13 号线、八通线由站区票务员到各站收集、汇总后分别送交复兴门、西二旗、四惠东收款点。

b. 封包返纳：10 号线、奥运支线由站区票务员到各站收集汇总后封包，银行到各站区上门收取。

②解行时间：每日 14：00。

③解行负责人：站区票款员。

④10 号线、奥运支线封包解行流程：

a. 核对确认解行人员的身份；

b. 当班站区票款员与解行人员双方共同确认封包数量、金额与《封包明细表》的一致性，同时应确认《站区收入日报》的“解交银行款”与《封包明细表》的金额相符；

c. 核对无误后，与解行人员办理交接手续。

四、假钞的处理

在日常票务工作中，难免碰到假币、错款等问题，为了预防此类问题的发生，除了给票务人员配备相应的钞票真伪辨别设备以外，最重要的是提高票务工作人员的整体素质及工作能力，这就要求所有票务工作人员在工作中能够细致谨慎、一丝不苟，正确使用钞票真伪辨别设备，掌握必备的票款收缴、鉴别、计算、找零等技能。

1. 车站客服中心假币、错款处理原则

车站客服中心进行现金交易时，需要使用相关设备辨别钞票真伪，如发现假钞或无法确认真伪的钞票时，应予以拒收。结账、缴款过程中发现收到假币时，若假币无法被车站验钞机正常检出，则相应票款损失由公司承担。若假币能够正常检出，则损失由相应责任人承担。

一般情况下，当出现错款情况时，人工作业遵循“长款上交、短款自负”的处理原则。若由于设备故障引起差额（例如：BOM 机车票批处理过程中应发行单程票 20 张，因设备故障实际只发出 10 张，而设备记录发行 20 张），则相应票款损失由公司承担。银行在票款清点过程中发现所收现金与应收票款存在差额时，相应损失由票款包封包人承担。

2. 自动售票机假币、错款处理原则

当设备收到假币时须立即停用，对于 TVM 机收取的假币，必须是全过程在监控摄像头下清点，车站须作好相关记录，公司负责承担相应的票款损失。必要时公司将组织调查。

当 TVM 机差额在应收金额的 0.03% 以内时，可由公司承担相应损失。当超出规定范围时，公司成立由财务部、站务室、票务收益室、设施室等相关部门组成的联合调查组，对事件进行专项调查并提出处理意见。此外，设备所收长款应上交。

3. 鉴别真假人民币的特殊做法

除了使用钞票真伪辨别设备来鉴别钞票的真伪外，为了以防万一，票务人员当掌握鉴别真假人民币的传统四步骤。

“一看”——看钞票的水印是否清晰，有无层次感和立体效果，看安全线（假币常在纸张中夹入一张银白色塑料线，有时两头会露出来剪齐的断头）。

“二摸”——用手指反复触摸币面主要图景及“中国人民银行”字样，真币由凹凸感，假币则无。

“三听”——钞票纸张是特殊纸张，挺括耐折，用手抖动会发出清脆的声音。

“四测”——用紫光灯检测无色荧光图纹，用磁性仪检测性印记，用放大镜检测图案印刷的接线技术及底纹线条。

鉴别真假人民币的图例见图 6－8。

4. 收到可能是假币的处理程序如下：

当收到可能是假币时，应请乘客换一张。

如乘客执意不换的，应将其币种、编号抄录下来，请乘客确认、签字，并留下身份证上的地址、号码以及联系电话。

然后，向乘客说明此币明日将送交银行鉴别：如是假币，您必须前来支付票款；如不是，我们会上门道歉并找零。

图 6－8　鉴别真假人民币的图例

任务 6.3　福利票换发管理

福利票是城市轨道交通运营企业免费给持有有效证件的相关人员发放的免费乘车的票卡，如北京、广州、上海等城市的都有各种福利票，极大地方便了相关人员（如老人、残疾人等）的交通出行。

一、福利票的换发方法

需要申请福利票的乘客，可持有效证件在车站售票处免费领取福利票卡一张。福利票仅限当日在换领站本人、单次进站使用，但需要申请人本人亲自领取，不得带领。使用福利票卡的乘客应当配合地铁工作人员对证卡核对检查。

乘客进站时使用福利票卡轻触进站闸机读卡区，闸机发出“嘀”声，黄色灯亮，提示刷卡成功，闸门开启，乘客可进站。

此外，持有《残疾人证》的视力残疾的盲人乘客可以有一名陪同人员免费乘车。

二、可换发福利票的证件

目前我国有多类人群乘坐城市轨道交通可享受免票政策，相关人员可凭借相关证件换发福利票，如《中华人民共和国残疾人证》（见图6－9）、《中国人民共和国老干部离休荣誉证》（见图6－10）、《中国人民解放军干部离休荣誉证》（图6－11）、《中华人民共和国残疾军人证》（见图6－12）、《中华人民共和国伤残人民警察证》（见图6－13）、《中国人民解放军士兵证》（见图6－14）、《中国人民武装警察部队士兵证》（见图6－15）等。

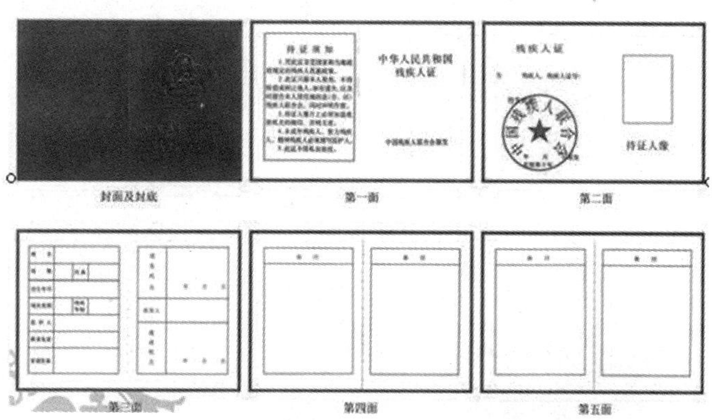

图6－9　《中华人民共和国残疾人证》证样

《中华人民共和国老干部离休荣誉证》证样

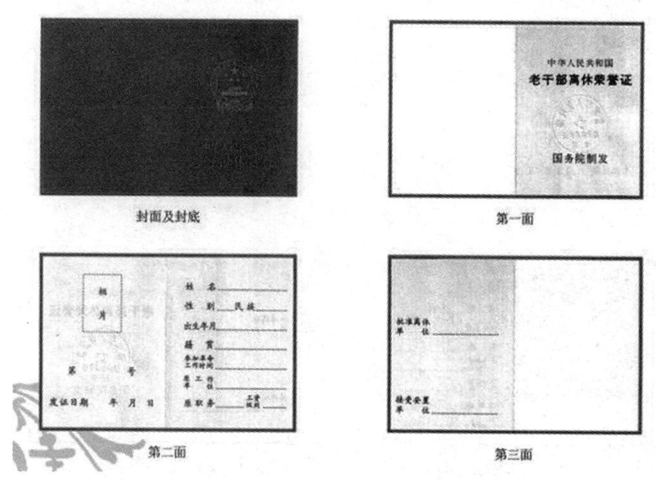

图6－10　《中华人民共和国老干部离休荣誉证》证样

《中国人民解放军离休干部荣誉证》证样

封面及封底

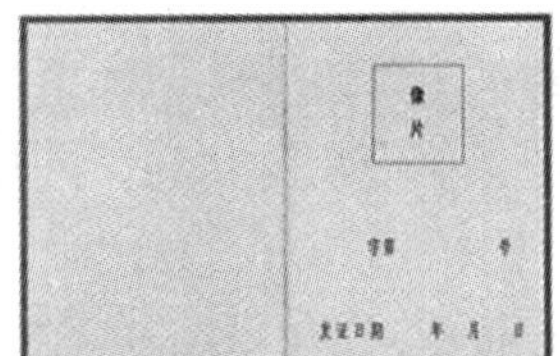

第一面

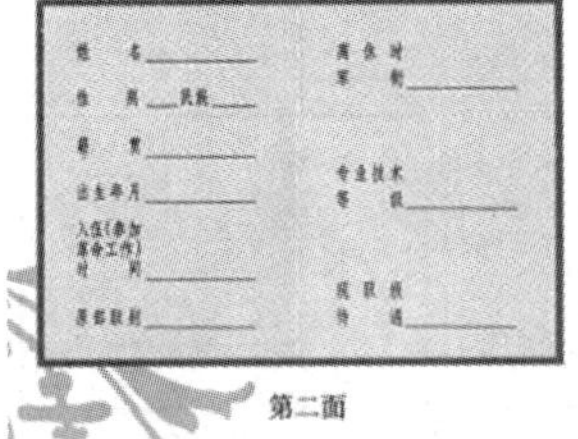

第二面

第三面

图6－11　《中国人民解放军干部离休荣誉证》证样

《中华人民共和国残疾军人证》证样

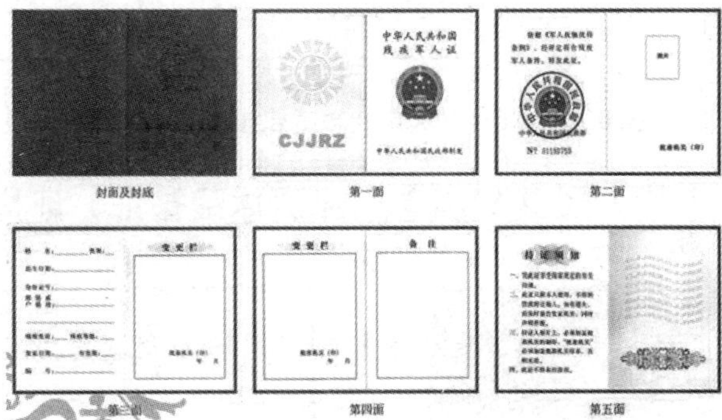

图6－12　《中华人民共和国残疾军人证》证样

《中华人民共和国伤残人民警察证》证样

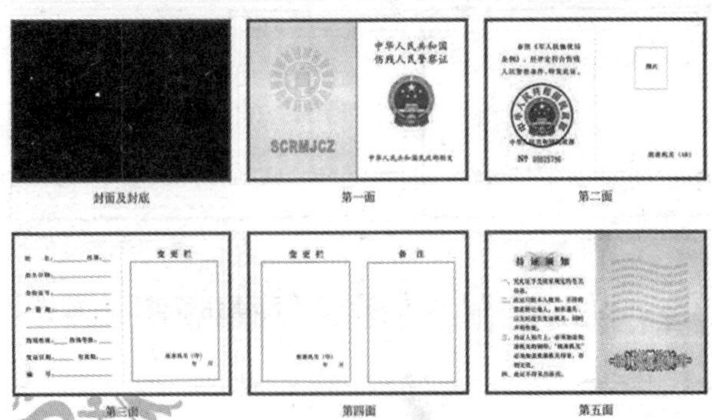

图6－13　《中华人民共和国伤残人民警察证》证样

《中国人民解放军士兵证》证样

封面及封底

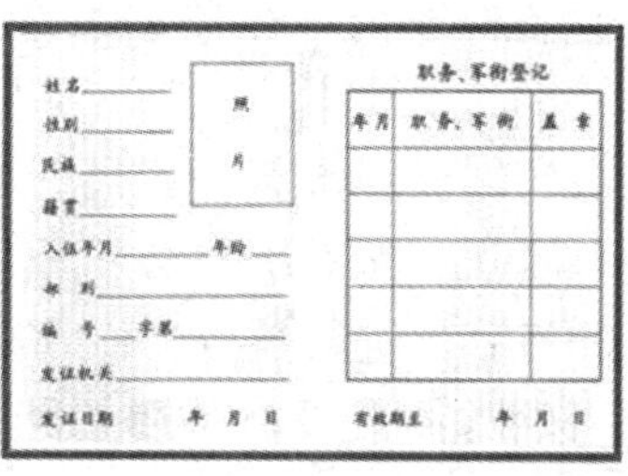

姓名________
性别________
民族________
籍贯________
入伍年月________年龄____
部别________
编号____字第________
发证机关________
发证日期　　年　月　日　　有效期至　　年　月　日
照片

职务、军衔登记

年月	职务、军衔	盖章

第一面

图6－14　《中国人民解放军士兵证》试样

《中国人民武装警察部队士兵证》证样

封面及封底

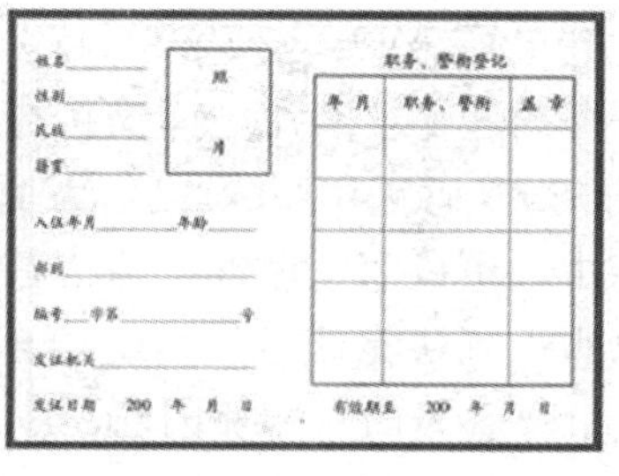

姓名________
性别________
民族________
籍贯________
入伍年月________年龄____
部别________
编号____字第________号
发证机关________
发证日期　200　年　月　日　　有效期至　200　年　月　日
照片

职务、警衔登记

年月	职务、警衔	盖章

第一面

图6－15　《中国人民武装警察部队士兵证》试样

任务6.4　车站票务备品管理

城市轨道交通车站的票务工作流程复杂，手续严格，所需的备品种类繁多，并且需要专人看管，各种备品的申请使用，需要做好登记，借出须及时归还。车站中的票务备品主要有各种票务钥匙、验钞机、点卡机、电子计数器、硬币分拣计数器、便携式查询机PTCM（如图6－16所示）等。

图6－16　便携式查询机PTCM

一、票务钥匙管理

票务钥匙指车站在开展票务工作时使用的钥匙。票务钥匙主要有自动售票机

TVM维护门钥匙、半自动售补票机BOM维护门钥匙、闸机AG维护门钥匙、钱箱钥匙、票箱钥匙、回收箱钥匙、票柜钥匙、保险柜钥匙、票务收益室监视系统钥匙、票务收益室门钥匙、票务防盗门钥匙等。由于票务钥匙的安全管理直接影响到车站车票、现金、设备的安全，在日常工作中，车站需严格按要求加强对票务钥匙的管理。

为保证票务钥匙保管有凭证记录，车站需设立专门的台帐记录钥匙的配发、更换、回收等总体情况，所有的票务钥匙均统一配发，统一管理。车站需定期对所负责保管的所有票务钥匙进行盘点，做到账实相符，当盘点账实不符时，车站应立即组织调查。票务钥匙一般设有备用钥匙，以便在工作人员不慎遗失或损坏钥匙时，车站能使用备用钥匙正常开展票务工作；同时，为了确保当班员工掌握相关票务钥匙，进入相关车票、现金安全区域，进行相关票务设备操作的唯一人，保证现金、车票管理的安全及处理的独立性，备用钥匙一般情况下不得使用，需由站长与值班站长共同清点加封后交给站长保管。根据实际工作需要及收益安全管理需要，对于一些直接涉及收益安全的操作环节，需由双方掌握不同钥匙共同完成操作，以达到互相监控的目的。另外，车站在对票务钥匙的保管过程中需注意防止折断、重压，以避免对钥匙造成损坏。

为保证票务钥匙在各岗位之间交接过程中的安全，票务钥匙在保管人之间或在保管人与使用人之间交接时，车站需设置台帐记录交接情况，详细记录钥匙名称、数量、交接双方人员姓名、时间、原因等；交接人员需根据书面台帐凭证当面清点钥匙种类、数量、确认无误后填写交接台帐。若交接时发现钥匙无误，交接双方需及时核对处理，不能及时查明原因的，应立即报告上级组织调查；票务钥匙借出时，借用人应负责钥匙的使用安全和保管，使用完毕应立即归还，并遵循“谁借用，谁归还”的原则，不得随意转借他人使用，每天运营结束后保管人应对所保管的钥匙进行清点，并确认全部归还。

二、票务工具和器具的管理

在日常票务工作中，车站需要进行大量的现金和车票的清点及运送工作，为了提高车站票务工作效率，同时保障现金、车票清点工作的准确性，以及现金、车票及相关票务设备在运送途中的安全性，通常需要使用一些辅助工具和器具完成票务工作，常见的票务工具和器具主要有保险箱（见图6－17）、票务手推车（见图6－18）、点票机（见图6－19a）、点钞机（见图6－19b）、点币机（见图6－19c），验钞机（见图6－20），配票箱（见图6－21）等。

图6-17 保险箱

图6-18 票务手推车

图6-19 点票机、点钞机、点币机（由左至右）

点钞机主要用于对车站所接收纸币的清点，可对所有面额的纸币进行清点，并能按照预先设置的数量自动停止清点，一般也具有验钞功能，当清点发现伪币时，能终止清点并发出报警提示。

验钞机一般具有多种验钞手段，如荧光检测、红外穿透检测、磁性检测、激光检测等，通过对人民币的纸质、油墨的颜色与厚度、磁性、荧光字等各方面进行检测，以达到辨别真伪的目的。

点币机和点票机分别用于对硬币及车票进行清点，具有速度较快、准确率高的特点。

票务手推车用于装运各种钱箱、票箱等贵重设备及现金、车票等有价证券，可锁闭，极大程度地保障了设备及有价证券运送的安全性和方便性。

此票箱用于票务员日常工作中票卡、备用金、票款的收纳，票务员上岗前由票务收益室领出，下班前将其交还。

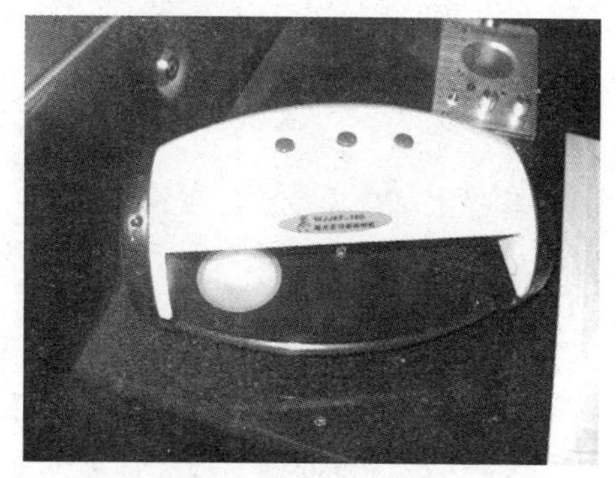

图6-20 验钞机

票务工具和器具的状态直接影响车站票务工作的安全、效率和质量，车站应按相关规定加强对票务工具和器具的管理，以保持工具和器具数量完整、状态良好。工具和器具配发到站后，车站需设置专门的工具和器具台帐，用以记录工具和器具的保管、交接和使用情况，保管人员需根据书面台帐凭证定期对所负责保管的所有票务工具和器具进行盘点，清点工具和器具的种类、数量，并检查确认状态是否良好，确保做到账实相符、状态良好。票务收益室内的票务工具和器具由车站当班值班员全权负责保管，票务处的票务工具和器具由当班站务员全权负责保管，车站在使用工具和器具过程中需注意保持工具和器具的清洁，爱护票务工具和器具，并注意避免其受损。

图6－21　配票箱

知识链接

北京市地铁运营有限公司关于票务备品的管理规定

（1）车站的票务备品包括：钱箱、票箱、点钞机、验钞机、点币机、车票清点机、配票车、手推车、储票盒、储币柜、硬币托盘等。

（2）当班的AFC综合作业员全权负责车站的票务备品的交接与保管。

（3）票务备品在正常使用情况下的损坏由站区票务员负责按规定报告主管部门进行维修或以旧换新；人为损坏一律照价赔偿。

（4）钱箱、票箱保养注意事项：

①钱箱、票箱要轻放，不要在地上拖行，以免损坏。

②钱箱、票箱放入专用推车时要注意放置平稳，推行时要匀速前进。

③保持钱箱、票箱的清洁。

④放在高处的钱箱、票箱要注意双手平稳拿取，以免落下造成备品损坏、人员受伤。

⑤禁止踩踏钱箱或坐在钱箱上。

（5）各种票务钥匙实行岗位对口交接：

①AFC票务收益室的大门、储票柜、储币柜内门、TVM/AVM机维修门、钱箱定位钥匙、票箱钥匙由AFC综合作业员负责进行交接保管。

②储币柜外门、保险柜钥匙由值班站长负责交接保管。

③TVM/AVM机钱箱现金钥匙必须加锁保管，不能带离AFC票务收益室。

所有备用钥匙须装入口袋加封后由值班站长负责交接、保管。

（6）钥匙使用注意事项：

①使用前认清钥匙是否与该设备配套。

②扭转前确认钥匙是否到位，不要未到位就用力转动。

③严禁使用钥匙去撬硬物。

实践操作

任务一 演练票务室与车站间报销凭证、发票的配发、接收及上交管理流程

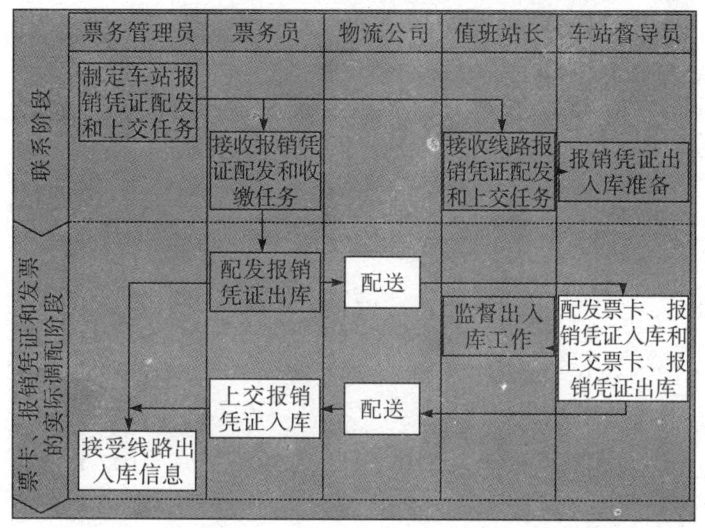

任务二 演练车站间报销凭证及发票调配管理流程

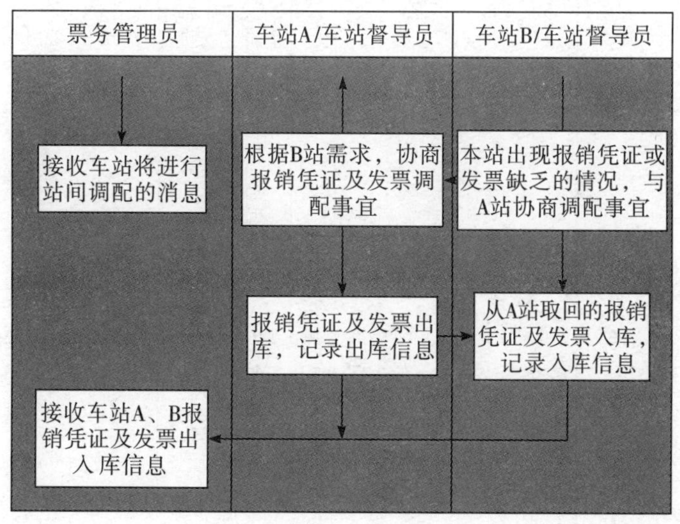

任务三　填写《票务员日营收结算单》

售票员结算单

No：

A 站　　　　　　　　　　年　　月　　日

<table>
<tr><td colspan="2">时间</td><td colspan="3"></td><td colspan="2">配备备用金额（元）</td><td></td><td colspan="2">中途可追加</td><td></td><td></td><td></td><td></td></tr>
<tr><td colspan="2">BOM 编号</td><td colspan="3"></td><td colspan="2">值班员签名</td><td></td><td colspan="2"></td><td></td><td></td><td></td><td></td></tr>
<tr><td colspan="2" rowspan="2">项目
票种</td><td rowspan="2">配出张数</td><td rowspan="2">回收张数</td><td colspan="4">出售</td><td colspan="2" rowspan="2">项目
票种</td><td rowspan="2">配出
张数</td><td rowspan="2">回收
张数</td><td colspan="2">出售</td></tr>
<tr><td>张数</td><td>遗失</td><td>押金</td><td>金额</td><td>张数</td><td>金额（元）</td></tr>
<tr><td rowspan="6">IC 卡储值票</td><td>普通储值票</td><td></td><td></td><td></td><td></td><td></td><td></td><td rowspan="6">单程票</td><td>普通单程票</td><td></td><td></td><td></td><td></td></tr>
<tr><td>学生储值票</td><td></td><td></td><td></td><td></td><td></td><td></td><td>单程福利票</td><td></td><td></td><td></td><td></td></tr>
<tr><td>老人储值票</td><td></td><td></td><td></td><td></td><td></td><td></td><td></td><td></td><td></td><td></td><td></td></tr>
<tr><td>储值福利票</td><td></td><td></td><td>配出与
回收差</td><td></td><td></td><td></td><td></td><td></td><td></td><td></td><td></td></tr>
<tr><td></td><td></td><td></td><td></td><td></td><td></td><td></td><td></td><td></td><td></td><td></td><td></td></tr>
<tr><td colspan="5">小计金额（元）</td><td></td><td></td><td colspan="3">小计金额（元）</td><td></td><td></td></tr>
<tr><td>实收总金额</td><td colspan="13">（根据站务员回票务收益室后清点所有的现金所得金额减去所配备的备用金金额后填写）</td></tr>
<tr><td>备注</td><td colspan="13">（售票过程中出现的一些异常情况可在此处进行备注说明）</td></tr>
<tr><td colspan="2">售票员</td><td colspan="4"></td><td colspan="4"></td><td colspan="4"></td></tr>
<tr><td colspan="2">售票员员工号</td><td colspan="4"></td><td colspan="4"></td><td colspan="4"></td></tr>
</table>

（第一联——票务分部；第二联——车站）

任务四　填写《钱箱清点报告》即《TVM 日营收结算单》

钱箱清点报告

No：

A 站　　　　单位：元　　　　年　　月　　日

清点硬币					清点硬币				
自动售票机 TVM 号码	钱箱号码	机器金额	实点金额	差额（+/-）	自动售票机 TVM 号码	钱箱号码	机器金额	实点金额	差额（+/-）
合计					合计				
钱箱总数			清点时间		钱箱总数				

清点人员	签章		备注：
值班员			
清点人员			

（第一联——票务分部　　第二联——车站）

任务五　掌握人民币真假的鉴别方法

提示：人民币真假的鉴别方法传统四步骤：

“一看”——看钞票的水印是否清晰，有无层次感和立体效果，看安全线（假币常在纸张中夹入一张银白色塑料线，有时两头会露出来剪齐的断头）。

“二摸”——用手指反复触摸币面主要图景及“中国人民银行”字样，真币由凹凸感，假币则无。

“三听”——钞票纸张是特殊纸张，挺括耐折，用手抖动会发出清脆的声音。

“四测”——用紫光灯检测无色荧光图纹，用磁性仪检测性印记，用放大镜检测图案印刷的接线技术及底纹线条。

任务六　模拟收到假币的处理方法

收到可能是假币的处理程序如下：

（1）当收到可能是假币时，应请乘客换一张。

（2）如乘客执意不换的，应将其币种、编号抄录下来，请乘客确认、签字，并留下身份证上的地址、号码以及联系电话。

（3）然后，向乘客说明此币明日将送交银行鉴别：如是假币，您必须前来支付票款；如不是，我们会上门道歉并找零。

任务七　演练票款收缴及核对管理流程

车站	票务收益室	IT部	财务部	银行
运营结束后车站清点票款，留出本站设备金				
次日白天，车站工作人员到站区指定地点上交前一日票款				
与银行解行人员交接票款				收取车站上交的票款
	接收车站提交的票款收缴单据，并与系统数据核对		接收车站提交的票款收缴单据	
协助核查数据不一致原因，并反馈结果	如不一致，对原因进行核查	协助核查数据不一致原因，并反馈结果	接收银行提供的对账单	
			接收票务收益室提交的票款实交数与系统数量不一致的原因	

思考练习

1. 简述票据及台帐的种类。
2. 简述票据及台帐管理的基本内容及流程。
3. 简述 AFC 现金日常管理及交接管理的各种方法、流程及注意事项。
4. 简述备用金管理的办法，如何正确处理票务工作过程中遇到的假钞？
5. 简述福利票有哪些类型？
6. 简述车站票务备品的种类及其简单的使用方法。

评价跟进

1. 教师的评价

由教师在完成本章的教学任务后填写，在相应表格中画“√”。

评价项目		教师的评价			
序号	题目	好	较好	一般	较差
1	对本章教学过程的控制				
2	在本章教学过程中，学员的参与情况				
3	学员对本章知识学习后的效果反馈				
教师对本章教学的总结评价意见及跟进措施					

2. 学员的评价

由学员在完成本章的教学任务后填写，在相应表格中画“√”。

评价项目		学员的评价			
序号	题目	好	较好	一般	较差
1	对本章教学执行过程中教师的表现				
2	本章教学内容与社会实际需求的联系情况				
3	自己在本章学习过程中的表现				

学员对本章教学的总结评价意见及跟进措施

3. **知识跟进**

（1）从互联网上了解各城市地铁票据及台帐管理的基本内容及流程。

（2）从互联网上了解各城市 AFC 现金日常管理流程及注意事项。

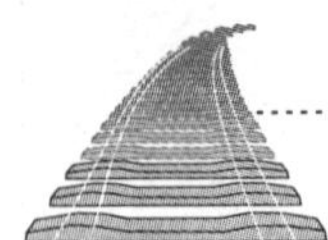

项目七 票务作业

学习目标

1. 掌握售检票作业内容及作业程序。
2. 掌握退票规章及作业程序。
3. 掌握钱箱更换及钱箱内现金清点作业。
4. 掌握票款收缴作业。
5. 掌握自动售票机和半自动售票机的售票操作。

教学建议

1. 教学场地：在普通教室、能连接互联网的多媒体教室及城市轨道交通系统的各种模型实训室中进行，课后可实地参观。

2. 设备要求：各种城市轨道交通车站的票务作业仿真模型 1 套，或能播放影视投影的设备及相关课件、视频。

3. 课时要求：共 16 课时，其中课堂讲授 12 课时，模拟操作 4 课时。

教学引入

票务作业作为车站日常工作的重要组成部分，是城市轨道交通运营企业向乘客提供售检票服务、完成收益结算及实现财务管理的重要环节，是企业管理工作的组成部分。票务作业包括：乘客买票、乘车；车站对票款的管理及车票发售、循环使用管理；车站 AFC 计算机系统对各自车站票款、客流数据汇总上传；其他部门对票务工作支持和监督管理。站务员要完成票务作业，就需要较好地掌握票务政策、售检票模式、车票和现金管理等票务基础知识，熟练运用售检票作业、报表填写和 AFC 系统设备操作等基本业务技能，项目七重点讲述售检票作业、退票的相关规定、钱箱更换及现金的收缴作业等知识。

理论知识

任务7.1 售检票作业

城市轨道交通运营企业根据自身发展阶段及客流情况、设备采购等因素，采用不同的售检票模式，目前主要有人工售检票模式和自动售检票模式，不同的售检票模式下都会产生不同的售检票作业。

一、售检票作业内容

1. 纸票发售及其检票

纸票一般情况是在人工售检票模式下发售。目前的城市轨道交通基本均采用自动售检票模式，但特殊情况下也会发售纸票。

在人工售检票模式下，由车站售检票在售票/问讯处如图 7－1 所示。向乘客出售纸票，并在进（出）站口设置检票点，持票乘客经工作人员检票后进、出车站。具体检票方式可分为进站检票、出站检票和进出站均需检票三种。

（1）进站检票是指车站只在进站口安排人员检票，出站时不再检票，乘客可以自由出站，适用于单一票价的轨道交通系统。

（2）出站检票是指乘客可自由进入付费区乘车，车站只在出站口安排检票人员，对车站乘客进行检票出站，适用于单一票价的轨道交通系统。

（3）进出站均需检票则是指车站在进出站口都安排检票人员，对乘客进出付费区都实行检票作业，可适用于非单一票价的轨道交通系统。

图 7－1 售票/问讯处

2. 特殊情况下纸票出售

城市轨道交通车站会在以下特殊情况时出售纸票：

（1）车站自动售票机 TVM、半自动售票机 BOM 全部故障或停电导致车站无法出售 IC 卡单程票，可由站长经行车调度员授权后决定售卖纸票。

（2）对全线预制票进行合理调配后，且预制票将售完的情况下，乘客经车站员工引导后，自动售票机 TVM 能力仍不足时，可由站长经行车调度员授权后根据客流情况决定售卖纸票。

（3）大客流情况下票务系统无法应付或其他特殊情况下，可由站长经行车调度员授权后决定售卖纸票。

3. 纸票检票操作程序

（1）正常情况下纸票检票操作程序。

①乘客进站时检票人员撕下乘客纸票的副券Ⅰ；

②乘客出站时检票人员核查乘客所持纸票上的站名、日期章以及纸票票价无误后，撕下乘客纸票的副券Ⅱ，对超程使用的 1 元纸票出站时，车站员工也需撕下相应的副券联；

③若乘客的车票超程时，需在售票/问讯处补足相应的车票（乘客携带的行李票超程时，乘客需补交行李相应的超程费用）。

（2）特殊情况下纸票操作程序。

①纸票售卖站值班站长应向控制中心行车调度员通报售卖纸票的信息；行车调度员应将售卖纸票的车站和时间通知其他车站。

②其他车站接到中心行车调度员的“××车站出售纸票”的通知后，应安排员工做好持纸票乘客的引导和检票的准备工作；持纸票乘客到达本站时，车站员工应打开边门，引导乘客到边门检票。

③车站停止售卖纸票后，应立即向控制中心行车调度员汇报停止售卖纸票时间；行车调度员应通知其他车站。

4. 普通单程票发售

（1）自动售票机自助购买普通单程票。

乘客使用自动售票机自助购买单程票的流程如下：

①在自动售票机主界面选择所要去往的线路及目的车站，并在左侧选择购票张数，如图 7－2 所示；

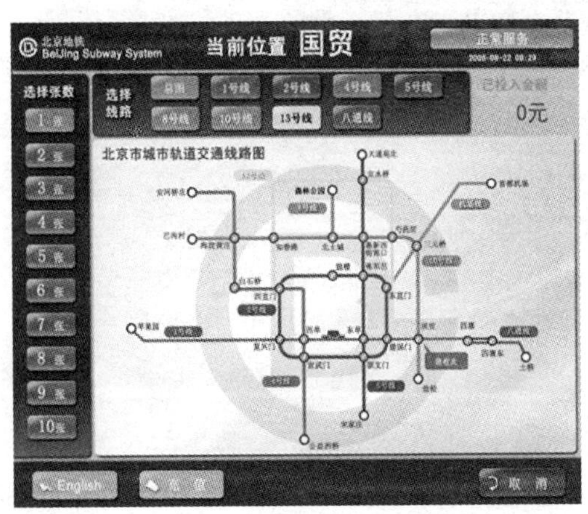

图 7－2　自动售票机主界面

图 7－3　自动售票机硬币和纸币投入口

②投入对应数量的 1 元硬币或 5 元、10 元的纸币，如图 7－3 所示；

③乘客点击“确定”或“取消”；

④若点击“确定”，在下方出票口处取出票卡及找零硬币，如图 7 -4 所示；

⑤若点击“取消”，投入的钱币退回，返回主界面，如图 7 -5 所示。

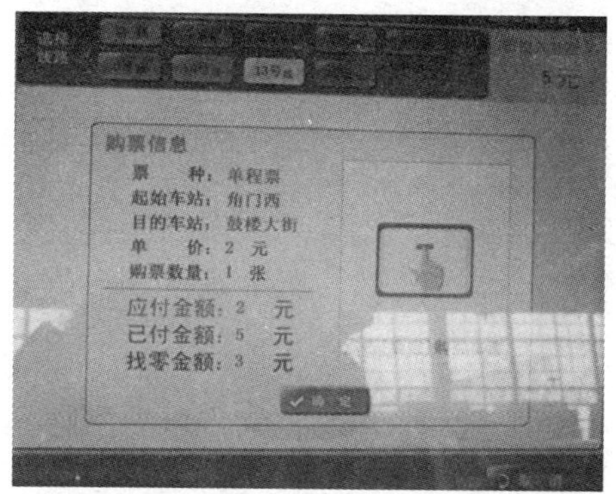

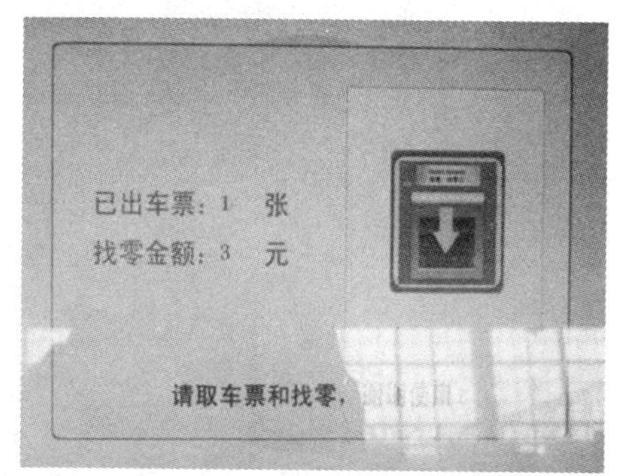

图 7 -4 自动售票机下方取出票卡找零硬币

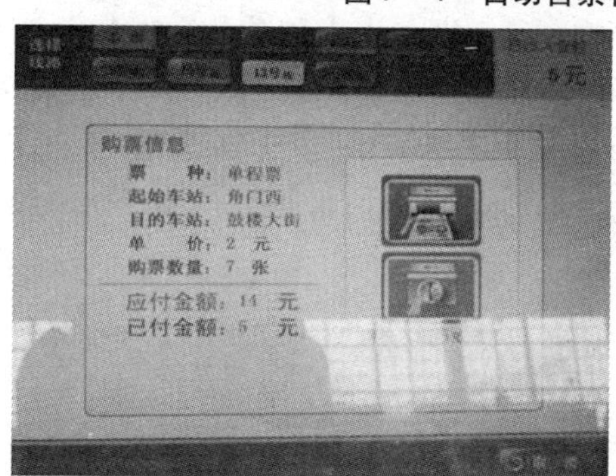

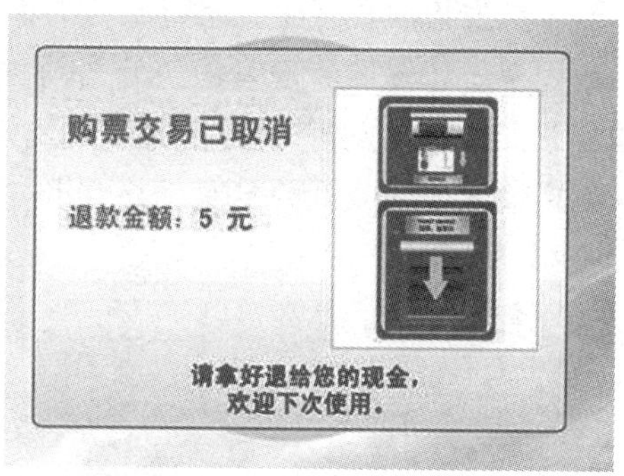

图 7 -5 自动售票机购买单程票取消操作

（2）半自动售票机发售普通单程票。

半自动售票机发售普通单程票是指在自动售检票模式下，由车站在售票/问讯处半自动售票机上根据乘客的需要向乘客出售单程票。

在日常工作中，半自动售票机发售车票要求站务员熟练掌握对半自动售票机的操作，以便迅速、准确地为乘客提供车票发售、充值等服务。AFC 系统为每个操作员都设定了唯一的操作员号（ID）和密码，任何人使用设备时，必须首先使用 ID 和密码登录设备，才能进入设备的操作界面进行操作。

①登录。

打开半自动售检票电源，系统启动后，半自动售检票主程序自动以全屏方式运行。此时，操作界面中各功能模块（如“分析车票”和“数据查询”等）的功能按钮均处于未激活状态，需要点击“班次登录”按钮，输入班次操作员号（ID）和密码进入程序主界面后（见图 7 -6a 班次登录界面，7 -6b 程序主界面），这些按钮才会根据该操作员的权限相应的被激活，操作员可开始系统允许的功能操作。

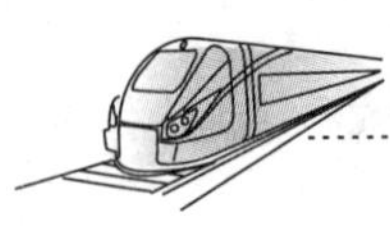

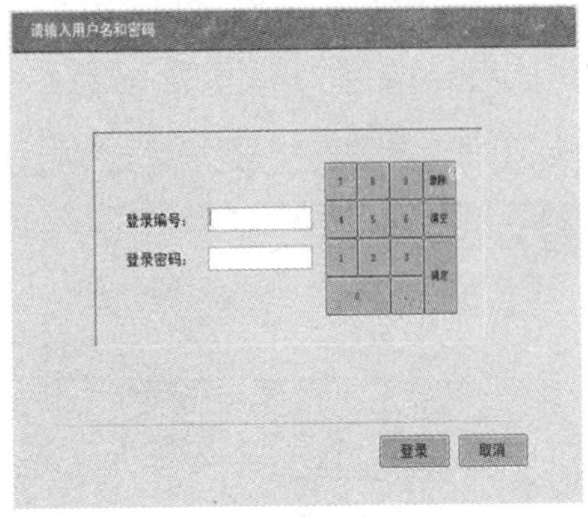

图 7 -6a　登录界面

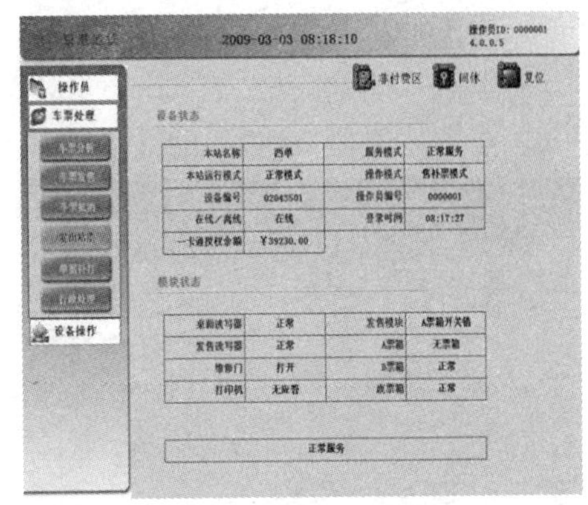

图 7 -6b　登录后主界面

②发售单程票。

站务员在确认设备正常后，按有关设备操作规定的票务管理规定办理车票发售业务。站务员发售单程票时，将待发售的单程票放在读卡区，点击“单程票发售”按钮，进入单程票发售界面。售单程票分为两种不同的售卡方式：按金额售单程票和按站点售单程票。按站点发售，选择目的站后，应收金额栏会显示出该站的票价，然后在实收金额栏输入实际收到的金额，并点击“发售”按钮，半自动售票机开始发售单程票，如图 7 -7 所示。

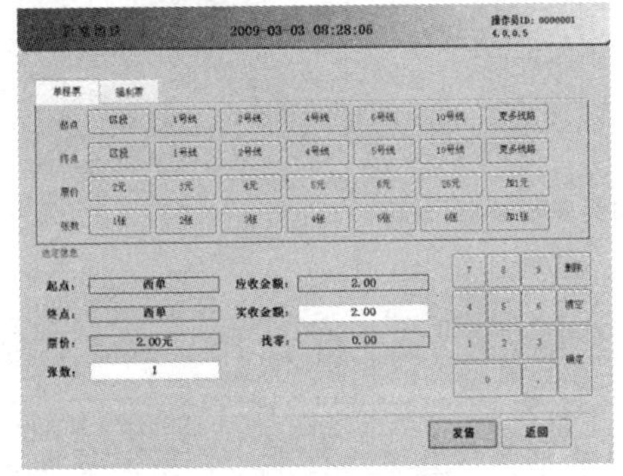

图 7 -7　单程票发售界面图

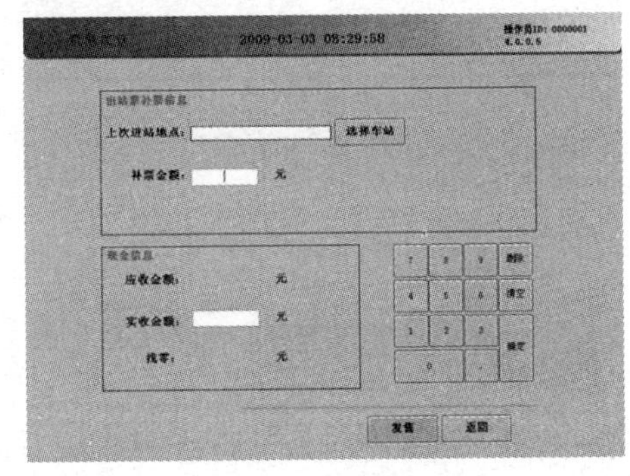

7 -8　补出站票界面

③补出站票操作。

售票员登录半自动售检票后，单击车票发售进入车票发售单元的界面，补出站单程车票流程如下：选择车站→输入补票金额→输入实收金额→单击发售按钮。如图 7 -8 所示。

④签退。

(3) 预制单程票的发售。

预制单程票是车票主管部门提前制作并配发到车站，以应对设备故障或大客流时乘客购票困难的问题，预制单程票是属于预赋值票，在车站售票/问讯处或临时售票/问讯处通过人工进行售卖，它的特点是已赋值，具有较长使用期限，可以在沿线各车站进站乘车。

预制单程票的发售，应具备以下条件：客流较大时，车站站厅等待购票的乘客持续增多，在自动售票机发售和售票/问讯处半自动售票机无法缓解排队现象。

（4）地铁储值票的发售。

车站正常运营时，储值票在车站售票/问讯处发售。有些城市轨道交通企业考虑到储值票成本问题，乘客购买储值票时需要交纳一定的押金。目前，许多城市轨道交通乘客使用的储值票均为各城市公共交通一卡通，城市轨道交通运营企业不再出售其专用储值票。

①储值票发售（图7－9）。储值票发售是指第一次发售充值，即储值票开卡。售票员将要发售的储值票放在储值票读卡区，单击主界面的储值票按钮，在储值票操作中单击储值票发卡，储值票发卡时，须向乘客收取20元押金。

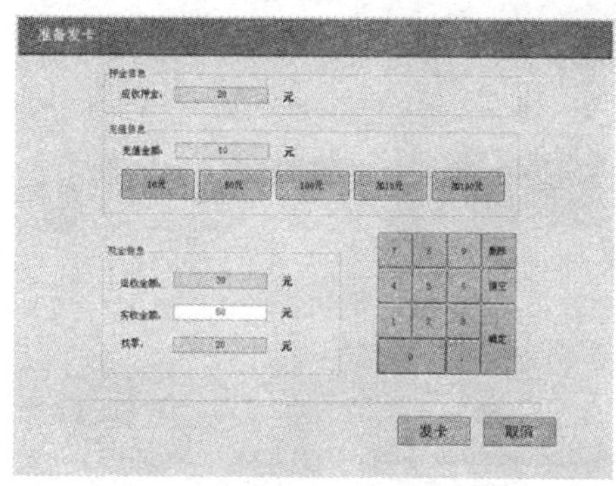

图7－9　储值票发卡操作界面

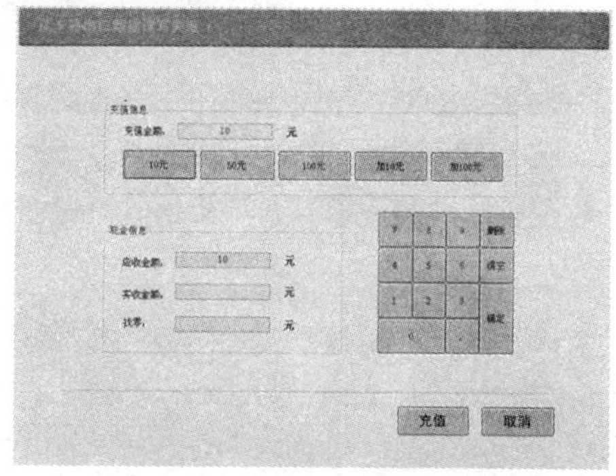

图7－10　储值票充值操作界面

②储值票充值操作：售票员为乘客办理储值票充值时，将储值票放在读卡区，单击储值票按钮，进入储值票操作界面，其界面如图7－10所示。

③储值票退卡：乘客在将储值票退卡时，售票员将要退的储值票放在储值票读卡区，单击主界面的储值票按钮，在储值票操作中单击储值票退卡，储值票退卡时，在检查储值票完好后，须向乘客返还20元押金。其界面如图7－11所示。

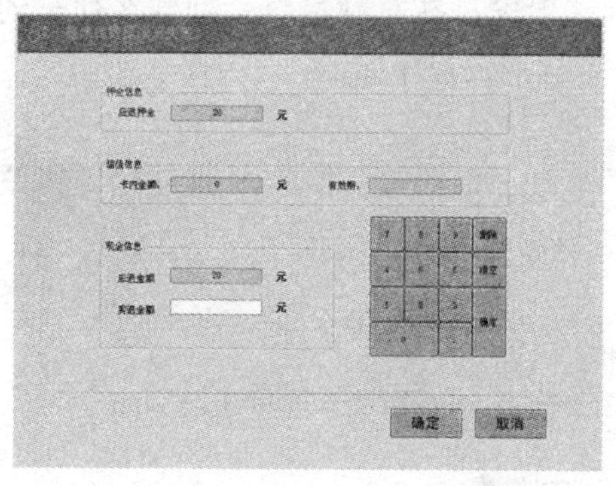

图7－11　储值票退卡操作界面图

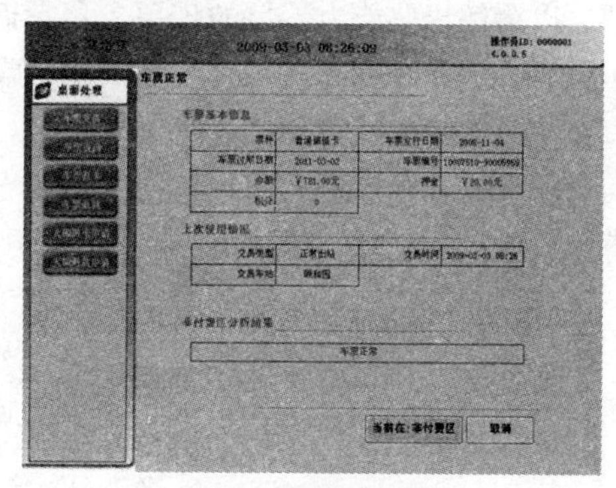

7－12　车票分析界面

（5）车票分析。

车票分析是指通过半自动售票机分析车票的信息。票务员在接到乘客提供的车票后，首先必须进行车票分析，并根据分析结果进行后续处理。首先选择是付费区操作还是非付费区操作，将要分析的车票放在读卡区，点击“分析车票”按钮，就能在车票状态栏看到票卡当前的状态，如车票票卡号、种类、最近一次进出站的车站、进出站时间、车票余额等信息，同时在分析结果栏显示出系统对票卡状态进行分析的结果。车票分析界面如图 7－12 所示。

（6）车票抵消。

当一个班次内预制的单程票未售完时，应及时将这些已经赋值的单程票抵消（即变成为赋值的单程票），如图 7－13 所示。车票抵消操作要求如下：

①此功能目前只对当天本台半自动售票机 BOM 发售的未进站的单程票有效；

②只能抵消当天本台半自动售票机 BOM 发售的未进站的单程票；

③可逐张把车票放置在桌面读写器上，当完成本车票抵消后可移走车票，放置下一张车票继续抵消。

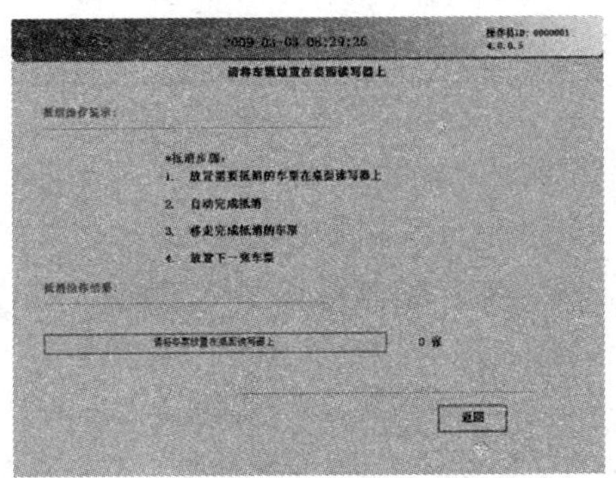

图 7－13　半自动售票机车票抵消操作

二、售检票作业标准及程序

通常情况下，售票工作在各车站的售票/问讯处进行。但当车站出现大客流或自动、半自动售票机故障，售票能力不足时，会安排人员在临时售票/问讯处人工出售单程票，以缓解售票能力不足的现象。售票时间一般安排在车站最早一列载客列车到达前至最后一列载客列车开出后。售票员售票作业标准及程序如下：

1. 售票前的准备工作

售票员到客运值班员报到，领取备用金、车票、票据等，按实际数量在《售票员结算单》上签收交接。领取售票/问讯处钥匙，同时做好相关登记。

2. 开窗售票

（1）售票作业前必须使用自己的员工号和密码登录。

（2）售票作业时必须遵守“一收、二唱、三操作、四找零”（见表 7－1）。

表 7－1　售票作业程序表

步骤	程序	内容
1	收	收取乘客的票款
2	唱	讲出票款金额，重复乘客要求的购票张数和车票类型，如未听清乘客的要求，应主动礼貌的询问

3	操作	检验钞票真伪，如钞票为伪钞，则要求乘客另换钞票；在半自动售票机 BOM 上选择相应功能键，处理车票
4	找零	清楚说出找零金额和车票张数，将车票和找零的零钱一起礼貌地交给乘客

（3）车票在交给乘客之前，必须使用半自动售票机 BOM 进行分析，请乘客通过乘客显示屏或打印单据确认车票有效性。

（4）为乘客发售/充值车票后，随车票配发等额报销凭证、发票。

（5）若车票、备用金不足时，售票员必须及时通知客运值班员，要求补充，并在《值班员交接班记录》及《售票员结算单》等相关台账上注明，做好交接工作。

（6）售票员暂时离岗时必须按规定进行“暂停”作业，否则由此引发的一切不良后果均由离岗者本人自行承担。

3. 售票结束

（1）售票员交班时（临时顶岗或他人顶班时也要进行此项操作）必须按规定签退，否则由此引发的一切不良后果均由离岗者本人自行承担。进行半自动售票机 BOM 签退前，交接双方须注意观察并记住设备提示的当前票卡数量，以便接班人员登录时准确输入车票数，防止人为造成车票库存差异。

（2）售票员清理现场，携带本人所有现金，以及在处理乘客事务中收取的车票、报表、单据和个人领用但未售完的车票，回票务管理室。

（3）售票员清点个人票款后，交予客运值班员，在纸质的《售票员结算单》上核对票款数目，签字确认。

任务 7.2 退票作业

城市轨道交通供乘客使用的 IC 卡车票是有价证券，一经乘客购买，正常情况下是不允许退票的，但在特殊情况下，也可办理退票。不同的城市轨道交通运营企业能否进行退票及退票时的限制条件各不相同。根据退票的责任不同，可分为乘客责任退票及城市轨道交通运营企业责任退票。

一、乘客责任退票

乘客责任退票是指由于乘客自身原因造成购买单程票后不能及时乘坐或者储值票存有余额但不再继续使用时产生退票以及无效票产生退票的情形。

1. 单程票退票

对于已售出单程票的退款，不同的城市轨道交通运营企业有不同的规定，有些城市轨道交通运营企业规定：单程票一经售出若不属于城市轨道交通企业的责任一律不予退款（如成都地铁）。有些城市轨道交通运营企业又规定：单程票售出当天，卡内信息可以读取、未曾用于乘坐地铁，在规定的时间内（如广州地铁要求在购票 30 分钟内)，乘客要求退票时，由售票员采用半自动售票机 BOM 办理退款业务，并填写《退款票处理记录表》，将车票票价全部退还给旅客，经客运值班员审查确认，超过系统规定的时间，则不予退款。

2. 储值票退票

储值票在使用过程中，如还存有余额，但乘客不再需要储值票，要求退款时按以下情况分别办理。

储值票未损坏，卡内信息能查询到余额，由售票员采用半自动售票机办理退款业务，并填写《退款票处理记录表》，将车票余额及押金退还给乘客，并由客运值班员审查确认；若储值票由于持卡人保管不善出现卡折叠、断裂、涂鸦、张贴异物、缺边、缺角、打孔或因人为原因造成票面图案脱色或漆的储值票，但卡内信息能查询到余额，即：不可循环使用的车票，押金不退，只退还余额。

3. 无效票退票

无效票是指经半自动售票机 BOM 检验无法更新且系统无法读取数据的车票。

(1) 即时退款

若半自动售票机能查询到车票余值，按上述规定办理相应退款，并回收无效票。

(2) 非即时退款

若半自动售票机不能查询到车票余值，回收无效票，填写《无效车票处理申请表》，请乘客在 10 个工作日内，凭车票处理申请表收据到其指定的车站办理退款。

二、城市轨道交通运营企业责任退票

当车站发生不可预料的事情，例如列车故障、行车安全事故等造成乘客不能按时乘车，乘客提出退票要求时，在任何车站，持单程票的乘客可在当日也可在规定的日期内（如成都地铁要求在 10 日内）办理单程票退票，填写《退款票处理记录表》，使用储值票的乘客可在下次进站时给予免费更新。

三、退票作业程序

当乘客要求退票时，站厅巡视岗站务员应引导乘客在售票/问讯处半自动售票机 BOM 办理。售票员应根据需要先分析车票状态，确认车票能否办理退票，并根据退票的相关规定为乘客办理退票业务。

知识拓展

储值票替换

某些城市轨道交通运营企业规定：当乘客的车票由于自身原因造成车票不能使用，售票员对车票进行分析后，对于符合系统设置参数的车票可允许替换。在进行替换处理时，在被替换的车票上写入有关替换信息，但车票的原有信息不能被修改或抹除，车票上的所有余值/乘车次数及优惠信息应完全转入新的车票上。

任务7.3 钱箱更换及钱箱内现金清点作业

售检票终端设备中涉及现金交易的自助设备主要有自动充值机和自动售票机。在车站的日常票务作业中或运营结束后需要回收设备内的钱箱，以便清点和票款解行。设备钱箱主要有自动充值机纸币钱箱、自动售票机纸币钱箱和硬币钱箱。

一、自动售票机（TVM AVM）钱箱更换作业

钱箱更换作业一般是由客运值班员负责安排更换 TVM 钱箱。若在运营时间更换钱箱时，须设置“暂停服务”牌。更换完成后，须确认自动售票机已恢复正常服务状态后，在撤除“暂停服务”牌，并立即将钱箱送返票务室。

1. 更换钱箱时间

（1）车站计算机提示 TVM 钱箱将满时。

（2）TVM 显示屏出现“只收硬币”或“只收纸币”时。

（3）各站结合本站具体情况制定的更换钱箱的固定时间。

（4）本站最后一列载客列车开出后的规定时间内。

2. 自动售票机（TVM）钱币钱箱更换操作（如图7－14、图7－15、图7－16）

（1）打开维修门。

（2）在维护面板上登录。

（3）在维护面板上选择“补充硬币”。

（4）将待更换钱箱的前盖板手动推回箱体。

（5）用钥匙将取箱锁扳至开位。

（6）双手取下硬币钱箱，并取出钱箱内硬币装入指定容器中。

图7－14 自动售票机硬币钱箱

图7－15 自动售票机硬币钱箱推回盖板操作

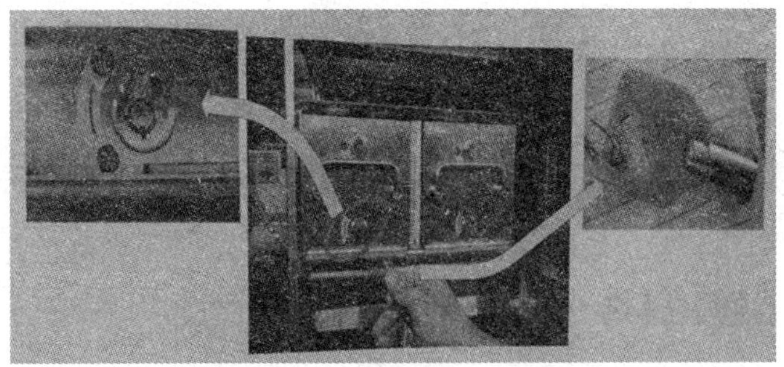

图 7－16　自动售票机硬币钱箱锁闭

3. 自动售票机（TVM AVM）纸币钱箱更换操作（如图 7－17、图 7－18）

（1）打开维修门。

（2）拉动纸币模块下端“拉出把手”。

（3）用钥匙将锁扳至“开”状态。

（4）拉出纸币钱箱把手，双手将纸币箱取下。

（5）按照规定取出纸币钱箱内的纸币装入指定容器内，再装回自动售票机（或直接安装更新的纸币钱箱）。

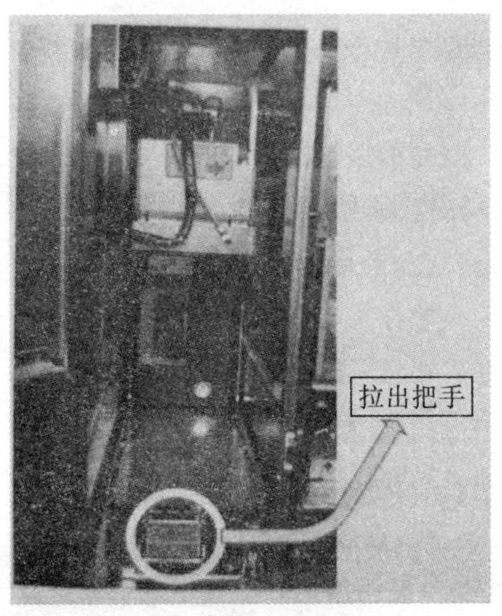

图 7－17　自动售票机纸币模块示意图

图 7－18　自动售票机纸币钱箱开锁操作

4. 更换钱箱注意事项

（1）更换钱箱工作必须在车站计算机设置的系统运营结束时间之前全部完成。

（2）每日运营结束后，必须更新所有投入服务的自动售票机 TVM 的钱箱。

（3）每日实际运营结束后更换钱箱，须将找零器内的所有硬币回收至硬币钱箱内。

（4）更换钱箱时需两人进行操作：一人负责具体操作，一人负责更换钱箱操作的监控和安全工作。

（5）打开自动售票机 TVM 维修门及取出钱箱时必须报车控室，在得到车控室在车站计算机上下达命令后，用员工号和个人密码登录。

（6）根据需要准备一定数量的空钱箱，以便更换时作替换用。

（7）从设备上取下钱箱后要立即放入运营小车中并上锁，并按操作规程要求装上空钱箱。

（8）钱箱更换完毕后，设备后门要及时上锁。

（9）须两人将运营小车推回票务室，并选择安全的路线，且任何一人都不可擅自离开。

二、钱箱清点工作

钱箱清点是收益管理的重要环节，应严格把控。一般情况下，钱箱的清点工作需要由两人在车站票务室共同完成。

清点出的所有钱箱票款金额，并扣除值班员为自动售票机补充找零硬币的金额，就是当日自动售票机票款收益。为保证自动售票机票款收益统计的准确性，车站对于补入自动售票机的找零硬币的清点及钱箱票款的清点必须按规范要求进行，以确保准确无误。一般情况下，硬币的清点及钱箱的清点工作必须由两人在票务室监视仪监视状态下共同完成。值班员在清点用于补币的硬币时，每台自动售票机的补币清点数量必须在票务室监视系统下进行读数并加封。用于补币的硬币清点完至补币前，须存放在票务室监视区域，进行补充硬币操作时必须两人负责（一人操作，一人监控），补充硬币后须做好相应台账记录。清点钱箱时，相应的钱箱、钱袋和点币机必须放在安全区域。整个清点过程中任何人不得遮挡监视仪，若监视系统发生故障而造成车站无法按程序清点钱箱时，须由一名车站值班站长或以上职务人员和车站值班员两人一起清点钱箱，必须逐一清点，每个硬币钱箱的清点数量必须在票务室监视系统下进行读数，并将实点数及时记入《钱箱清点报告》对应的实点金额栏，每清点完一个钱箱，须确保钱箱已倒空并无现金遗留在钱箱内。清点钱箱过程中，非紧急情况下不得离开票务室。

钱箱清点工作的作业标准如下：

（1）钱箱清点要在车站票务室进行。

（2）钱箱清点时，相应的钱箱、钱袋和点币机必须放在安全区域。

（3）在有监控设备的条件下，所有清点工作都要在摄像头有效的范围内进行。

（4）钱箱清点工作至少确保两人在场，并互相监督（一人负责清点，一人负责监督）。

（5）纸币钱箱和硬币钱箱要分开并逐一清点。

（6）钱箱清点和数据录入、台账填写要规范，并按解行的要求进行封存。

在清点过程中，若发现假币、机币等异常情况，需要在“钱箱清点报告”备注栏注明，假币、机币用票务专用信封加封后随报表上交票务室。在整个加封过程中，任何人不得遮挡监视仪，若监视系统发生故障而造成车站无法按程序加封信封时，须由一名车站值班站长或以上职务人员和车站值班员两人一起加封信封，必须逐一清点。信封清点过程中，非紧急情况下不得离开票务室。

任务7.4　票款收缴作业

车站的票款是车站现金的重要组成部分，应严格执行财务管理规定，严禁坐支票款，票款和备用金要分区管理。

车站票款主要有自动售票机售票收入、自动充值机储值票充值收入、售票/问讯处半自动售票机售票和充值收入、临时售票/问讯处售票收入等。对于车站的票款收入，要求每日运营结束后进行清点、登记、系统录入、封装和解行。

一、票款封装

车站当日要解行的票款由客运值班员一人在监视仪状态下清点，清点完毕由车站值班站长复核并确认金额后，由值班员填写现金缴款单，注明缴款金额、企业账户等信息，与票款一起装入尾箱，并由两人共同加封尾箱。

票款汇总后需进行整理和封扎。封包必须用统一的封包纸袋和布袋按规定封包。每一笔解款单对应一只封包布袋，布袋口必须用绳子双结扎紧，绳结处加贴封口条，封口条加盖两名经办人骑缝章。封口条必须填写日期、站名、金额，金额必须与计数单和解款单金额一致。车站要按规定执行预缴款及封包交接制度，进款要做到收缴正确，交接清楚，手续完整。票款的解缴，由银行到各站收取，车站须指定专人做好与银行基础交接工作，确保现金安全。

二、票款解行

票款解行是指车站与银行之间的票款交接，即：车站将票款收益存入企业在银行的专用账户的过程。票款收入一般要求每日按时解行，不得在车站过夜保管，解行方式由各个城市轨道交通运营企业视情况而定。

1. 解行方式

根据各个城市轨道交通运营企业的实际情况不同，所采用的票款解行方式也不尽相同，目前城市轨道交通运营企业的票款解行方式主要有直接解行和集中站收款两种。

（1）直接解行

直接解行是指由车站清点票款，并由车站工作人员送到银行，银行工作人员与交款人员当面清点票款并当即返还现金送款单的解款方式，这种方式适用于有驻站银行的车站。

（2）集中站收款

集中站收款是指由银行或者专门押运公司到车站收取票款，运送到银行，银行工作人员按规定清点票款后于次日返还现金送款单，最终确认送行金额的解款方式，这种方式适用于距离银行地理位置较远的城市轨道交通车站。此种方式为每日白天运营低峰时段，车站票款清点封包后，由车站交款员及安保人员送至站区交款点，将票款交予银行工作人员。银行须将解行人员资料在安保部备案，由安保部将资料发至各收款点所在车站，以便核对；如有解行人员变动，银行须提前三日将解行人员变动名单在安保部备案，由安保部通知收款点所在车站；银行解行人员抵达收款点后，须到车站综控室由值班站长核对解行人员身份，办理登记手续，领取收款房间钥匙。各车站应于每日 8：00 前将本日交款人员名单报交款点所在车站，由该站值班站长将名单交收款点保安人员；车站交款人员前往交款点时，须有保安陪同。交款员持证登乘列车驾驶室，在规定时间和地点完成交款；各站交款人员交款时，须与银行解行人员共同核对封包数量、编号以及加封状况，无误后与解行人员办理交接手续；银行解行人员离开时须到车站综控室办理注销手续并交还钥匙。

两种解行方式的优缺点对比见表 7－2。

表 7－2　直接解行和集中站收款的区别

解行方式	直接解行	集中站收款
优点	及时、准确地监控城市轨道交通车站收益票款环节，及时发现解行票款准确与否。	具有专门配送机构，提高了运输途中的安全性，减少城市轨道交通车站解行时间。
缺点	票款运输途中的安全性不高，解行时间可能会受其他银行客户的影响。	银行入账凭证会延迟返还，不能及时发现城市轨道交通车站解行票款的问题，须与银行或专门配送公司签订相关协议，甚至需交付一定费用。

2. 解行时间

城市轨道交通运营企业应根据车站特点及银行服务时间确定解行时间，以保证车站能将票款尽可能多地存入银行，尽量减少存在车站过夜的票款，降低车站收益保管风险。

3. 解行操作程序

车站当日需要解行的票款由值班员一人在监视仪监视状态下清点，清点完毕由车站值班站长复核并确认金额后，由值班员填写交款单，注明交款金额、企业交款账户等信息，与加封好的票款一起送交银行，银行在清点完收到的票款并确认无误后，存入指定账户。

当银行在清点车站解行的票款过程中，发现长款、短款或假钞（假钞不计入实际清点金额，发现假钞时按短款处理）时，按实际清点金额入账，并将差错情况反馈给相关车站，车站组织调查处理。车站票款解行的流程如图 7－19 所示。

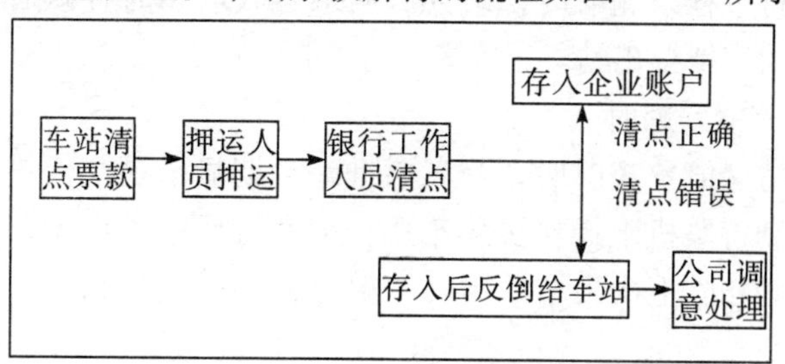

图 7－19　车站票款解行流程图

任务7.5 乘客票务处理

乘客事务处理是指乘客在乘坐轨道交通工具的过程中，因自身原因或其他特殊原因造成无法正常进出车站时引起的事务处理。

在实行计程票价制的城市轨道交通运营企业，常见的乘客票务处理主要有车票超程、超时、无效、进出次序错误以及自动售票机卡币、卡票、找零不足和充值不成功等。本节根据不同的票务事务产生的原因来分别叙述处理的方法。

一、车票超程

1. 车票超程的含义

车票超程是指按路程计价时，付费区乘客所持车票余额不够支付按标准计算所得的起点站至终点站之间的单程车费，车票不能正常通过出站闸机的情况。

2. 车票超程的处理

（1）单程票超程

付费区乘客所持单程票超程时，站务员向乘客收取所欠车费后，在半自动售票机上操作更新车票，乘客持票出站。

（2）储值票超程

付费区乘客所持储值票超程时，站务员向乘客收取充值金额，在半自动售票机上对车票进行充值操作后，乘客持票刷卡出站。

二、车票超时

1. 车票超时的含义

车票超时是指乘客验票进入付费区后，在付费区逗留时间过长，导致车票使用时间超过了系统规定的有效时间，车票不能正常通过出站闸机的情况。

2. 车票超时的处理

（1）乘客所持单程票超时

付费区乘客所持单程票超时时，站务员向乘客收取超时补款后，在半自动售票机上操作更新车票，乘客持票出站。

（2）乘客所持储值票超时

付费区乘客所持储值票超时时，若车票进站日期显示是当天进站，则向乘客收取超时补款后在半自动售票机上操作更新车票，乘客持票刷卡出站；若车票进站日期显示不是当天进站，则扣除上次乘车费用（一般是最小车程费），输入进站码更新车票，乘客持票刷卡出站。

三、车票无效

1. 车票无效的含义

车票无效是指车票在使用过程中，因轨道交通设备原因或乘客自身人为原因造成车票异常，无法正常通过进、出站闸机，且无法通过半自动售票机进行更新处理的情况。

2. 车票无效的处理

无效票的处理按付费区和非付费区分别处理。

（1）非付费区

当非付费区乘客持无效车票要求乘车时，站务员需判断造成车票无效的原因是轨道交通设备原因还是乘客自身人为原因，若属于乘客自身人为原因造成，则回收乘客手中的无效车票，并请乘客重新购票乘车；若为轨道交通设备原因造成，如知道售票机发售的无效车票，则回收无效车票，按规定办理乘客事务处理单，在半自动售票机上给乘客免费发售一张等值的普通单程票。

（2）付费区

当付费区乘客持无效车票不能出站时，站务员通过判断，如为乘客自身人为原因造成车票无效，则回收无效车票，并请乘客按规定补款后，在半自动售票机上发售有效车票供乘客出闸；若为轨道交通设备原因造成，则回收无效车票，并在半自动售票机上给乘客免费发售有效车票，以供乘客出闸。

四、车票进出次序错误

1. 车票进出次序错误的含义

车票进出次序错误是指车票所处付费区或非付费区模式与乘客实际所在的区域不一致的情况。

2. 车票进出次序错误的处理

车票进出次序错误按非付费区和付费区分别处理。

（1）非付费区

主要表现为两种形式：一种是乘客在非付费区，但乘客车票显示已在进站闸机验过票，显示为付费区模式，不能再次验票进站，这种情况一般是由于乘客持票在进站闸机验票后未及时进闸所致；另一种是乘客在付费区，但所持车票没有进闸记录，显示仍为非付费区模式，车票不能正常通过出站闸机，这种情况一般是因乘客进闸时没有成功验票，与其他乘客一起并闸进站或没有经进站闸机验票直接从其他地方进入付费区所致。

当乘客在非付费区，站务员在半自动售票机非付费区模式下分析车票，若车票上次验票时与当前时间之差在系统允许的更新时间范围内，则半自动售票机显示该票可以更新，售票员按“更新”按钮更新车票信息，乘客可持车票正常进站；若车票上次验票时与当前时间之差已超出系统允许的更新时间范围，需要根据各城市轨道交通运营企业的票务政策与规定进行相应处理。

（2）付费区

当乘客在付费区时，售票员在半自动售票机付费区模式下分析车票，根据半自动售票机分析显示单程票发售车站名，输入进站车站进行更新。

五、自动售票机卡币、卡票或找零不足

1. 自动售票机卡币

（1）自动售票机卡币的含义

卡币主要指乘客在自动售票机上投币购票时，因自动售票机自身原因或乘客所投纸币（硬币）边缘变形、胶带物等原因，导致纸币（硬币）被卡在自动售票机的某个部位，且自动售票机不再接收纸币（硬币）的情况。

（2）自动售票机卡币的处理

当乘客反映自动售票机卡币时，值班员首先要检查自动售票机投币口是否有纸币（硬币）堵塞或显示屏是否显示卡币故障代码，确认是否发生卡币情况。如显示屏卡币故障代码，则应按车站规定办理乘客事务处理单，对卡币的乘客以多退少补的原则给乘客发售相应面值的车票，同时报专业维修人员进行处理；如检查投币口无纸币（硬币）堵塞，显示屏未显示卡币故障代码，则由值班员与另一车站员工共同打开自动售票机维修门，查看自动售票机的最近交易记录，并根据查询情况处理。若自动售票机显示正常且没有与乘客反映购票情况一致的交易记录，则表示没有卡币情况发生，由值班员负责向乘客做好解释工作。

2. 自动售票机卡票

（1）自动售票机卡票的含义

卡票主要指自动售票机在给乘客发售单程票的过程中，因自动售票机自身原因或单程票边缘变形、变厚等原因，导致单程票被卡在自动售票机的某个部位，且自动售票机自动进入“暂停服务”模式的情况。

（2）自动售票机卡票的处理

当乘客反映卡票时，值班员首先查看显示屏是否显示卡票故障代码，确认是否发生卡票情况。如显示屏卡票故障代码，则应按车站规定办理乘客事务处理单，并在半自动售票机处按乘客需求重新发售一张车票或者办理退票手续，同时报专业维修人员进行处理；如显示屏未显示卡票故障代码，则由值班员与另一车站员工共同打开自动售票机维修门，查看自动售票机的最近交易记录，并根据查询情况处理。若自动售票机显示正常且没有与乘客反映购票情况一致的交易记录，则表示没有卡票情况发生，由值班员负责向乘客做好解释工作。

3. 自动售票机找零不足

（1）自动售票机找零不足的含义

自动售票机找零不足是指当乘客投入自动售票机的现金金额大于实际购票金额，因自动售票机自身原因或找零硬币边缘变形、粘有胶带物等原因，导致找零硬币被卡

在自动售票机的某个部位，自动售票机停止找零，造成乘客找零金额不够的情况。

（2）自动售票机找零不足的处理。

当乘客反映自动售票机找零不足时，值班员应首先检查制度售票机显示屏是否显示找零不足故障的代码，确认是否发生找零不足的情况。如自动售票机显示屏有显示找零不足故障代码时，则填写“乘客事务处理单”，注明找零不足处理情况，在半自动售票机上退还相应款额给乘客，同时报专业维修人员进行处理；如自动售票机显示屏没有显示找零不足故障代码时，则询问乘客购票情况，由值班员与另一车站员工共同打开自动售票机维修门，查看自动售票机的最近交易记录，确认是否与乘客反映的购票情况一致，若情况一致，则填写“乘客事务处理单”，注明找零不足处理情况，在半自动售票机上退还相应款额给乘客，同时报专业维修人员进行处理；若自动售票机显示正常且没有与乘客反映购票情况一致的交易记录，则表示没有发生找零不足，由值班员负责向乘客做好解释工作。

六、自动售票机充值不成功

1. 自动售票机充值不成功的含义

自动售票机充值不成功是指乘客在自动售票机上投币充值时，因自动售票机自身原因或其他原因，导致自动售票机收取乘客投入的充值金额后，并不能充进票卡余额（未将充值金额信息写入票卡）的情况。

2. 自动售票机充值不成功的处理

当乘客反映自动售票机充值不成功，值班员与值班站长应共同打开自动售票机维修门，查看最近交易记录，确认是否有乘客反映一致的充值交易记录，若没有与乘客反映一致的充值交易记录，则应立即通知专业维修人员到现场处理，确认自动售票机是否发生已收款但充值不成功的情况，车站值班员根据维修人员判断结果进行乘客事务处理；若有与乘客反映相符的充值交易记录，在半自动售票机上分析车票，根据查询情况，核实是否确有发生自动售票机已收款但充值不成功的情况。

若半自动售票机分析车票显示已成功充值，则请乘客通过显示屏确认车票成功充值，则请乘客通过显示屏确认车票充值前后余额，做好解释工作后将票卡交还乘客。

若半自动售票机分析车票余额及历史交易记录均显示没有该次充值，则表示自动售票机确实发生已收款但充值不成功的情况，车站值班员按规定办理乘客事务处理单，再注明充值不成功处理情况，根据乘客需要在半自动售票机上给乘客办理等额充值或退还给乘客充值金额。

知识链接

注意，地铁车站按照车站规模和客流量，每天更新充值的配额，当天累计充值金额上限为该站的配额值。因此，为储值车票充值时，一般充值的最小金额为10元人民币，单次充值最高金额为500元人民币。

实训操作

任务一　售票员发售纸票

某年5月1日上午10：30，某城市地铁站发生自动售检票AFC系统设备大面积故障，此事自动售票机TVM和半自动售票机BOM 80%故障，该站应如何应对？

要求：(1) 每个学生能叙述处理流程。

(2) 在实训场地将学生分组分岗位按处理流程来模拟现实情景的处理。

任务二　售票员登录BOM发售单程票

某年10月2日下午17：45，某城市地铁站迎来客流高峰，自动售票机TVM无法满足乘客的购票需求，值班站长通知你登录空闲的半自动售票机BOM进行售票作业。

要求：(1) 每个学生能描述登录半自动售票机BOM并发售单程车票的流程。

(2) 在实训场地将学生分组分岗位按处理流程来模拟现实情景的处理。

任务三　单程票退款

某年5月8日上午10：15，某城市地铁站一名乘客在自动售票机TVM上购买了一张单程票，当日上午10：30，该乘客由于自身原因，找到该站一名站务人员要求退票，若你是该名站务员，应该如何应对？

要求：(1) 每个学生能叙述单程票处理流程。

(2) 在实训场地将学生分组分岗位按处理流程来模拟现实情景的处理。

任务四　分析车票

在储值票发售、充值和单程票无法进出站时，售票员都需要进行车票分析操作。售票员只需将待分析的车票放置在读卡器上，在半自动售票机BOM的操作界面上单击“车票分析”，可显示该车票的具体信息。信息内容包括：票卡种类、车票发行日期，车票编号，车票有效期，余额，上次交易时间，交易车站等。

车票分析操作界面如图7－20所示。

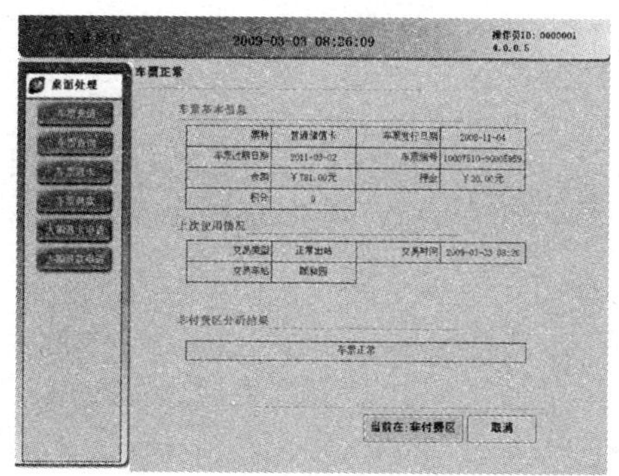

图 7－20 车票分析操作界面

任务五 储值票发售与充值

目前，全国主要大、中城市都发行了各自的公交储值票（如北京的“市政交通一卡通”，广州的“羊城通”，香港的“八达通”等）。目前部分地铁车站的半自动售票机可联网公交储值票发售和充值。其操作流程如下。

（1）储值票发售的操作

①首先对储值票进行车票分析。

②对可以发售的储值票（即白卡）进行发售。

③储值票发售需要选择输入首次充值金额，完成后点击发售按钮。

④售票员收取车票押金（一般 20 元）和充值现金。

⑤储值票发售成功后，打印出发售单据，并重新分析车票，确认车票状态和余额。

储值票发售操作界面如图 7－21 所示。

（2）储值票充值操作

①首先对储值票进行车票分析。

②确认该储值票可以进行充值。

③储值票充值需要选择或输入充值金额，完成后点击充值按钮。

④售票员收取充值现金。

⑤储值票充值售成功后，打印出充值单据，并重新分析车票，确认储值票充值后的余额。

储值票充值操作界面如图 7－22 所示。

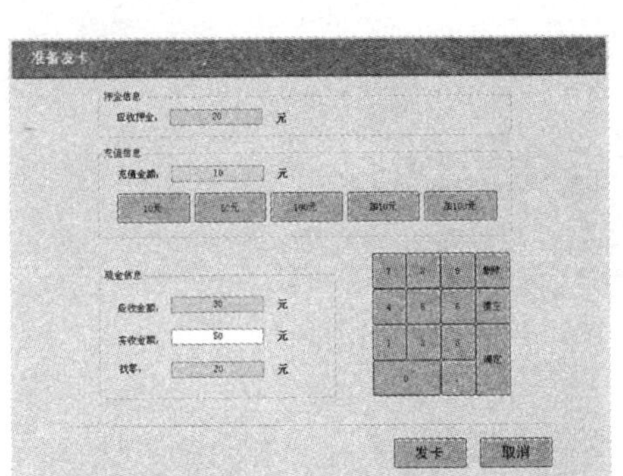
图7－21　储值票发售操作界面

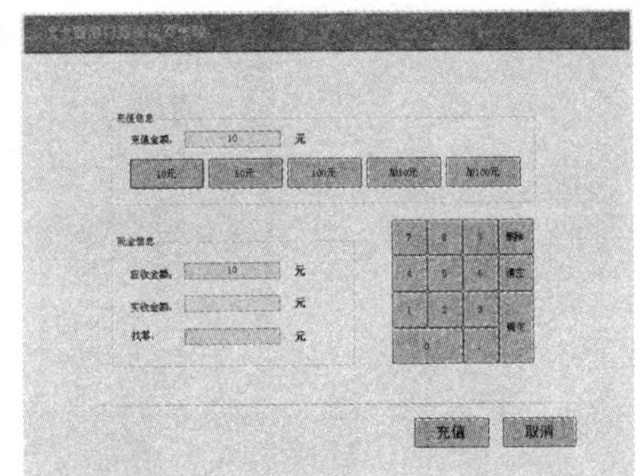
图7－22　储值票充值操作界面

思考练习

1. 简述售票员售票作业标准及程序。
2. 简述储值票退款时，哪些情况不予办理退款业务？
3. 简述票款解行操作程序。
4. 简述乘客车票进出次序错误时，应如何处理？
5. 简述自动售票机和半自动售票机的售票操作流程。

评价跟进

1. 教师的评价

由教师在完成本章的教学任务后填写，在相应表格中画“√”。

评价项目		教师的评价			
序号	题目	好	较好	一般	较差
1	对本章教学过程的控制				
2	在本章教学过程中，学员的参与情况				
3	学员对本章知识学习后的效果反馈				
教师对本章教学的总结评价意见及跟进措施					

2. 学员的评价

由学员在完成本章的教学任务后填写，在相应表格中画“√”。

评价项目		学员的评价			
序号	题目	好	较好	一般	较差
1	对本章教学执行过程中教师的表现				
2	本章教学内容与社会实际需求的联系情况				
3	自己在本章学习过程中的表现				
学员对本章教学的总结评价意见及跟进措施					

3. 知识跟进

（1）从互联网上了解城市轨道交通票务作业的现状如何。

（2）从互联网上了解城市轨道交通票务作业技术层面上的内容。

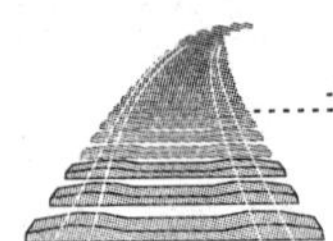

项目八

特殊情况下的票务处理

学习目标

1. 掌握售票类设备故障时的票务处理方法。
2. 掌握检票类设备故障时的票务处理方法。
3. 掌握降级运营模式下的票务应急处理方法。
4. 能掌握降级运营基本定义。
5. 能掌握自动售检票设备大面积故障的应急预案具体措施。

教学建议

1. 教学场地：在普通教室、能连接互联网的多媒体教室及城市轨道交通系统的各种模型实训室中进行，课后可实地参观。

2. 设备要求：各种城市轨道交通车站的特殊情况下票务处理仿真模型 1 套，或能播放影视投影的设备及相关课件、视频。

3. 课时要求：共 14 课时，其中课堂讲授 8 课时，模拟操作 6 课时。

教学导入

正常情况下，自动售检票设备都是在正常运营模式下运行。当城市轨道交通在运营过程中出现 AFC 系统终端设备发生故障或能力不足或出现其他系统设备故障、火灾等紧急情况，以及出现列车延误、清客、越站等特殊情况时，车站各岗位人员在值班站长的全面指挥下，完成车站的票务运作。站务人员要完成特殊情况下的票务工作，必须掌握售票类设备故障、检票类设备故障以及降级运营模式下的票务应急处理办法。

理论知识

任务8.1 正常与降级运营模式作业

一、正常与降级运行模式

所谓“模式”是指在不同状况、条件下，为达到某些特定效果所采用的方式方法。票务模式管理就是针对车站不同的运营状况、条件所作出的相应操作行为的选择和实施。模式执行优先权由高到低依次包括正常运行模式、降级运行模式、紧急放行模式。

1. 正常运行模式

通常情况下，自动售检票系统都是在正常运行模式下自动运行。

正常模式主要包括：正常服务状态；关闭状态；暂停服务状态；设备故障状态；测试（维修）状态；离线运行状态。

（1）正常服务状态、关闭状态、暂停服务状态。在每日AFC系统运行开始时，自动售检票系统可根据时间表设置，自动将各车站终端设备设置为正常服务状态；每日运营结束时，系统也同样按顺序关闭终端设备，将其设置为关闭状态。

同样，运营操作人员可以通过车站计算机（SC）将车站终端设备设置为正常服务或关闭状态。

当设备由于钱箱满、票箱满、票箱空等原因，或设备门被非法打开时系统会自动进入暂停服务状态，在此状态下终端设备不会对车票做出任何处理。

（2）设备故障状态。在自动售检票终端发生故障时，设备将自动进入设备故障状态，并自动向车站上一级报告（如终端设备故障，向车站计算机报告故障信息；车站计算机故障，向中央计算机报告故障信息）；故障消除后，设备再自动向上一级系统报告后自动进入正常服务模式或关闭模式。车站计算机和中央计算机系统会保存相关的故障和维护信息并形成相应的报表。

（3）测试（维修）状态。通过本地控制，车站维护人员将车站终端设置为维护状态，对终端设备进行测试及维护。在维修状态下，所有车站终端设备不能进行车票及现金处理，但可以使用测试车票。车站终端设备的乘客显示屏显示“暂停服务”及相关的维修信息。

（4）离线运行状态。当车站终端设备与车站计算机之间、车站计算机和中央计算机之间网络通信中断或无网络连接时，设备可在离线下运行。

在离线运行状态下，车站终端设备应能保存7天的运行数据（包括交易数据、设备运行状态信息等）；车站计算机能保存不少于30天的业务数据；线路中央计算机能保存不少于6个月的业务相关数据。当网络恢复正常时，可自动检测未上传、下载的信息数据，并自动上传、下载相关数据。

2. 降级运行模式

降级运营模式的种类：列车故障模式、进出站次序免检模式、时间免检模式、日期免检模式、车票超程免检模式、紧急放行模式等。

当运营过程中出现特殊情况，为保证客运安全和运营收益，车站值班站长及以上人员根据实际情况，系统经设定进入相应的降级运行模式，降级运行模式包括：

（1）列车故障模式：当轨道交通列车出现运营故障，部分车站中止运营服务时，中止服务的车站需设置列车故障模式。

（2）进出站次序免检模式：在“进出站次序免检模式”下，允许车票不按进站、出站的次序刷卡检票，即允许乘客使用没有进站信息或出站信息的车票进出付费区，非回收车票按最低票价扣费。

（3）乘车时间免检模式：在“乘车时间免检模式”下，出站闸机不检验乘车时间，但仍检查车票的票值等其他内容，车票按正常方式扣款。

（4）车票日期免检模式：在“车票日期免检模式”下，不检查车票日期信息，允许过期的车票在模式启动的时间段内正常使用，但仍检查车票的票值等其他内容，车票按正常使用方式扣款。

（5）车票超程免检模式：由于某个车站因为事故或者故障而关闭，导致列车越过该站后才停车（“跳停”），可根据相关规定设置超程免检模式。设置此模式的出站检票机不检查车票的余值（包括车费是否满足乘车里程），但检查车票的其他信息，如进站码、日期、时间等信息，并且回收所有的回收类车票，对于定值票、储值卡则按最低票价扣款；计次票被扣除一个程次。

知识链接

列车“跳停”后的处理

（1）当列车越站时，控制中心行车调度员应及时通知列车越站后运行前方的第一个车站。车站接到控制中心行车调度员的通知后，应安排车站员工引导乘客出站。

（2）对越站列车上受影响的乘客应进行如下处理：

①单程票超程：回收车票并记入当天站存车票，引导乘客从边门出站。

②储值票、一卡通超程：给车票进行免费超程更新，填写乘客事务处理单，记为负差额，乘客从闸机出站。

③在付费区持票乘客强烈要求退票时，值班站长及以上级别员工确认车票与当天发生特殊情况的时间相符，单程票按车票实际票价即时退票，填写乘客事务处理单，记为负差额；储值票则转到非付费区模式下免费更新后给乘客发放免费出站票出站，填写乘客事务处理单，记为负差额。

④除以上情况外的其他车票应按规定办理。

（6）紧急放行模式：当车站或设施发生紧急情况并危及乘客生命安全时，要设置紧急放行模式。

（7）其他模式

除上述六种模式之外，有时候会出现模式组合，具体如下：

①超程免检模式 + 时间免检模式（相互独立运作，出站检票机扣费方式按照超程免检下的扣费方式处理）。

②超程免检模式 + 日期免检模式（相互独立运作，出站检票机扣费方式按照超程免检下的扣费方式处理）。

③超程免检模式 + 进出站次序免检模式（相互独立运作，出站检票机扣费方式按照超程免检下的扣费方式处理）。

④时间免检模式 + 日期免检模式（相互独立运作）。

⑤时间免检模式 + 进出站次序免检模式（相互独立运作）。

⑥日期免检模式 + 进出站次序免检模式（相互独立运作）。

⑦超程免检模式 + 时间免检模式 + 日期免检模式（相互独立运作，出站检票机扣费方式按照超程免检下的扣费方式处理）。

⑧超程免检模式 + 日期免检模式 + 进出站次序免检模式（相互独立运作，出站检票机扣费方式按照超程免检下的扣费方式处理）。

⑨时间免检模式 + 日期免检模式 + 进出站次序免检模式（相互独立运作）。

⑩超程免检模式 + 时间免检模式 + 日期免检模式 + 进出站次序免检模式（相互独立运作，出站检票机扣费方式按照超程免检下的扣费方式处理）。

在组合模式下，车票的处理按照模式的并集方式处理，即各个模式情况均单独作用。

二、降级运营模式下各种情况的处理

1. 列车故障模式

当轨道交通列车出现运营故障，部分车站中止运营服务时，中止服务的车站需设置列车故障模式。

（1）方法：通过 LC 或 SC 设置“列车故障模式”。

（2）取消：值班站长接到 LC 有关“列车运行恢复”的通知后，下令通过 SC 取消该模式。

（3）车票处理：当出现列车运营故障，部分车站暂时中止运营服务时，暂停服务的车站需根据相关规定设置列车故障模式。在此模式下，对车票的处理如下：

①对本站进站的单程票及乘次票不扣除车费或乘次，单程票不回收，并写入此模式的标记信息。

②对本站进站的其他类型车票不扣除任何费用，并写入出站码和此模式的标记信息。

③对其他车站进站的单程票及计次票，单程票不回收，计次票不扣除乘次，并写入此模式的标记信息。

④对其他车站进站的其他类型车票不扣除任何费用，写入出站码和此模式的标记

信息。

模式结束后，所有车站的检票机对车票的处理如下：

①单程票或计次票具有列车故障模式信息，并在规定时间段内（系统设置），则允许在任何车站进站使用，出站时根据实际车费进行检查。

②储值票等其他车票正常使用和扣费。

2. 进出站次序免检模式

车站出现大量乘客手持进出站次序错误的车票到票亭处理，且站务员应付不及，造成大量乘客排队等候的情况（可能由于某一站的进闸机全部故障导致的）；进站乘客拥挤。

（1）方法：通过 ACC，LC 或 SC 设置“进出站次序免检模式”。

（2）取消：在接到 ACC，LC“有关设备恢复正常”、“人潮控制结束”等候的一段时间（30min），值班站长下令通过 SC 取消该模式。

（3）车票处理：当车站的进站闸机全部故障无法立即修复或由于车站出现大客流冲击，允许乘客不通过进站闸机进站。此模式下对车票的处理如下：

①在设置此模式的车站，所有进站闸机开放，不检验任何车票，乘客可以直接进站。

②无进站信息的车票在其他车站或本站出闸时，由出站闸机根据清分系统、线路中央计算机下载的设置信息，其进站地点为此次免检进站车站，并按该免检模式进行扣费，对余额不足的车票要到 BOM 进行超程更新。

③若有大于两个车站设置该模式，出站闸机按最低的车费进行扣费。

④如果所有车站都设置为该模式，则对于所有车票都不检查进出站次序，储值票将被扣除最短程车费，计次票被扣除一个乘次，单程票不检查车票余值，只回收。

3. 乘车时间免检模式

由于轨道交通原因引起列车延误、时钟错误等，导致乘客手中的车票超时。

（1）方法：通过 LC 或 SC 设置“时间/日期免检模式”。

（2）取消：在解决了乘客手中车票“超时”的问题之后，值班站长下令通过 SC 取消该模式。

（3）车票处理：设置此模式车站的出站闸机对所有车票不检查车票上次的进站时间，但是仍检查车票的票值、进出站码、日期等，所有车票按正常票价扣费。

4. 车票日期免检模式

由于轨道交通原因导致乘客手中的车票过期。

（1）方法：通过 LC 或 SC 设置“时间/日期免检模式”。

（2）取消：在解决了乘客手中车票“超时”的问题之后，值班站长下令通过 SC 取消该模式。

（3）车票处理：设置此模式车站的出站闸机对所有车票不检查车票上的有效日期，但是仍检查车票的其他信息，如进出站码、车票票值等，所有车票按正常票价扣费。

5. 车票超程免检模式

在接到 LC 有关“列车越站”的通知时。

（1）地点：列车越站后运行的前方第一个车站。

（2）方法：通过 LC 或 SC 设置“车费免检模式”。

（3）取消：在接到 LC“列车运行恢复”后的一段时间（30min），值班站长下令通过 SC 取消该模式。

（4）车票处理：设置此模式车站的出站闸机不检查车票的余值，但检查车票的其他信息，如车票的进出站码、时间、日期等，储值票扣最低票价，计次票扣一个乘次，单程票回收。

6. 紧急放行模式

在火灾等紧急状态下，可通过中央计算机、车站计算机及车站控制室的紧急按钮来下达紧急模式命令。在紧急模式的状态下，车站内所有闸机将不对车票进行处理，同时闸机的扇门全部打开，方便乘客紧急疏散。在紧急模式时，乘客不需要使用车票，就可以自由离开车站。

（1）决策人：车站值班站长及以上人员。

（2）方法：通过 LC、SC 或车控室的紧急按钮设置该模式。在紧急情况结束后，确认紧急按钮复位，并通过 SC 取消该模式。

（3）设备：BOM 可正常运作。但在操作员显示器上显示紧急状态信息。TVM 处于暂停服务状态。其他车站的 BOM 和 TVM 停止出售到达该站的单程车票。闸机所有扇门将保持开放状态，转杆掉落，保证乘客无阻碍地离开付费区。同时，所有闸机（包括进、出闸机）的乘客显示器显示紧急放行信息，所有在向付费区的末端指示器闪烁显示“通行”标志，所有在向非付费区的末端指示器闪烁显示“禁止通行”标志。

（4）车票处理：所有闸机不对车票进行写处理，不对车票进行写操作。单程票不回收。在设置此模式的同时，其他车站和模式结束后所有车站的闸机对车票的处理正常。

紧急放行模式所影响的车票，因没有经过出闸机写处理，车票上没有相应标记。乘客在 7 天内再次使用时，闸机自动判断车票的售出日期或进闸时间是否符合条件（设备应根据保存的此紧急放行模式所发生历史数据对车票发售日期、地点、进闸情况进行检查），应允许在范围内的车票在任何车站进闸使用。车票出闸时根据实际车费进行检查、回收，车费不足或不在范围内的问题车票要应到 BOM 进行超程更新。

三、特殊情况下的票务处理

1. 售票员处理车票过期。

（1）若为单程票，则回收车票请乘客重新购票。

（2）若为“一卡通”，则请乘客到公司网点处理。

（3）若为纪念票，建议乘客购买一张新票。

2. 售票员处理车票超时。

（1）若为单程票，则向乘客收取超时补款金额，然后更新车票进站时间。

（2）若为“一卡通”卡，则通过 BOM 扣取超时补款后更新车票入站时间。

3. 售票员处理单程票超程。

（1）向乘客收取所欠车费后更新车票余额。

（2）遇乘客不愿补款且超过20min站长仍处理不了时，回收封装此票并填制《乘客事务处理单》，发放免费出站票，列明原因，站长签名确认。

4. 售票员处理单程票既超时又超程。向乘客收取超时、超程补款金额后，更新车票进站时间及车票余额。

5. 单程票在付费区出闸时显示无进站标记。若为单程票在付费区内无进站信息，则通过BOM分析后免费更新车票录入进站标志。

6. 售票员处理单程票在非付费区进闸时显示已有进站标记。

（1）通过BOM分析后，若上次进站是本站，进站时间在20min内的予以免费更新进站信息。

（2）通过BOM分析后，若上次进站是本站，进站时间超过20min，原票回收请乘客重新购票。

（3）若上次进站显示不是本站，原票回收，请乘客重新购票。

7. 乘客一人购买多张单程票进站。

（1）通过BOM分析后，若车票车资总额与所乘车资相符或高于所乘车资，则办理多余单程票退票，更新其中一张车票余额。

（2）通过BOM分析后，若车票车资总额不足所乘车资，办理多余单程票退票并向乘客收取所欠车资后，更新其中一张车票余额。

8. “一卡通”卡在出闸时显示无进站标记。询问乘客是否有其他车票，分下列两种情况处理。

（1）若有，则请乘客取出并逐张分析检查是否有一张车票是有效的。然后告知乘客拿错了车票。

（2）否则，询问乘客的乘车地点免费更新车票进站标志。

9. “一卡通”卡在出闸时显示已有出站标记。

（1）通过BOM分析后，若上次出站是本站，出站时间在20min内的闸机误用，予以发放免费出站票。

（2）通过BOM分析后，出站超过20min的，询问乘客的乘车地点，更新车票本次进站标志。

10. 售票员处理“一卡通”卡在出闸时显示非当日进站标记。通过BOM分析后显示上次进站为非当日进站标记，则扣取上次所乘车资后扣取2元最低车资，询问乘客的乘车地点更新车票本次进站标志。

11. 经BOM分析无法读取信息的无效票。

（1）若为单程票且是在付费区，则回收并封装此票，填制《乘客事务处理单》，给乘客发放一张免费出站票。若为单程票且是在非付费区，则回收并封装此票，填制《乘客事务处理单》并用备用金支付乘客等值车资，请乘客另购车票。

（2）若为“一卡通”卡且是在付费区内，则填制《乘客事务处理单》，给乘客发放一张免费出站票。若在非付费区，则请乘客另购买单程票乘车。

（3）若为地铁纪念票，则检查车票是否折损，如果已折损，则将车票归还乘客；如果未折损，则封装车票，上交票务室办理。

12. 售票员处理过期票。

（1）若乘客在非付费区，则按章回收并让乘客重新购票进站。

（2）若乘客在付费区，则需填制《乘客事务处理单》，按章回收并让乘客补购本站最高单程票价付费出站票。

13. 付费区“一卡通”卡余额不足。告知乘客“一卡通”卡余额不足并询问是否充值。

——是，为乘客办理充值。

——否，根据车票进站信息发售同程车资付费出站票，并更新“一卡通”卡进站信息。

14. 售票员处理恶意逃票。

乘客恶意无票乘车及儿童超高无票乘车的，原则上按10倍最高车资补收票款，对于不了解地铁票务政策及“一卡通”卡规定的乘客，也可酌情按本站最高单程票价补售付费出站票。乘客不愿按10倍最高车资补款且超过20min站长仍处理不了时，则填写《乘客事务处理单》并发放全程最高车资付费出站票，列明原因，站长签名确认。

15. 售票员处理无票。

（1）若在付费区内乘客反映单程票在出闸时被他人误用，则填写《乘客事务处理单》并发放免费出站票。

（2）若乘客出闸时主动提出未购票或丢失车票，且不愿按照现有规定补收单程票工本费及最高车资时，由站长到现场处理，如20min仍处理不了，则填写《乘客事务处理单》并发放本站最高车资付费出站票，列明原因，站长签名确认。

16. 乘客携违禁品入闸被工作人员发现或乘客不能换乘最后一班车强烈要求退票。

（1）如是单程票，参照地铁原因退票值站授权后，在BOM操作退票，填写《乘客事务处理单》，列明原因，值站签名确认，由边门放行。

（2）如是“一卡通”卡，给予免费更新，填写《乘客事务处理单》，列明原因，值站签名确认，由边门放行。

17. 黑名单“一卡通”卡乘客持有的“一卡通”卡经BOM分析为黑名单票。

（1）若乘客在非付费区，告知乘客此票为黑名单票，需重新购票进站。

（2）若乘客在付费区，告知乘客此票为黑名单票，并让乘客补购本站最高单程票价付费出站票。注意事项：乘客异常事务处理还包括设备卡币、卡票，单程票数据收费更新及发放免费出站票等，只要涉及发售出站票及用备用金退补给乘客的，都必须填制《乘客事务处理单》，并由乘客、售票员、当班客运值班员或值班站长签认。“一卡通”卡更新不填写《乘客事务处理单》。相关乘客事务处理的回收车票封存并上交票务室。严禁办理一卡通卡收取现金更新及“一卡通”卡违规充值，充值金额不是50元的倍数。《乘客事务处理单》严禁篡改、补单或多起乘客事务合并填写等违章现象。经票务室核对后对违章《乘客事务处理单》涉及的退款予以追缴。在此过程中若有任何解决不了的乘客事务，应立即通知客运值班员、值班站长或站长负责酌情处理。站长不在车站现场时，应电话请示站长由站长授权值班站长按上述规定处理。值班站长需在《乘客事务处理单》上注明站长授权时间。

18. TVM 找零发现异币处理。

乘客反映设备找零发现异币，报票务室轮值监控报客值值班站长、驻站设备维修人员确认，乘客到客服中心填写《乘客事务处理单》，客值或值班站长在《乘客事务处理单》签章确认。售票员给乘客退款，乘客签章确认，异币封装随当日报表上交票务室报派驻财务部确认。

注意事项：乘客异常事务处理还包括设备卡币、卡票，单程票数据收费更新及发放免费出站票等。只要涉及发售出站票及用备用金退补给乘客的，都必须填制《乘客事务处理单》，并由乘客、售票员、当班客运值班员或值班站长签认。“一卡通”卡更新不填写《乘客事务处理单》。相关乘客事务处理的回收车票封存并上交票务室。

19. 非付费区车票过期。

单程票在非付费区进闸时显示已有进站标记，“一卡通”卡入闸时显示已有进站标记，非付费区乘客上次使用时无出站标志。经 BOM 分析无法读取信息的无效票过期票。非本日进站单程票及回收状态的单程票黑名单“一卡通”。

任务 8.2　自动售检票设备大面积故障票务应急处理

一、票务应急分类

为完善 AFC 设备故障、设备能力不足或其他特殊情况下的票务应急处置预案，降低对乘客的影响，车站必须及时、准确反映情况，认真执行命令、指示，针对不同特殊情况认真部署，充分准备，周密安排，组织实施，做到分工明确，责任到位。

1. AFC 设备故障或设备能力不足

（1）自动售票机故障或能力不足。自动售票设备发生故障或能力不足，故障车站应及时向 AFC 调度报修，并做好报修记录。故障车站站长根据现场客流情况确定增开半自动售票机或售卖预制票，站内工作人员对乘客做好引导宣传工作。具体处理流程见图 8－1。

（2）半自动售票机故障。半自动售票设备故障时，故障车站应及时向 AFC 调度报修，并做好报修记录。车站工作人员宣传、引导乘客至其他“票务中心”半自动售票机购票充值，并由本站站长视现场客流情况下令发售预制票。同时，车站应立即启用手持验票机，对需进行乘客事务处理的车票验票并按规定进行后续处理。具体处理流程见图 8－2。

（3）自动售票机和半自动售票机全部故障。站内全部售票类设备故障时，故障车站应及时向 AFC 调度报修，做好报修记录。并通过调度电话报行车调度，行车调度负责上报相关领导，并告知其他车站做好应对准备。

在车站客运组织安全有序且运力运行的条件下，本站站长确定发售预制票（具体处理流程见图 8－3）。同时，车站应立即启用手持验票机，对需进行乘客事务处理的车票验票并按规定进行后续处理。

①全部进站闸机故障或进闸机能力不足。站内全部进站闸机故障或进闸能力不足时，车站应及时向 AFC 调度报修，做好报修记录。同时，报行车调度并申请设置进出站次序免检模式。行车调度确认后，通知清分调度组织车站运营模式变更，告知其他车站做好应对准备，并短信上报相关领导。具体处理流程见图 8－4。

②全部出站闸机故障或出闸机能力不足。站内全部出站闸机故障或出闸机能力不足时，车站应及时向 AFC 调度报修，做好报修记录。并通过调度电话报行车调度，行车调度负责上报相关领导，同时告知其他车站做好应对准备。

车站将出站闸机全部开启，车站工作人员到已打开的出闸机值守。具体处理流程见图 8－5。

2. 列车晚点的应急处理

列车未按时到达车站，大量票卡超时出站的情况适用。

各站接到行调通知后，车站根据现场实际情况向行调申请设置时间免检模式，行调确认后通知清分调度组织相应车站运营模式变更。车站确认模式设置成功后，立即通知各岗位人员做好相应准备。具体处理流程见图 8－6。

3. 运营故障需清客的应急处理

因运营需要，本次列车临时清客，无法继续运送乘客，且后续列车无法及时到站，造成大量乘客滞留车站的情况适用。

车站接到行调通知后，立即通知各岗位人员做好相应准备，本站可视情况减缓售票速度，情况严重时停止一切售票作业，限制乘客进站。具体处理流程见图 8－7。

4. 列车越站的处理预案

上、下行列车通过车站时，在本站均不停车的情况下适用。

车站根据现场实际情况向行调申请设置车费免检模式，行调确认后通知清分调度对相应车站运营模式变更。车站确认模式设置成功后，立即通知各岗位人员做好相应准备。具体处理流程见图 8－8。

5. 火灾等紧急情况的处理

当运营过程中发生火灾、爆炸等紧急情况，需要乘客紧急撤离车站时适用。

车站可由防灾系统自动联动设置，也可由车站控制室值班人员通过 IBP 盘的相关按钮进行设定，车站应立即将模式设定情况上报行调，行调负责通知线路内其他各站。紧急放行模式启动后，站内所有设备停止使用，闸机全部开放通行。值班站长组织车站工作人员及时到岗，组织乘客有序出站。具体处理流程见图 8－9。

6. 非 AFC 系统运营模式

全线 AFC 设备发生大面积故障（车站 TVM、BOM 全部故障或停电）导致车站无法出售 IC 卡单程票，车站预制票数量不足或者预制票发售不能满足客流需求时，由车站中心主任决定售卖纸票。

纸票售卖站值班站长需向行调通报售卖纸票的起、止时间，由行调将售卖纸票相关信息通知其他车站。其他车站安排人员，用电子检验器在出口处对持应急纸票的乘客进行验票开边门放行。具体处理流程见图 8－10。

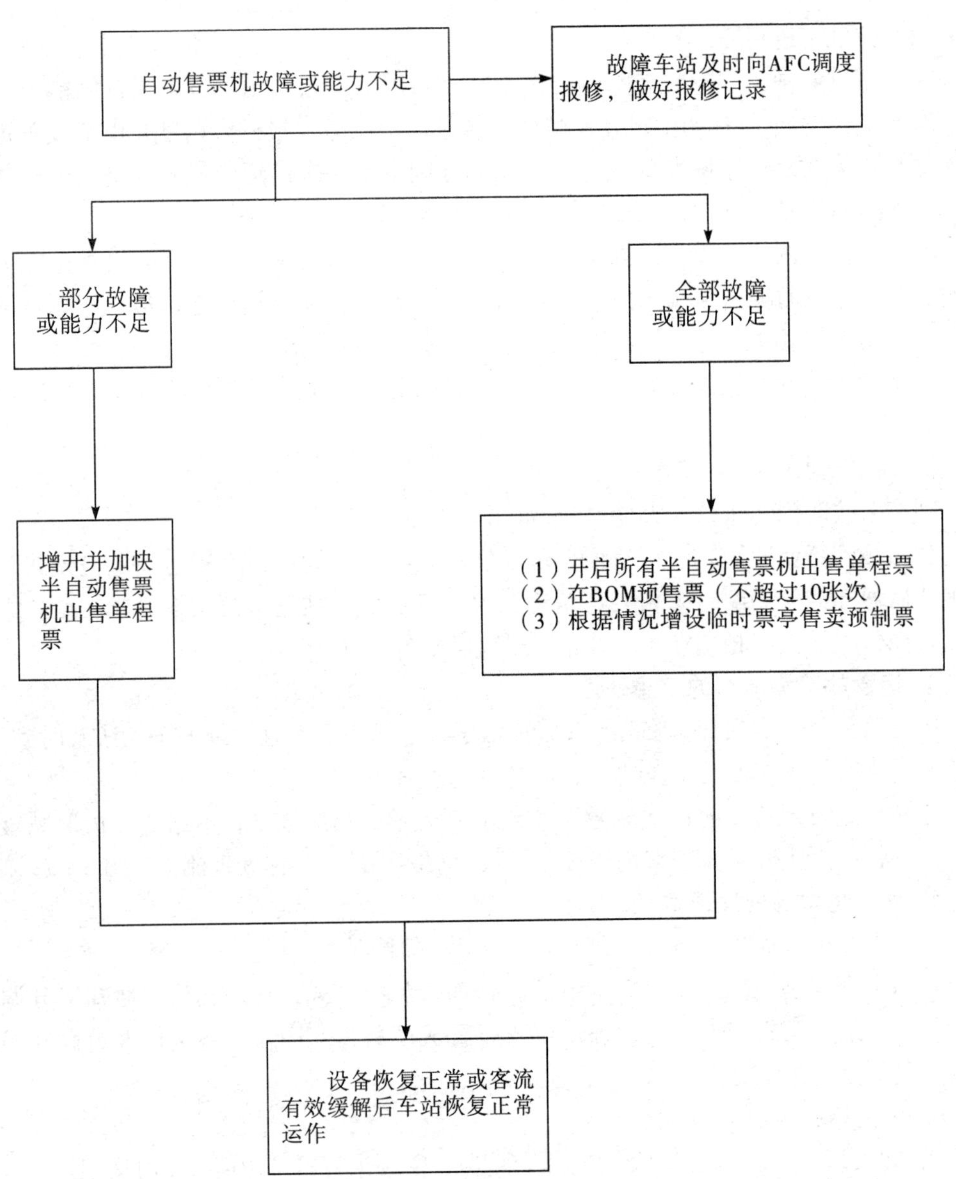

图8-1　自动售票机故障或能力不足的处理程序

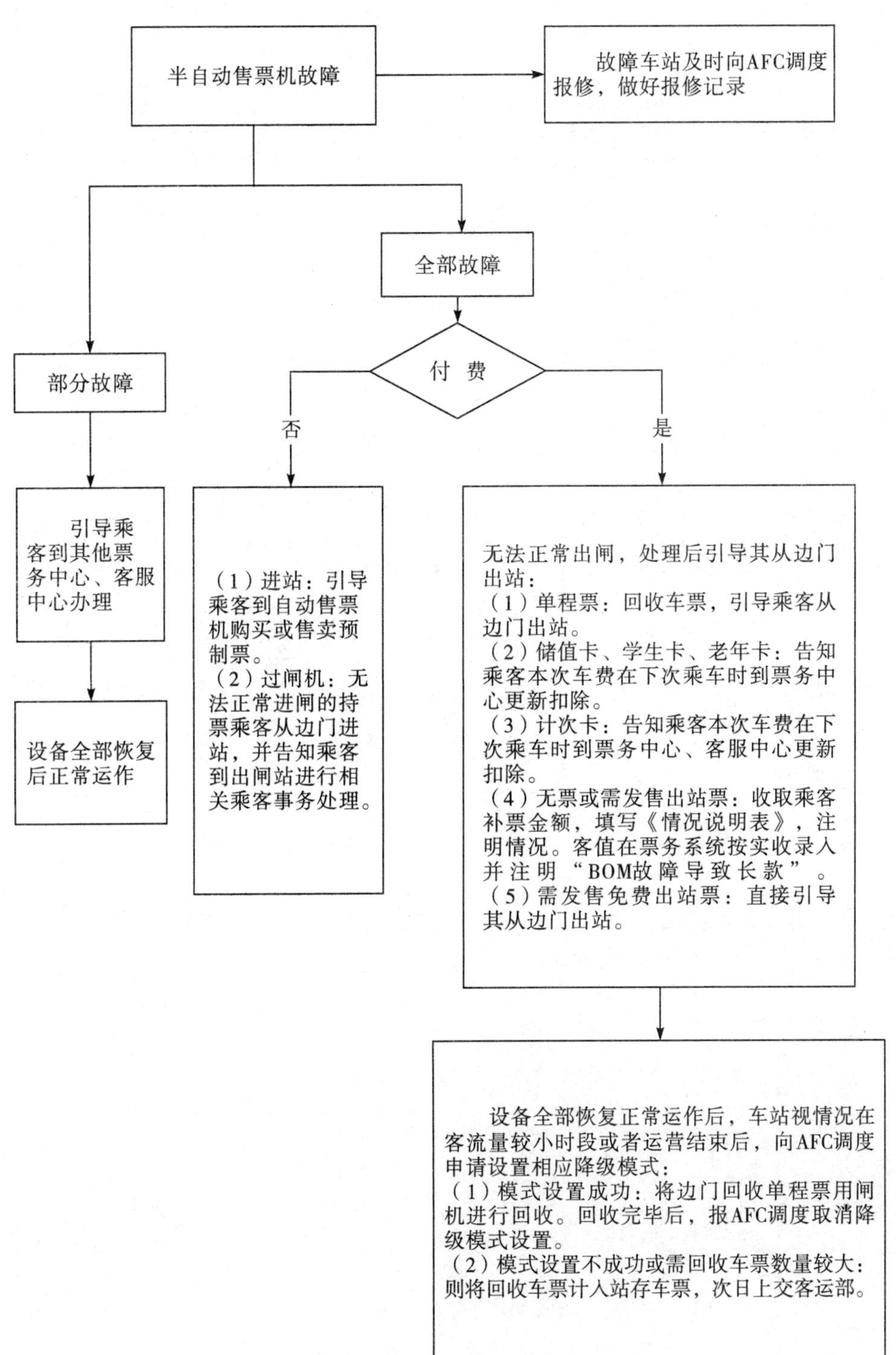

图8－2 半自动售票机故障的应急处置程序

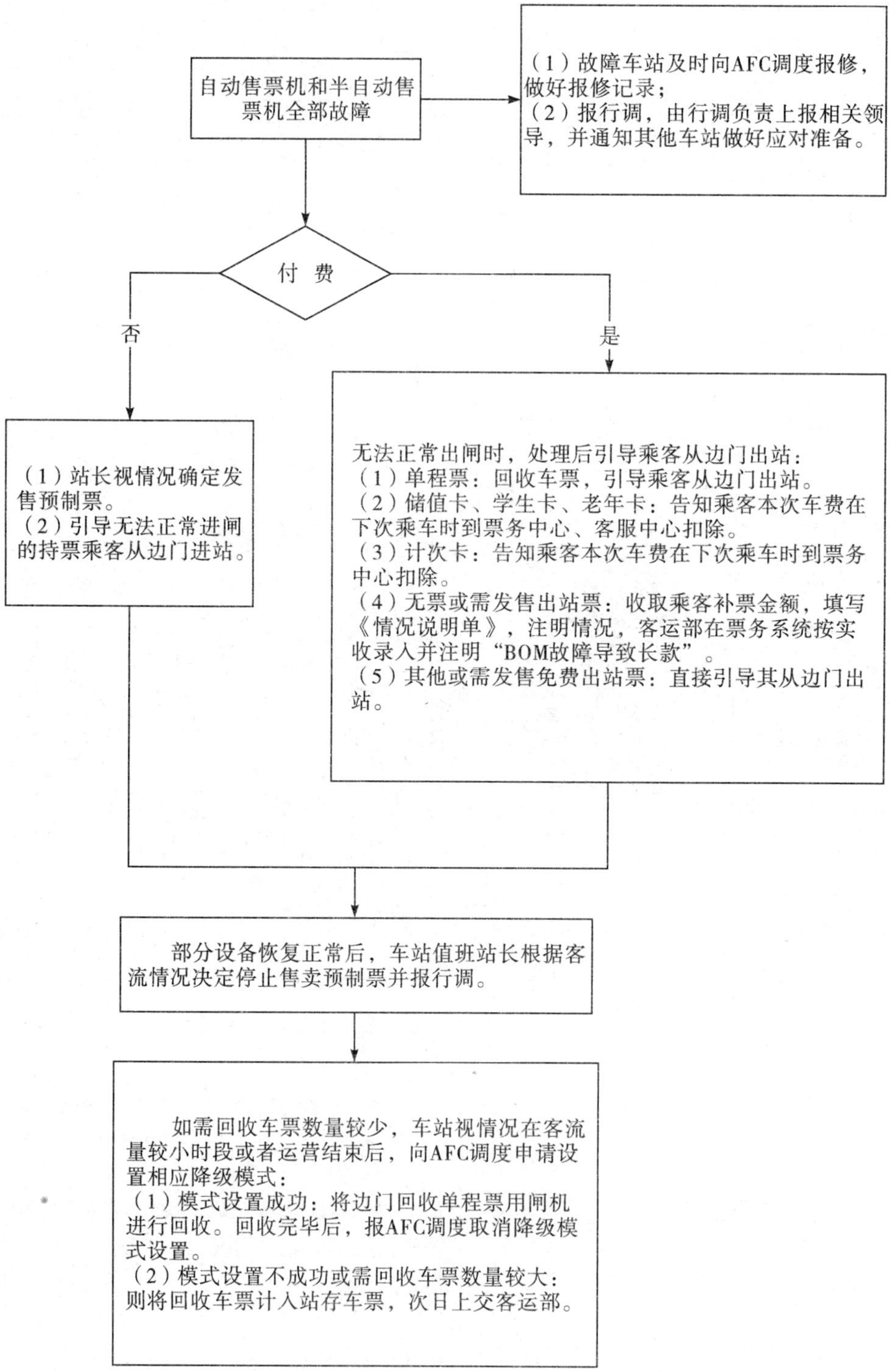

自动售票机和半自动售票机全部故障

（1）故障车站及时向AFC调度报修，做好报修记录；
（2）报行调，由行调负责上报相关领导，并通知其他车站做好应对准备。

付 费

否

（1）站长视情况确定发售预制票。
（2）引导无法正常进闸的持票乘客从边门进站。

是

无法正常出闸时，处理后引导乘客从边门出站：
（1）单程票：回收车票，引导乘客从边门出站。
（2）储值卡、学生卡、老年卡：告知乘客本次车费在下次乘车时到票务中心、客服中心扣除。
（3）计次卡：告知乘客本次车费在下次乘车时到票务中心扣除。
（4）无票或需发售出站票：收取乘客补票金额，填写《情况说明单》，注明情况，客运部在票务系统按实收录入并注明“BOM故障导致长款”。
（5）其他或需发售免费出站票：直接引导其从边门出站。

部分设备恢复正常后，车站值班站长根据客流情况决定停止售卖预制票并报行调。

如需回收车票数量较少，车站视情况在客流量较小时段或者运营结束后，向AFC调度申请设置相应降级模式：
（1）模式设置成功：将边门回收单程票用闸机进行回收。回收完毕后，报AFC调度取消降级模式设置。
（2）模式设置不成功或需回收车票数量较大：则将回收车票计入站存车票，次日上交客运部。

图8－3 自动售票机和半自动售票机全部故障的处理程序

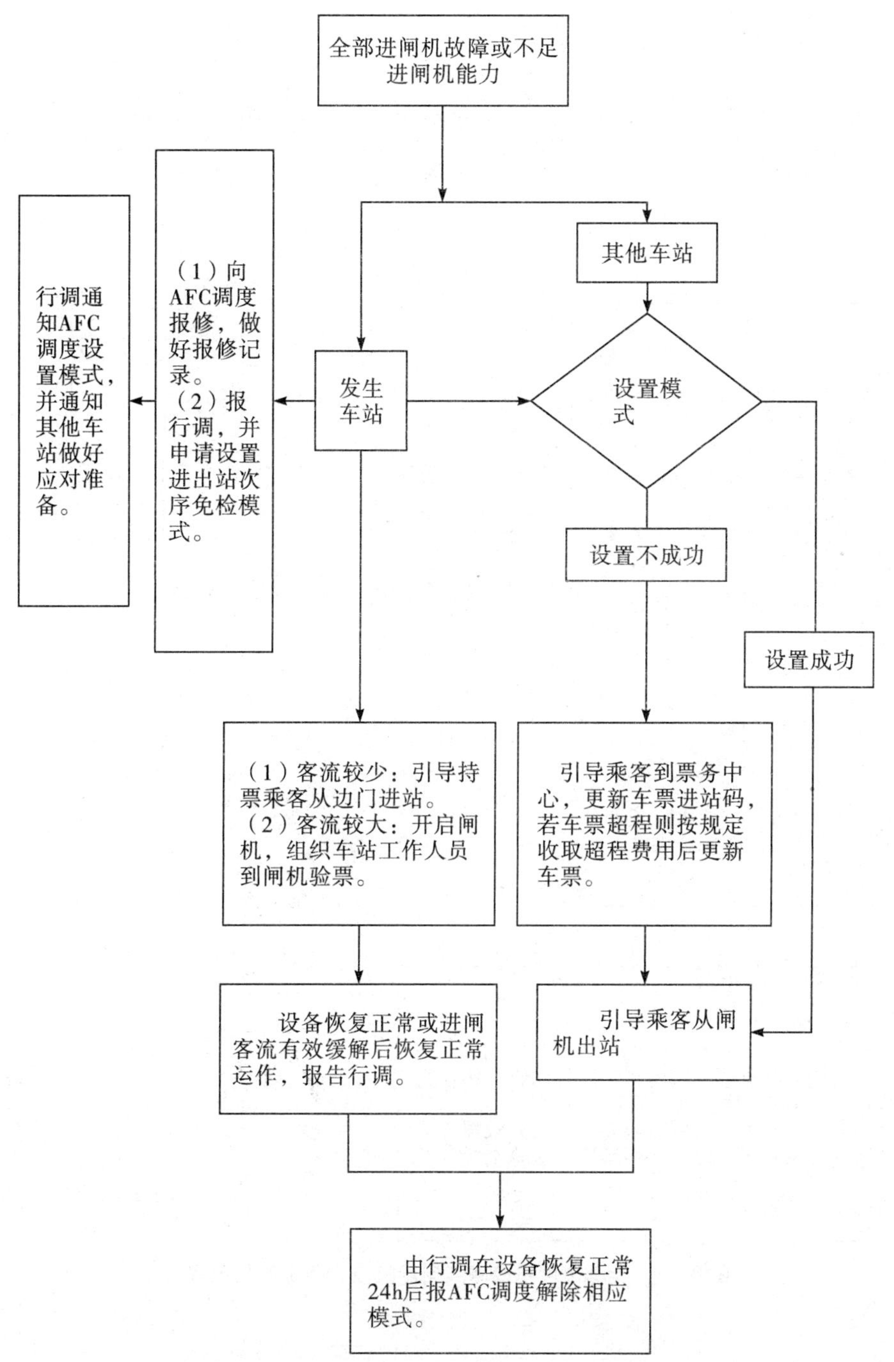

图8-4　全部进闸机故障或进闸机能力不足的处理程序

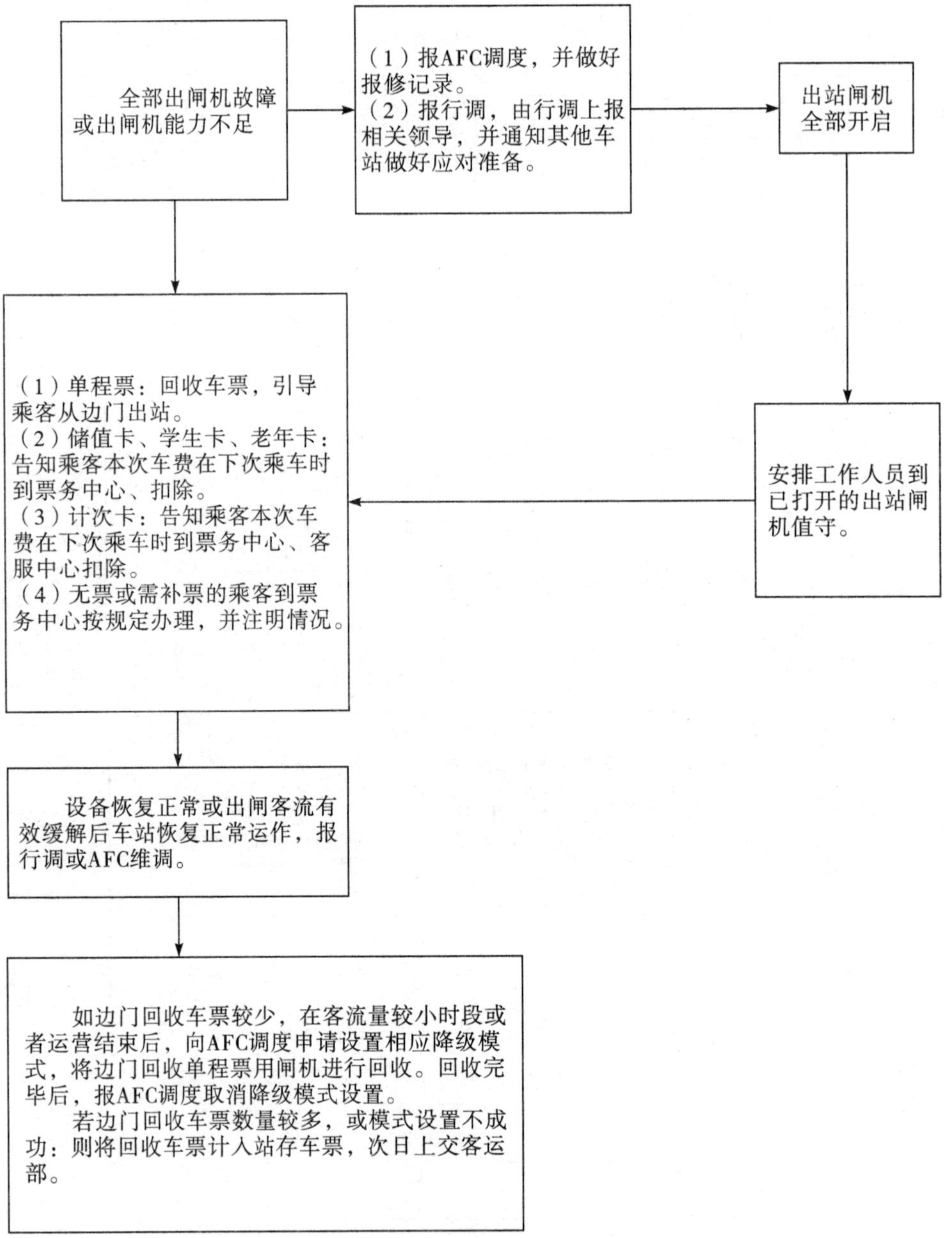

全部出闸机故障或出闸机能力不足

(1)报AFC调度，并做好报修记录。
(2)报行调，由行调上报相关领导，并通知其他车站做好应对准备。

出站闸机全部开启

安排工作人员到已打开的出站闸机值守。

(1)单程票：回收车票，引导乘客从边门出站。
(2)储值卡、学生卡、老年卡：告知乘客本次车费在下次乘车时到票务中心、扣除。
(3)计次卡：告知乘客本次车费在下次乘车时到票务中心、客服中心扣除。
(4)无票或需补票的乘客到票务中心按规定办理，并注明情况。

设备恢复正常或出闸客流有效缓解后车站恢复正常运作，报行调或AFC维调。

如边门回收车票较少，在客流量较小时段或者运营结束后，向AFC调度申请设置相应降级模式，将边门回收单程票用闸机进行回收。回收完毕后，报AFC调度取消降级模式设置。

若边门回收车票数量较多，或模式设置不成功：则将回收车票计入站存车票，次日上交客运部。

图8－5　全部出闸机故障或出闸机能力不足的处理程序

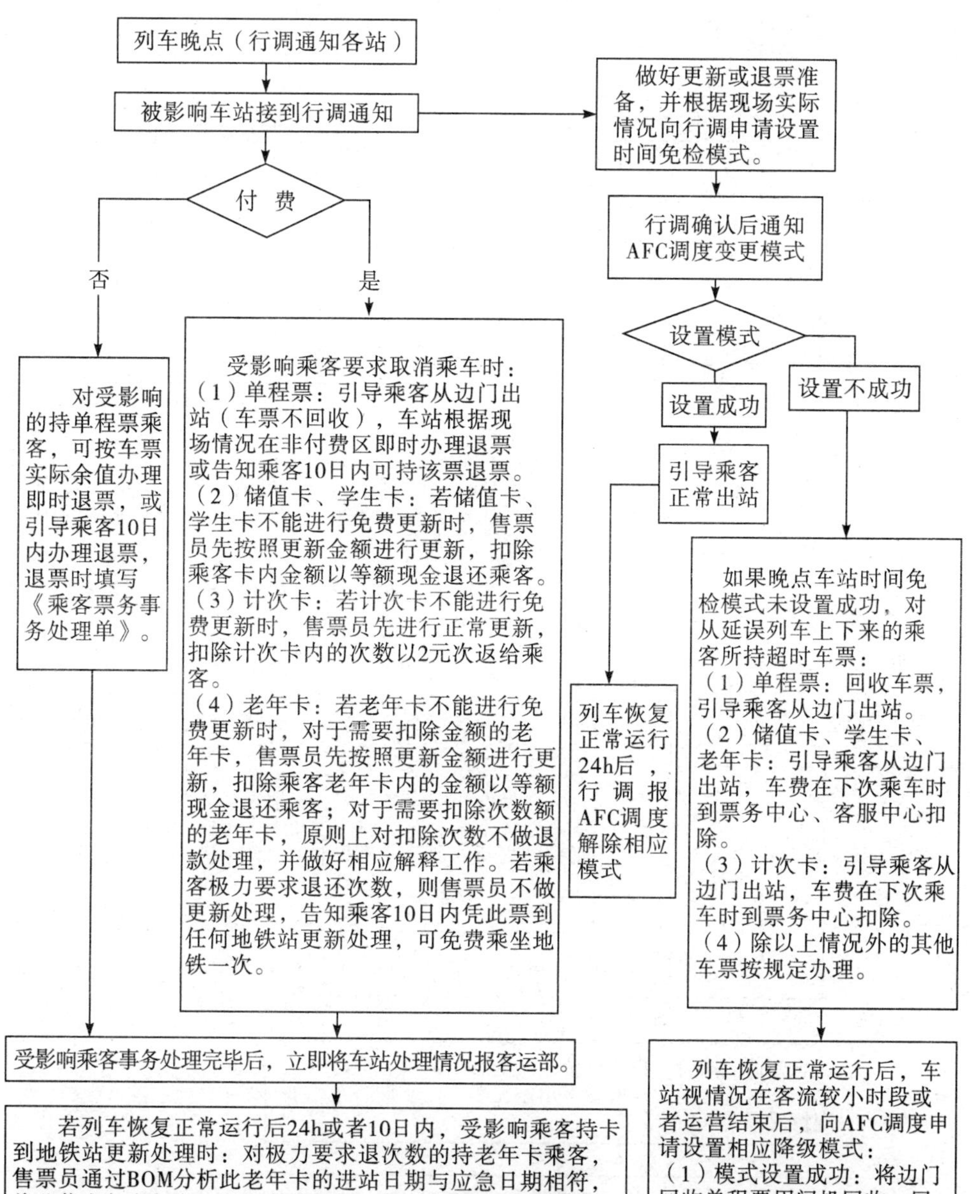

图8-6 列车晚点的应急处理程序

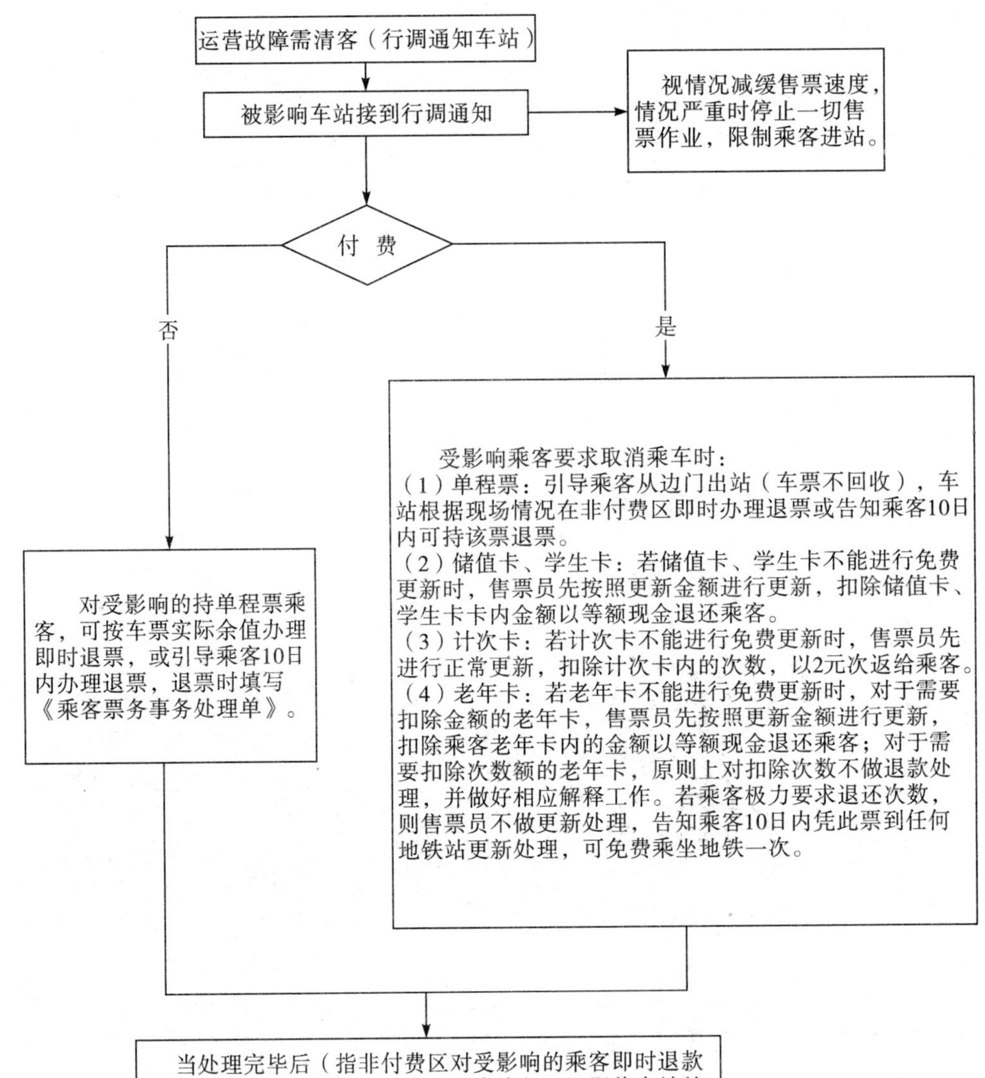

当处理完毕后（指非付费区对受影响的乘客即时退款完毕和付费区受影响的乘客出站完毕），立即将车站处理情况报票务中心。

若列车恢复正常运行后24h或者10日内，受影响乘客持卡到地铁站更新处理时：

对极力要求退次数的持老年卡乘客，售票员通过BOM分析此老年卡的进站日期与应急日期相符，将此信息与老年卡ID报行车值班员，得到行车值班员同意后引导乘客从边门进站。乘客到达目的地，售票员查验老年卡信息后，将此信息与老年卡ID报行车值班员，得到行车值班员同意后引导乘客从边门出站。

对其余持卡乘客，通过BOM分析与应急时间要求，车站工作人员按照要求办理好退款和更新工作。

图8－7 运营故障需清客的应急处理预案

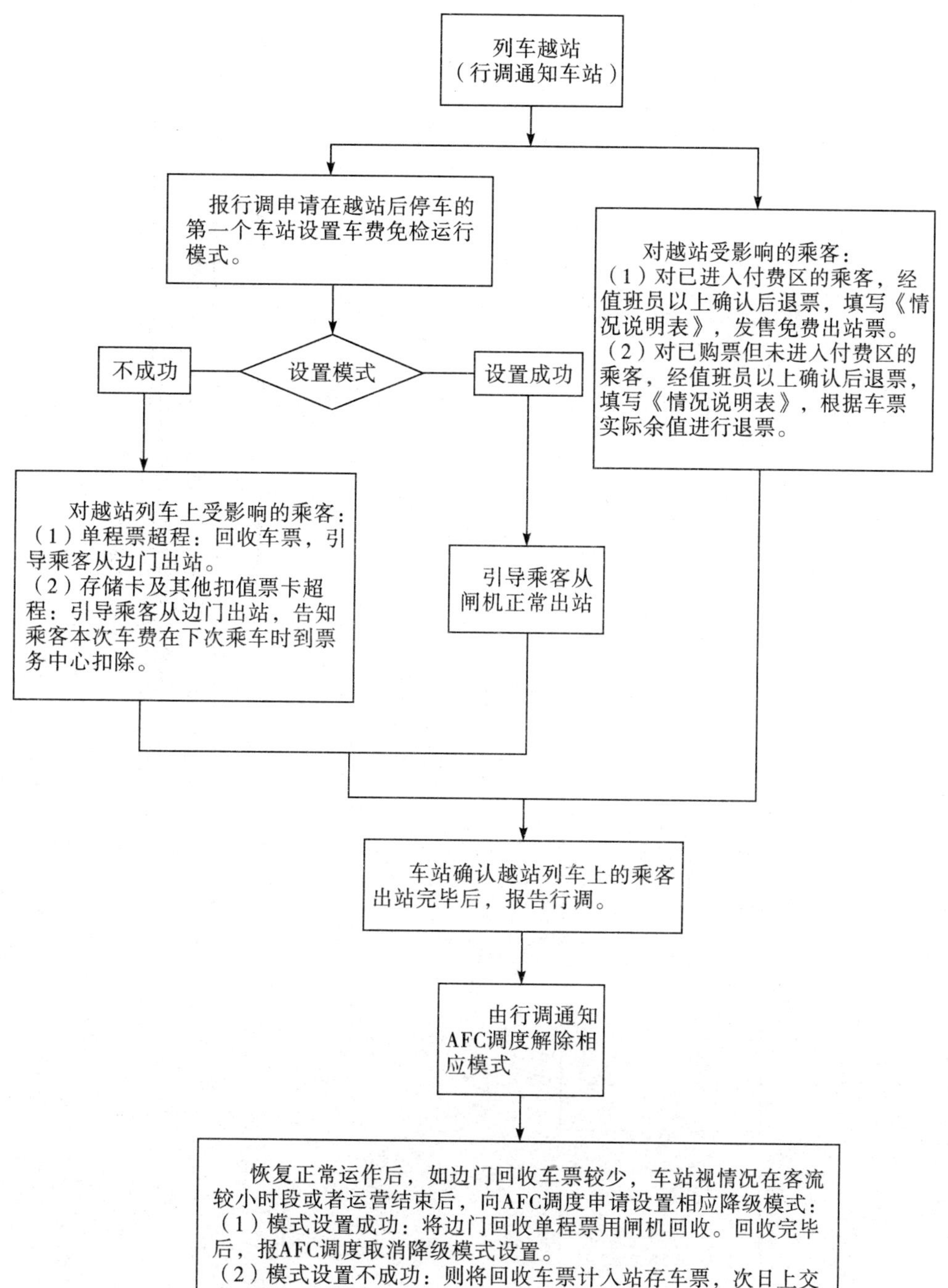

图8－8 列车越战的处理预案

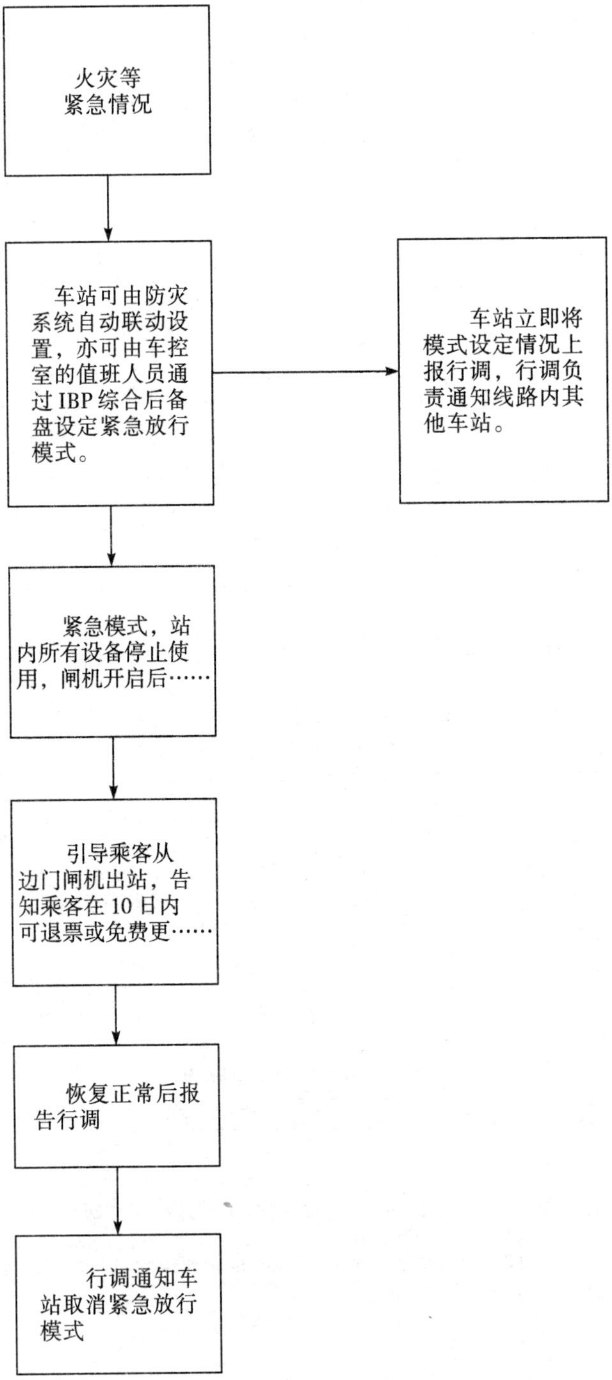

火灾等紧急情况

↓

车站可由防灾系统自动联动设置，亦可由车控室的值班人员通过IBP综合后备盘设定紧急放行模式。 → 车站立即将模式设定情况上报行调，行调负责通知线路内其他车站。

↓

紧急模式，站内所有设备停止使用，闸机开启后……

↓

引导乘客从边门闸机出站，告知乘客在10日内可退票或免费更……

↓

恢复正常后报告行调

↓

行调通知车站取消紧急放行模式

图8－9　出现火灾等紧急情况的处理预案

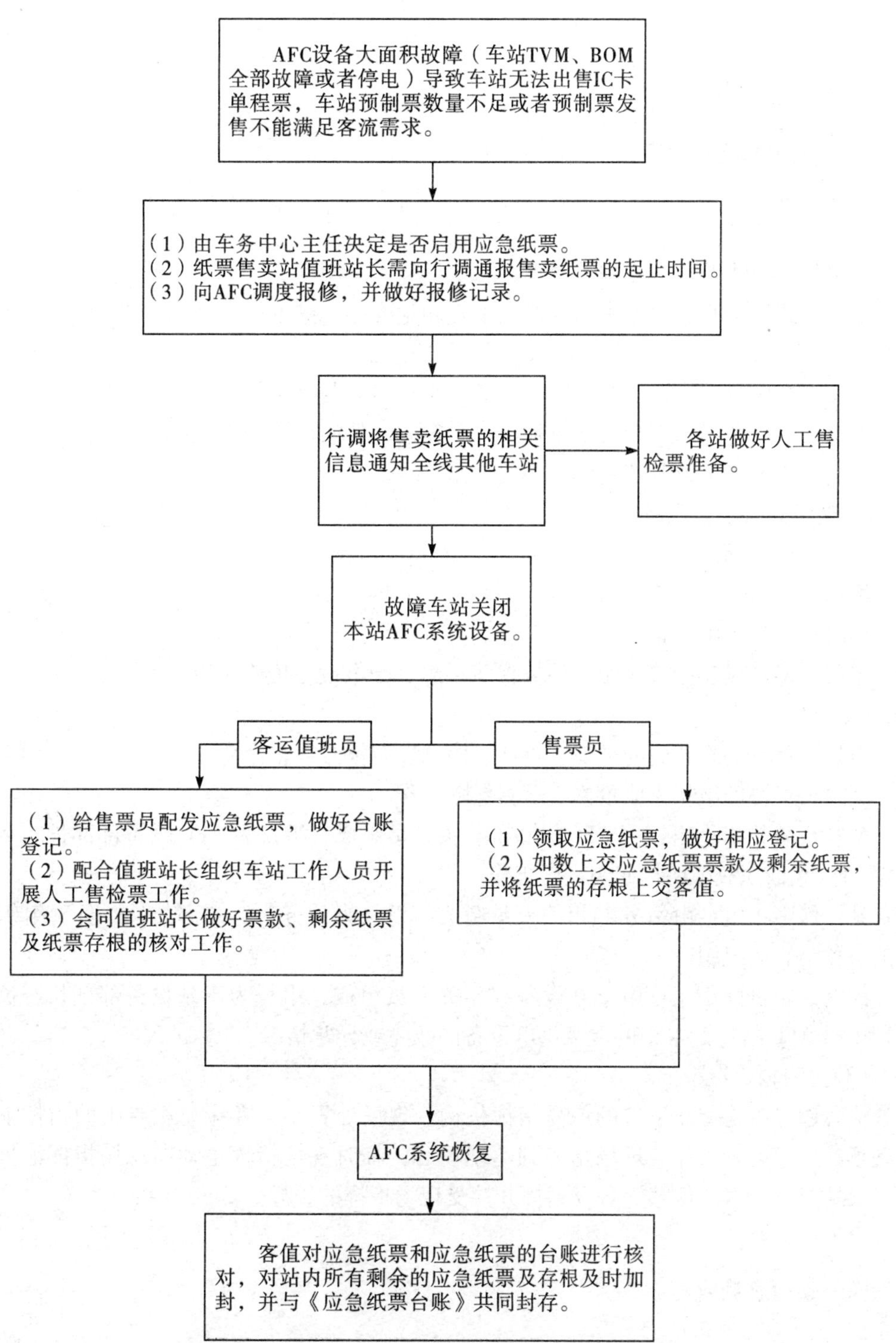

图8－10　非AFC系统运营模式下纸票启用流程

二、组织结构及职责

1. 应急领导组及职责

（1）应急领导组

组长：总经理。

副组长：分管票务中心副总经理、总工程师、总调度长。

组员：票务中心、站务中心、机电中心和党群办公室主任。

（2）职责

组长：全面负责指挥地铁运营、设备抢修和客运调整工作。

副组长：配合组长进行设备故障抢修和客运调整的指挥工作。

组员：按分工负责所辖范围的相关工作。

2. 现场处置小组及职责

（1）现场处置小组

组长：票务中心主任。

副组长：站务中心副主任。

组员：AFC 设备抢修小组、站务保障小组、配电设备抢修小组。

（2）职责

组长：负责抢险救援的组织、指挥、协调发布抢修终止命令。

副组长：协助组长完成抢修与运营保障工作。

AFC 设备抢修小组：由 AFC 设备部相关人员组成，组长为 AFC 设备部部长。负责处理 AFC 大面积故障的抢修与恢复工作。

站务保障小组：由站务部相关人员组成，组长为站务一、二部部长。负责组织现场的票务与客运组织。

配电设备抢修小组：由车站设备部相关人员组成，组长为车站设备部部长。负责处理车站 AFC 机房配电柜的上级供电设备的故障或异常情况。

（3）指挥权移交

应急领导组是应急事件的最高指挥机构。现场处置小组在应急领导组的指挥下负责现场的应急处置工作。现场指挥到达现场后，临时现场指挥主动向现场指挥汇报事态发展情况，指挥职能移交现场指挥并接受现场指挥的领导。

三、应急响应

1. 信息报告

（1）AFC 巡检员或站务人员发现 AFC 大面积故障后，第一时间上报控制中心。

（2）控制中心根据了解到的故障影响范围，通知站务保障小组做好应急准备。必要时，通知配电设备抢修小组做好抢险准备。中央监控员通知 AFC 设备抢修小组故障险情。

（3）中央监控员按 AFC 设备抢修小组组长指挥组织相关人员赶赴现场。

（4）站务保障小组成员密切关注故障影响，将现场客流情况、乘客状态等信息及时向站务保障小组组长汇报，及时进行车站的客运和票务业务处理。

（5）中央监控员实时关注故障处理情况，建立与 AFC 设备抢修小组的信息互通机制，将故障处理进展及时汇报给 AFC 设备抢修小组组长和控制中心。

（6）车站设备部调度员接到控制中心故障通报后，成立配电设备抢修小组，立刻到达现场开展抢修。

2. 信息通报内容

（1）报告人及关系人姓名、部门、职务。

（2）发生时间时、分。

（3）发生地点。

（4）事故概况、对运营的影响及初判原因。

（5）是否需要救援及需要救援的内容。

（6）其他需要说明的内容及要求。

3. 前期处置

AFC 设备抢修小组先期处置人员到达现场后，根据故障情况初步判断故障发生原因，利用随身携带的设备确认并及时将后期抵达人员所需应急工具、故障影响范围、抢修时间等信息反馈给中央监控员和 AFC 设备抢修小组组长。在得到组长许可后，可进行前期故障处理或故障处理的准备工作。例如，如果确定故障是由机房上一级的配电设备引起的，应立即向控制中心说明情况。

站务保障小组：站长/值班站长根据现场客流大小，预估大面积故障可能对乘客疏导造成的影响，与站务保障小组组长沟通协调疏导准备工作，准备必要的应急疏导工具，同时组织人员就位维持车站秩序。

配电设备抢修小组：抢修人员抵达车站 AFC 机房，向 AFC 设备抢修小组了解故障情况，初步判断故障原因。

4. 预案启动

根据现场故障影响情况和范围，控制中心值班主任宣布启动本预案并报告应急领导组组长。

5. 各级机构响应

（1）应急领导组响应。领导组成员赶赴控制中心了解、掌握故障发生时间、原因、影响范围、已采取的措施等，进行故障抢修和客运调整的指挥工作。

（2）现场处置小组响应。所有接到相关部门调度通知的抢修人员，在接到抢修指令后 5min 内出发，赶赴现场投入应急抢修处理工作。相关部门调度与抢修人员做好信息沟通，及时跟进故障维修进展和影响范围。站务保障小组组长立即组织人员开展乘客疏导、维持车站秩序等应急工作。

6. 过程处置

AFC 设备抢修小组与配电设备抢修小组按照“安全第一、先通后复、先主后次、先现场后中央”的原则配备专业防护装备，采取安全防护措施，按照安全操作规程进行应急处置，确保人身和设备安全。

站务保障小组故障车站及时做好人员调配，放好引导牌，必要时要摆放疏导围栏。

（1）I 级故障抢修。I 级故障由于参数错误、软件版本错误等 AFC 的系统错误导致全线车站无法进行售票、进/出站甚至引起主要 AFC 终端设备在运营期间内暂停服务或关机休眠。中央监控员接到控制中心或车站通知后，应立即通知 AFC 设备抢修小组组长，并在组长的协调下由工程师对系统可能存在的问题进行排查，确认故障原因后，通过参数或软件恢复到前一版本、重新启动系统相关服务等方式恢复各站全部 AFC 设备正常运行。

（2）Ⅱ级故障抢修。先期到达事发现场的 AFC 设备抢修小组成员要初步判断终端设备断电原因，并向 AFC 设备抢修小组组长和中央监控员说明现场故障状况。如果由于单台设备线路短路引起的机房总空开断电，应立即断开单台设备的空气开关，并将机房内总空气开关合闸。后续人员携带抢险工具抵达后，与先期人员共同判定故障，以尽快恢复供电为原则进行救援。

①机房上级供电设备故障：由中央监控员报控制中心要求配电设备抢修小组支援。

②一级负荷电源配电箱输出端至机房配电柜输入端间线缆损坏：配电设备抢修小组应协助打开一级负荷电源配电箱并进行拉闸/推闸操作。AFC 设备抢修小组人员确认一级负荷电源配电箱断电后，将应急备用线缆跨接在一级负荷电源配电箱与机房配电柜 UPS 之间。

③机房内的 UPS 损坏：调至 UPS 为维修旁路模式，由一级负荷电源直接为 AFC 终端设备供电。

④机房内配电柜内空气开关损坏：空气开关输入端线缆直接连接在空气开关输出端。

⑤机房配电柜输出端和票亭配电箱输入端间线缆短路：先断开故障端线缆，恢复另一端 AFC 终端设备供电。使用距离故障端票亭最近的一级负荷电源，通过应急备用线缆，为故障端 AFC 终端设备供电。接线操作过程中，需配电设备抢修小组对应急一级负荷电源箱进行推闸/倒闸操作。中央监控员收到 AFC 设备抢修小组汇报后，报控制中心并提出配合要求。

⑥票亭内输入总空气开关损坏：将空气开关输入端线缆连接在空气开关输出端。

7. 站务保障小组应急处置

（1）发生 AFC 大面积故障后，站务人员应尽快确认现场情况及故障影响范围，并向站务保障小组组长说明情况。

（2）站务保障小组组长组织站务员、保安等做好站内乘客疏导工作，必要时使用铁马、伸缩式隔离栏引导客流。

（3）在客流较小车站，组织站务人员售卖预制票，并利用手持验票机，安排乘客从边门刷卡进出站；在客流较大车站，当预制票数量难以满足运营，且无任何其他类型车票可用时，需准备数量充足纸票，安排乘客从边门进出站，同时需上报行车调度员，行车调度员将发放纸票情况通知其他各站，要求予以配合。

8. 配电设备抢修小组应急处置

(1) 发生大面积故障后，经 AFC 设备抢修小组确认 AFC 机房配电柜的上级电源无输出或需要对上级供电设备进行停、送电等操作时，通过控制中心指令参与抢修。

(2) 车站设备部调度员接到控制中心指令要求后，第一时间通知配电设备抢修小组组长，组长以就近原则安排人员参与救援，救援人员要备齐常用救援工具和防护用品迅速赶往故障现场。

(3) 在现场与 AFC 设备抢修小组人员确认上级电源无电后，佩戴好防护用品开始抢修。

(4) 上级电源恢复供电后，应向配电设备抢修小组组长汇报，经确认可以撤除安全防护，同时向车站设备部调度员汇报可以恢复供电。

9. 预案终止

现场处置小组组长报告 AFC 系统大面积故障已经修复，车站各 AFC 可以正常使用，系统恢复正常工作。现场处置人员修复故障并通过测试确定设备满足恢复运营条件后，经 AFC 设备抢修小组组长确认通知向控制中心，控制中心通知全线车站恢复正常。值班主任宣布预案终止，并向应急领导组报告相关情况。

AFC 系统大面积故障预案终止后，现场处置小组及各相关部门按照事件调查和处理程序要求，在 24h 内完成提交事件初步调查报告和事件最终调查报告。调查报告应包括以下内容：事件的原因、规模、采取的措施、设备状况、人员表现、不足之处、改进建议等。

四、保障措施

1. 人力资源保障

票务中心设备部负责组建 AFC 设备抢修小组。站务中心站务部负责组建站务保障小组。必要时，车站设备部负责组建配电设备抢修小组。各组人员保持 24h 通信畅通。

2. 救援设备和物资保障

AFC 设备抢修小组的应急抢修物资放置在各 AFC 巡检工区。乘客应急疏导专用器材等为车站客运组织所用物资，应由车站正常管理。

3. 技术保障

开展日常重大故障处理的学习与培训，加深 AFC 技术人员对自动售检票系统运行原理、组成原理的认识，提高故障处置能力。

4. 监督与检查

部门对各工班组日常应急演练的组织和执行进行每月定期检查，紧密结合近期重大故障的处置，设定演练内容，加强针对性。

五、抢修组织

1. 故障期间，组织人员进行抢修，合理调配 AFC 设备，抢修小组人手，掌握故障处理情况，可将抢修指挥权委托给设备部部长。

2. 及时向应急领导组组长汇报抢修进展情况。

3. 故障期间，组织人员进行现场乘客疏导、维护运营秩序，可将指挥权委托给站务部部长。

4. 及时向应急领导组组长汇报车站运营保障情况。

5. 对抢修工作进行全局安排、协调、资源配置。

6. 根据故障处理情况和故障影响，进行协调和相关安排。

7. 对抢修过程的重要事项上报票务中心主任后决策。

8. 接到通知后立即赶往现场。

9. 协同维修人员处理故障。在现场观察故障设备的运转情况是否恢复正常，确认恢复正常后向现场处置小组组长汇报情况。

10. 对抢修工作进行全局安排、协调、资源配置。根据故障处理情况和故障影响，进行协调和相关安排。

实训操作

任务一　自动售票机故障的处理

2010 年 10 月 22 日某市地铁 1 号线世纪城站自动售票机 TVM 全部故障，该站应如何应对？注：2010 年 10 月 22 日至 2010 年 10 月 26 日在某市新会展中心（世纪城站）举行西博会。

要求：(1) 每一个学员能叙述处理流程；

(2) 在实训场地将学员分组分岗位按处理流程来模拟现实情景的处理。

任务二　半自动售票机故障的处理

1. 2011 年 4 月 9 日（星期六）某市地铁 1 号线天府广场站票务服务中心（售票、问讯处）的所有半自动售票机 BOM 全部发生故障，该站应如何应对？注：天府广场是该市的购物中心。

2. 2011 年 5 月 1 日，某市地铁 1 号线人民北路站 B 出口的半自动售票机 BOM 发生故障，此时 D 出口的两台半自动售票机处于正常状态，该站应如何应对？（注：该站只有 B、D 两个出口）

要求：(1) 每一个学员能叙述处理流程；

(2) 在实训场地将学员分组分岗位按处理流程来模拟现实情景的处理。

任务三　全部售票机故障的处理

2011 年 3 月 20 日某市地铁 1 号线锦江宾馆站全部售票类设备发生故障。该站应如何应对？注：2011 年 3 月 19 日至 2011 年 3 月 22 日在某市举行糖烟酒会。

要求：（1）每一个同学能叙述处理流程；

（2）在实训场地将学生分组分岗位按处理流程来模拟现实情景的处理。

任务四　部分进、出站闸机故障的处理

2011 年 3 月 8 日某市地铁 1 号线天府广场站一出口处进、出站闸机发生故障，此时，该站应如何组织乘客？注：天府广场共有四个出口，其他三个出口进出闸机处于正常状态。

要求：（1）每一个学员能叙述处理流程；

（2）在实训场地将学员分组分岗位按处理流程来模拟现实情景的处理。

任务五　全部进站闸机故障的处理

2010 年 10 月 1 日某市地铁 1 号线世纪城站进站闸机全部故障，该站应如何应对？

要求：（1）每一个学员能叙述处理流程；

（2）在实训场地将学员分组分岗位按处理流程来模拟现实情景的处理。

任务六　全部出站闸机故障的处理

2011 年 3 月 22 日某市地铁 1 号线火车北站站全部出站闸机发生故障。该站应如何应对？注：2011 年 3 月 19 日至 2011 年 3 月 22 日在该市举行全国糖烟酒展销会。

要求：（1）每一个同学能叙述处理流程；

（2）在实训场地将学生分组分岗位按处理流程来模拟现实情景的处理。

思考练习

1. 票务管理模式执行优先权由高到低依次包括________模式、________模式、________模式。

2. 票务管理正常运行模式主要包括：________状态；________状态；________状态；________状态；________状态；________状态。

3. 票务管理降级运营模式的种类包括：________模式、________模式、________模式、________模式、________模式、________模式等。

4. 简述车站全部自动售票机 TVM 故障时的处理流程。

5. 简述车站部分半自动售票机 BOM 故障时的处理流程。

6. 简述车站全部出站闸机故障时的处理方法。

7. 简述在何种情况下需设置紧急放行模式，在紧急放行模式下，如何进行票务处理？

评价跟进

1. 教师的评价

由教师在完成本章的教学任务后填写，在相应表格中画“√”。

评价项目		教师的评价			
序号	题目	好	较好	一般	较差
1	对本章教学过程的控制				
2	在本章教学过程中，学员的参与情况				
3	学员对本章知识学习后的效果反馈				
教师对本章教学的总结评价意见及跟进措施					

2. 学员的评价

由学员在完成本章的教学任务后填写，在相应表格中画“√”。

评价项目		学员的评价			
序号	题目	好	较好	一般	较差
1	对本章教学执行过程中教师的表现				
2	本章教学内容与社会实际需求的联系情况				
3	自己在本章学习过程中的表现				
学员对本章教学的总结评价意见及跟进措施					

3. 知识跟进

（1）从互联网上了解城市轨道交通特殊情况下票务处理的现状如何。

（2）从互联网上了解城市轨道交通特殊情况下票务处理技术层面上的内容。

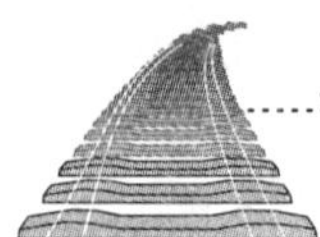

项目九 票款清分结算管理

学习目标

1. 掌握票款清分结算的概念及其规则。
2. 明确票款清分对象与清分的收益方。
3. 理解国内外城市轨道交通票务系统清分管理的特点。
4. 了解清分管理现状。

教学建议

1. 教学场地：在普通教室、能连接互联网的多媒体教室及城市轨道交通系统的各种模型实训室中进行，课后可实地参观。

2. 设备要求：各种城市轨道交通车站的票务系统仿真模型1套，或能播放影视投影的设备及相关课件、视频。

3. 课时要求：共8课时，其中课堂讲授？课时，模拟操作？课时。

教学导入

随着我国城市化建设步伐的加快，中心城市都在向周边辐射，城市轨道交通作为城市交通的重要交通工具在快速发展。随着城市轨道交通线路的增加，城市轨道交通网络化建设得到人们的重视。城市轨道交通网络就是指交通线路以交织成网的形式覆盖整个城市各个区域。用于最大限度地改善城市交通状况，方便人民群众。城市轨道交通自动售检票系统利用计算机管理购票、检票、计费、收费、统计的全部过程，能够减少票务管理人员，减少人为造成差错，加快售检票速度，提高城市轨道交通系统的运行效率和效益。

那么地铁工程建设系统规模的不断扩大，我国大多数城市轨道交通将逐步形成网状结构，出现多家运营企业同时运营的局面。从方便乘客、为乘客创造便捷的出行环境的角度出发，轨道交通内部将实现轨道交通专用票和城市公共交通“一卡通”的“一票换乘”。在“一票换乘”的前提下，各个运营企业之间票款如何清分、相应的轨道交通票款清分中心如何建立、单程票如何管理、下级 AFC 系统如何统一建设等一系列问题，都必须解决。

那么在城市轨道交通系统中，解决“一票换乘”的票款清分的部门为城市轨道交通清算中心（AFC Clearing Center，简称 ACC）。清算中心作为 AFC 系统最上层的管理中心，在线网 AFC 系统中扮演着非常重要的角色，清算中心 ACC 是城市轨道交通线网 AFC 系统各线路各类数据汇总、处理的唯一中心，可完成 AFC 系统各种运营参数的统一协调管理，是 AFC 系统运行状态监控管理中心及系统各线路之间和对外统一的技术接口，具有 AFC 系统票务服务以及对外信息服务和管理功能。

理论知识

任务 9.1 票款清分结算概述

随着城市轨道交通网络化运营的发展，对票务收益的清分日益成为运营主体的关注焦点。上海、广州、北京等城市已建立了清分中心，其他如南京、杭州、重庆等城市也正在建设中。清分中心的主要职责是依据城市轨道交通网络中各运营主体的运营贡献进行运营收益分配。

客流量是衡量运营贡献大小的主要依据。影响客流量的因素有很多，包括车站数量、线路里程、站间行车时间、服务质量、换乘站个数、票价政策、便捷程度等。按照不同的计算方式和原则，所得出的各运营主体的贡献大小也不尽相同。因此，城市轨道交通运营收益清分的关键在于制定相对合理的清分规则。

一、清分

清分也叫清算，指清算中心 ACC 按照一定的清分规则将合法交易数据对应的资金进行清分，并将清分的结果详细列示出来。

票务清分是指把服务接受者上缴的全部收益，按照各服务提供者的贡献进行有效的利益分配，实质上是依据一定原则计算并分配轨道线网中各运营实体的经济贡献，关键是制定相对合理的清分原则。

清分模型由清分主体、清分原则、清分比例三大要素组成。

（1）清分主体：为收益分配的主体。常见的清分主体有运营主体、线路主体、区域主体和发卡主体四类。目前国内的主流是按线路进行清分，然后按线路所属运营企业进行清算。

（2）清分原则：为路径选择原则。即如何确定乘客选择的乘车路径。常见的清分原则有路径最短原则、时间最少原则、换乘最少原则等。

（3）清分比例：为各清分主体的收益分配比例。当按清分原则确定乘车路径后，就需量化路径中各清分主体所提供的运营服务质量，然后根据“多劳多得”原则进行收益分配。

二、结算与清分规则

结算是指清算中心 ACC 按照清算结果将资金划拨给相应的收益方账户，完成资金的实际交收。

清分规则是指交易金额、费用如何在不同的利益主体之间进行分配的原则，是清算中心 ACC 进行交易清分的依据。

包括城市轨道交通系统与市政交通一卡通系统的清算对账和城市轨道交通各线路的清分对账。清算对账由城市轨道交通清算管理中心完成，其中与一卡通对账由清算管理中心和一卡通总中心完成，与各线路对账由清算管理中心与各线路中心或线路集中控制中心完成，并生成相应的对账报告。

三、影响清分因素和原则

1. 影响清分的因素

影响城市轨道交通运费清分的因素，主要可以分为四类，即乘客本身的因素、乘客出行特征因素、城市轨道交通网络因素以及运营企业管理因素。

（1）乘客本身的因素

包括：年龄、职业、收入水平。

年龄：通常年龄较大的乘客由于身体原因，在路径的选择过程中，更希望选择乘次数少且乘坐方便舒适的路径。

职业：职业因素对乘客路径选择具有一定影响，一般情况下，离退休人员更希望选择换乘次数少，且方便舒适的出行路径，这与年龄因素的影响是一致的。另外，学生和工薪阶层更倾向于选择出行时间最少的路径。

收入水平：通常随着收入水平的提高，乘客对于方便、舒适和安全等方面的要求更高，因此，对于收入较高的乘客来说，在其路径选择中，更希望选择换乘次数少且方便舒适的路径。

（2）乘客出行特征因素

包括：出行距离、出行目的、出行时段。

出行距离：出行距离是指乘客一次城市轨道交通的出行距离。通常，不同的出行距离对乘客选择路径具有一定影响。例如对于长距离的出行，乘客一般希望能够通过换乘来节省总的出行时间；而对于短距离出行来说，乘客一般都不希望换乘。

出行目的：不同的出行目的，乘客对路径选择也是不同的，例如以探亲访友为目的的乘客一般不会太在意出行时间的长短，而更在意出行过程中的方便舒适等因素；而上班或公务的出行则对时间比较敏感，此类出行更希望能够通过换乘来节省总的出行时间。

出行时段：在城市轨道交通系统中，出行时间是影响乘客出行路径选择的最主要因素。出行时间是乘客从出发地至目的地所需的全部时间，包括区间运行时间、中间站停站时间、换乘步行时间、换乘候车时间等。当乘客从出发地至目的地有多条路线可供选择时，通常情况下，出行时间越短的路线被选择的概率越大。一般来说，出行时间与里程是正相关的。但在实际路网中，可能会存在这种情况：两条出行路径中，里程较短的路径旅行时间长；里程较长的路径旅行时间较短。

（3）城市轨道交通网络因素

包括：路网结构、换乘方便性、运营模式、运营时间、出行时间。

路网结构：随着城市轨道交通网络化的形成，线路之间相互交叉衔接，使得路网的连通度大大提高，为乘客在两站之间出行提供了更多的路径选择。这就要求在确定清分规则的时候充分考虑乘客出行路径选择多样性的特点，采用切实有效、接近实际的清分方法，以确保运费在作出经济贡献的各运营主体之间进行合理分配。

换乘方便性：当乘客有多条路径可供选择且各条路径的旅行时间相差不大时，换乘方便性会对乘客的路径选择产生一定的影响，进而影响运费的清分。换乘方便性主要包括换乘次数和换乘时间两个方面。对于换乘次数来说，在各条路径的旅行时间相差不大的情况下，换乘次数越少的路径被选择的概率越大。乘客会在路径的旅行时间和换乘次数之间权衡考虑。换乘时间则包含换乘步行时间和换乘候车时间两部分。在旅行时间相近的多条路径中，乘客倾向于选择换乘时间较少的路径。

运营模式：指线路的共线运营的模式，如北京轨道交通 1 号线和八通线共线运营的四惠站到四惠东站，以及上海轨道交通 3 号线和 4 号线的宝山路站到虹桥路站。共线部分的车站都是换乘车站，这对于清分的影响是应该重点考虑的。

运营时间：运营时间作为清分影响因素主要是由于线路或换乘站提供的运营服务时间存在差异而引起的。当某 OD 对之间存在多条乘客的可选路径是，每条路径的运营时间可能不一致。因此，根据各条路径的运营时间，可以得到一天当中的不同时段由不同路径参与该 OD 的运费清分。

出行时间：出行时间是指乘客从轨道交通起始点至轨道交通出行终点所需的全部时间，包括乘车时间、换乘时间等。当乘客从出发地至目的地有多条路径可供选择时，一般来说，出行时间越短的路线被选择的几率越大。一般来说，出行时间与里程是正相关的。但在实际路网中，可能会存在这种情况：两条出行路径中，里程较短的路径出行时间较长；里程较长的路径出行时间较短。

（4）运营企业管理因素

包括：票价、安全性、方便舒适性、正点率。

票价：一般情况下，乘客会选择票价较低的路径。在本项目中，由于 OD 点之间的票价是确定性，所以票价的影响可以忽略。

安全性：安全性是指运营企业保证乘客使用其轨道交通线路的安全程度。

方便舒适性：方便性和舒适性参数是指乘客在使用轨道交通时能享受的一些舒适功能。基本内容包括：是否拥挤、环境是否适宜、是否有空调、车内座椅的舒适程度、站内设施的布局合理程度等。

正点率：正点率是指运营企业在运输组织时，提供给乘客出行的客运产品，即运行列车的准时程度。高的正点率会节省乘客的时间，满足乘客出行对于时间的需求。

2. 影响清分的原则

结合城市轨道交通清分管理中心的基于一家运营企业的“统一收费、按比例分成”的思路，主要的清分原则为：

（1）与票价政策相关，满足票价政策调整要求。

（2）清分方法应以影响清分的路网结构因素为主，结合乘客社会经济因素、出行特征和运营企业管理因素。

（3）按照全路网中独立的经营核算实体清分，利益分配应与其经济贡献合理匹配。

任务9.2　清分对象与清分受益方

一、清分的对象

票务清分系统模型构建中，最重要的是明确收益的清分对象，即为清分主体、运营主体、线路主体、区域主体、发卡主体五个主体。一般而言，清分主体即为城市轨道交通网的清算中心 ACC，运营主体为城市轨道交通运营企业，线路主体为线路的所有权拥有者，区域主体为线路组成的区域即为路网中某组成部分的所有权者，发卡主体即为发行储值票或轨道交通专用票卡的票卡发行商。

二、清分的受益方

城市轨道交通系统中参与清算的收益主体包括票卡发行商、售票代理商、运营企业、清算商。

票卡发行商承担城市轨道交通系统中使用的票卡的发行和管理，具有票卡所有权。票卡的销售和充值资金划入指定账户，由票卡发行商统一管理。

票卡发行商包括发行“公共交通一卡通”IC 卡的一卡通中心和发行城市轨道交通专用票卡的 ACC。

售票代理商是为城市轨道交通网提供售票、售卡、充值和票卡处理服务的。对于城市轨道交通网内的售票代理商应该是属于运营企业的各售票点。

运营企业是城市轨道交通网内提供运营服务的，收取运费作为其提供服务的收益。如北京城市轨道交通网内运营企业包括北京地铁公司和北京京港地铁公司两家。

清算商是为城市轨道交通网内各收益方主体进行清分清算服务的，以收取清算费作为提供清算服务的收益。城市轨道交通网内的清算商是 ACC。对于整个城市市政交通系统还应包括一卡通中心。

一定时期内，城市轨道交通网内的全部收入是通过各种票卡的销售和充值来形成。收入的组成可用公式表示：

$$A = B + C + D + E$$

式中：A—城市轨道交通网内全部收入；

B—售票代理费；

C—清算费；

D—运营企业的运费；

E—票卡发行商的票卡收益。

运费是以全部收入减去售票代理费、清算费之后剩余部分为基数，以乘客实际的消费额按规则清分的。

票卡收益应是管理票卡销售、充值资金（包括票卡押金）所得收益的全部或一部分，可协议约定或政府指定。

三、清分方案

城市轨道交通运营收益，是根据清分规则来计算各个收益方的收入，根据收集的城市轨道交通自动售检票系统单程票和“一卡通”所产生的交易和审计数据进行数据清分、对账和结算，进行线路之间的票款清分和数据挖掘，辅助各个业务部门进行分析决策。城市轨道交通主要收益来源形式是单程票的收益和“一卡通”的收益，两者的处理办法如下：

（1）单程票运营收益

清分系统根据当日单程票所有出站扣款记录上的进出站信息，按城市轨道交通路网的统一清分标准计算各个收益方的运营收入。如果单程票信息收益不全而不能进行清分的可疑消费收益，直接进入待清分的账户。常遇到的信息收益不全的情况有单程票发售收入和出站扣款不一致，存在差异，或者单程票本身存在可疑的交易。全路网单程票收益计算如下：

全路网单程票收益 = 单程票发售收入 + 单程票各类更新收入

（2）“一卡通”运营收益

清分系统根据当日“一卡通”所有出站扣款记录上的进出站信息，按城市轨道交通路网的统一清分标准计算各个收益方的运营收入，并且如果有手续费同样要进行清分。如果“一卡通”信息收益不全而不能进行清分的可疑消费收益，直接进入待清分的账户（注：“一卡通”待清分账户中的收益没有扣手续费）。如果是不涉及换乘站点的同站进出的运营收益统一计入本站所属收益方，如果是换乘站则按比例将收益划分给该站的所属各收益方。

1. 换乘的方式

随着城市的发展，城市轨道交通的线路交错逐渐形成路网状，乘客在出行时乘坐地铁所选择的路径相对丰富一些。如果乘客由一车站换乘至另一车站所经过的路径是唯一确定的话，则每段运营线路的收益将是明确的。如果乘客根据自身需求，包括对时间、走行距离、车厢舒适度、是否拥堵等因素，会自主选择不同的路径换乘，综合起来乘客所选择的路径就不唯一。

在城市轨道交通线路之间发生换乘时，根据是否有进、出检票的过程，换乘方式有无标记换乘和有标记换乘两种形式。

（1）无标记换乘

无标记换乘模式也叫做无缝换乘模式、一票换乘或多线路联乘。乘客只需在起点站根据目的地购买一张车票后，凭允许进站的单程票或储值票进站，经由不同运营企业经营的线路时，在付费区换乘不再刷卡，便可以直接连续地在不同线路上乘车，此种换乘方式称为无标记换乘。如果乘客在换乘车站无需经历一次进出检票过程，在乘客出站时系统无从知晓乘客的乘车路径，乘客有多条路径可以选择。由于不同的线路可能分属于不同的运营主体，所以运费收入归属不同的路径就会涉及不同运营主体的利益。

无标记换乘的一个显著特点是乘车路径的多样化。目前，上海市采用的运费清分方法是基于乘客路径选择的最短路径清分方法。

（2）有标记换乘

采用出付费区换乘方法，乘客需要多次购票，即乘客在换乘站（或通过换乘通道）需经历一次进出检票过程，增加了乘客的不便，降低了整个轨道交通系统的吸引力。这种有障碍换乘模式，可以通过辅助手段准确记录乘客的乘车路径，整个乘车路径中所涉及的换乘站点被准确记录下来，不同的运营线路之间独立收费，因此在这些城市的轨道交通中并不涉及清分问题。

如东京地铁的换乘模式就多种多样。东京的地铁由两家公司负责经营、维护和技术管理，分别为营团地铁和都营地铁，形成了帝都高速交通营团（TRTA）。

东京地铁的换乘模式分为以下三种：

①单程票直接到达目的地。乘客在进站时检票乘车，到达换乘站通过换乘通道至另外的线路乘车，到达目的地出站并有出站检票机回收车票。

②单程票只到换乘站。乘客在进站时检票乘车，到达换乘站要再次购买到达目的地车票，再次进站到达目的地出站并有出站检票机回收车票。

③单程票到达换乘站但须重新检票。乘客在进站时检票乘车，到达换乘站要通过专用闸机检票并取回单程票出站，并凭借此票换乘另一线路进站检票乘车，到达目的地出站并有出站检票机回收车票。

2. 换乘的票务清分

换乘票务清分的目的就是依据清分规则，对票务收入进行及时、公平的清分，使各运营公司能够及时将运营收入入账，同时可提高各收益主体的资金效益。通过清分，可以充分、客观地反映城市轨道交通路网的客流情况，特别是各线路、各车站、各断面和各方向路径的客流情况。

根据不同的换乘方式，清分算法也不同。

（1）无标记换乘的清分

在路网中，乘客从进站到达出站，经过的路径和运营线路有多种选择。由于路径的不确定性，清分时可以采用路径算法、数理统计算法或模糊算法，确定各运营线路的票款收益。

（2）有标记换乘的清分

乘客在换乘时记录了乘客的进站交易数据、出站交易数据、路径数据，在自动售检票系统中可以获得换乘交易的一条完整的路径数据，根据路径数据，清分系统能够精确地清分各运营线路的收益，但在换乘站必须在车票上留有换乘标志信息，并经车站计算机上传给有关系统集中处理。

由于网络化运营的条件下，线路的归属权可能不同，所以针对客流分配之后的运距分配也会有所不同。在进行换乘时根据车站 OD 路径上的运营模式，会遇到以下几种模式：

①单路径单运营主体：OD 之间只有一条合理的路径，并且该路径只涉及一个运营主体。

②单路径多运营主体：OD 之间只有一条合理的路径，并且该路径涉及多家运营主体。

③多路径单运营主体：OD 之间有多条合理的路径，并且各条路径只涉及一个运营主体。

④多路径多运营主体：OD 之间有多条合理的路径，并且有的路径涉及多家运营主体。

任务 9.3　国外主要城市轨道交通清分结算方案举例与分析

一、国外清分管理

随着地铁工程建设系统规模不断扩大，我国大多数城市轨道交通将逐步形成网状结构，出现多家运营商同时运营的局面。从方便乘客、为乘客创造便捷的出行环境的角度出发，轨道交通内部将实现轨道交通专用票和城市公共交通“一卡通”的“一票换乘”。在“一票换乘”的前提下，各个运营商之间票款如何清分、相应的轨道交通票款清分中心如何建立、单程票如何管理、下级 AFC 系统如何统一律设等一系列问题都必须解决。韩国和日本城市轨道交通运营已多年，早已形成网络结构，在票款清分方面的经验值得学习和借鉴。

1. 韩国首尔清分中心运作情况

韩国智能卡公司（Korea Smart Card Co. Ltd.）负责韩国首尔地区包括首尔行政区内的仁川和崔奇的城市一卡通（T－Money 卡）的票款清分和卡发行业务，该公司就是首尔公共交通票款清分中心。它于 2003 年由政府牵头，系统承包商、信用卡公司、终端服务提供商（地铁、公交等）、设备供应商等单位共同组成，通过为各相关单位提供 T－Money 卡消费的清分服务，收取一定的服务费作为营业收入，维持正常运作。该公司发行的 T－Money 卡可以应用于首尔地区所有的公共交通工具，是世界上运营比较好的卡。清分中心为所有应用 T－Money 卡的各交通运营商、银行、电信公司等单位提供票款清分服务，清分的范围较大。

（1）清分中心的清算流程

①地铁售检票设备上的读卡器和地铁 AFC 系统的车站服务器相连，车站服务器将

交易数据发送给 T－Money 清算中心的在线服务器。

②公交巴士上装有无线读卡器，当巴士回到车场后，读卡器会自动和车场内的服务器连接，将数据发送到 T－Money 清分系统。

③清分系统第二天凌晨 4 点开始对上一日数据进行清算，7 点前将清算结果通知各运营商以及信用卡公司、电信公司，并通知结算银行进行划账，各个运营商对清分结果进行检查核对。

（2）清分规则

整个 T－Money 清分系统应用范围较广，首尔轨道交通内部换乘关系复杂，单程票使用比例较少（低于 10%），T－Money 清分系统对首尔市票款收入的清算，目前采用的清分规则相对比较简单：

①票价按照里程计费，如存在多个路径，则按照最短路径计算。

②T－Money 卡在地铁之间换乘，入站时扣除最低消费金额归属入站车站运营商，出站时扣除超额票款归出站车站运营商。

③T－Money 卡在地铁和公交之间的换乘，乘车的总票价，由地铁公司和公交公司均分，各占 50%。

④首尔轨道交通内部单程票款不做清分。

以上清分规则，通过一段时间的运作，各运营商尤其是轨道交通运营商已看到其存在的不足。目前，正由清算中心牵头协调各个运营商，协商制定一个更为合理的清分规则。

2. 东京地铁票款清分情况

由于东京铁路系统建设比较早，建设和运营的公司多（加上私铁，多达 27 家），从 2001 年起，JR 铁路发行的 IC 卡（俗称“西瓜卡”）可在东京公共交通工具上使用。但地铁公司发行的一些多次票、预付费票不能在 JR 铁路使用，东京在市内轨道交通的换乘大部分是出站换乘，不存在清分的问题。对于部分地铁或 JR 铁路与一些私铁之间实现不下车换乘（私铁相当于地铁或 JR 铁路的延长线），则按照乘车线路上的各运营商各自的票价计算规则计算各自票价，乘客付出的总票价为每条线路票价之和，清分中心按照各条线路上的票价分配总票价。为便于说明，举例如下：假设乘客从甲站到乙站，需经过 A、B 两个运营公司的线路，按照各自的计费规则，乘坐 A 公司的线路需 10 元，B 公司需 5 元。那么乘客需付 15 元，根据清分规则，A 公司得 10 元，B 公司得 5 元。

日本大阪自 1996 年 3 月 20 日起开始使用 Surutto Kansai 新车票体系（一种预售的、可以多次使用的磁卡车票系统），即事先购买预售的“彩虹卡”，就可以乘坐地铁、新电车、公共汽车和 4 条私营铁路。1997 年后，南海电铁、近铁、神户交通局、京都市交通局等一起参与了 Surutto Kansai 的网络。截至 2004 年 11 月，Surutto Kansai 形成了 43 家公司、局可以通用的交通卡网络。为进一步提高方便性 Surutto Kansai 联合 JR 西日本铁路公司于 2006 年 2 月开展可以共用的 Pitapa 的 IC 卡结算服务。Pitapa 卡应用范围包括原有 Surutto Kansai 的网络以及 JR 西日本铁路，是日本应用最广泛的交通卡网络。由于运营线路和运营公司众多，在 Pitapa 卡消费清算上也采用了类似东京的简单清算方式，即按照乘车线路（按照最短路径计算）上的各运营商各自的票价体系计算各自票价，乘客付出的总票价为每条线路票价之和，清分中心则按照各条线路上的票价分配总票价。

总结韩国、日本公共交通清分中心的成功经验，建设轨道交通票款清分中心需考虑以下几个问题：

（1）建设资金来源与运作模式问题。建设轨道交通票款清分中心需要资金较多，如韩国首尔清分中心耗资约合 1.5 亿元人民币。筹建清分中心的资金来源需要明确。为维持轨道交通票款清算中心的运作，必须有一定的收入，具体哪些项目收费、收费比例如何确定，均需明确规定。

（2）下级系统的技术标准统一问题。根据城市轨道交通的建设格局，各线的 AFC 系统将分别由不同的承包商建设，采用的技术各不相同，可能导致将来筹建的轨道交通票款清分因无法识别下级系统的数据而无法进行清算的问题。因此，在建设轨道交通票款清分中心前，要未雨绸缪，事先研究其相关问题及其下级系统的技术标准统一问题。

（3）票款清分规则问题。轨道交通票款清分规则直接涉及下级系统运营商的收入，各运营商必须对清分规则（尤其是一些异常情况下的清分）达成共识，清分中心方可进行明确的清分。因此，协调各个运营商，制定各方均能认可的清分规则尤为重要。

（4）票款清分划账方式问题。票款收入和清分结果的划账方式有多种，每种方式对于各个运营商以及清分中心产生的成本和收益均不相同，因此，票款收入和清分结果的划账方式也需经过各个运营商的统一认可。

（5）轨道交通票款清分中心的功能。建议轨道交通票款清分中心主要为各个轨道交通运营商提供一个跨运营商的统一票务及清算管理平台。

①作为一票通的业主，发行和管理轨道交通专用车票轨道交通票款清分中心根据票务政策，定义票卡类别，规定不同的一票通产品形式，以贯彻政府的轨道交通政策，满足乘客的需求，为运营商的运营目标服务。

②作为运营商收益清分服务的提供者，在各线路互联互通的环境下，乘客从某一线路进站，无障碍地转乘另一线路，达到目的站。在此基础上，各运营商的 AFC 系统不能取得全面的乘客乘车的交易数据，必须通过一个综合系统，才能进行运营收益的清分。轨道交通票款清分中心从运营商的 AFC 系统采集所有票种的交易数据，对各个运营商运营收益进行清分。

③作为政府票务体制及政策的执行者，票价由轨道交通票款清分中心与运营商共同制定，由政府审批。轨道交通票款清分中心作为市政府的授权机构，通过建立综合票务系统，执行票务、票价政策。票价表由清分中心统一建立，分发到各运营商执行。

④作为“一票通”相关标准的制定与管理者，轨道交通票款清分中心系统是一个综合性的运营管理、票务管理及清分管理平台系统，中心制定统一的技术标准和业务规则供各线路系统执行。技术管理包括对轨道交通 AFC 系统的安全密钥管理、运营参数管理、票卡标准、选型、面对乘客的统一服务界面管理等。

（6）轨道交通票款基本清分规则。建议轨道交通票款清分中心运作的核心内容是清分规则的定义，清分规则直接涉及各个运营商的票款分配，这也是清分中心建设中的难点。

（7）正常情况下的票款收入清分规则。持单程票或储值票的乘客从某一运营商的车站入闸进入，经过换乘站到另一运营商的车站出闸时，清分中心按照最短路径计费，按照各线路运营商的票价，进行票款收入的清算和分账。

（8）异常情况下票款收入的清分规则。异常情况下票款收入包括超时、逃票、进出更新收费、补票等收费项目，由于此部分收入较少，建议先不进行清分，待运作一段时间后．如差异较大，再确定清分规则。关于清分规则的调整与完善，轨道交通票款清分中心可先按照基本的清分规则运作，每半年或一年开一次会，根据运作情况，召集各运营商进行总结与讨论，对清分规则进行完善。

二、清分方法与清分影响

1. 清分方法

清分方法的确定对于无障碍换乘的城市轨道交通网络的票款清分，一般包括基于线网规模的清分方法和基于最短路径与多路径选择的清分方法。

第一种方法是按照各个运营主体的运营线路规模（运营里程）的比例，对整个线网的票款进行清分。该方法简单易行，但由于不考虑各个运营主体线路间客流量的分配，不能客观地反映各个运营主体应得的收益，因此，在精确度、合理性上都存在明显的缺陷。

第二种方法是假定某两站之间的乘客全部选择最短路径，将运费收益分配给在最短路径上做出贡献的运营主体。在线网规模不大、结构简单的条件下，该方法可以作为确定客流及票款分配比例的可行方案，但因根据时间或距离要素进行路径选择分析，而忽略了能够基本上反映清分主体的贡献与收益的匹配关系，因此，在进行客流统计时，存在局部断面客流计算与时间出入较大的情形。

第三种方法考虑了乘客出行路径的多样性，确定几条乘客可能选择的理性路径，根据一定的方法确定每条路径的客流分配比例，进而结合各线路承担的运输里程计算清分比例。考虑到北京市轨道交通网络化的规模、结构的复杂性以及多运营主体的实际情况，依据线网规模或最短路径的清分方法，并不能真实地反映实际乘客出行路径，进而在清分中使得利益在各运营商中的分配产生不公之处。

因此，很多轨道交通网络采用了基于多路径选择的清分方法，以更加切合实际地反映乘客的出行情况，客观、公平地分配客流及票款收益。

2. 清分影响

清分的影响因素及客流调查清分的影响因素主要划分为确定性因素和不确定性因素。确定性因素可以直接通过有关线网客流及票款清分方法规划设计和运营管理的信息确定；而不确定性因素由于涉及乘客主观性的选择行为，其对于清分的定量化影响程度无法直接确定，因此，必须根据理论分析和实际调查等方法进行量化。

通过调查乘客对线网的熟悉程度，出行路径选择涉及的主要影响因素、最短路径和此段路径之间的敏感程度、对运营主体的偏好等内容，确定了乘客出行选择的特征及模型中的参数。

通过模拟乘客在城市轨道交通网络中的行为，计算出各 OD 对中相关运营主体完成的客运周转量，并以此为基础进行运费收入的清分。

清分方法的基本思路如下：

（1）综合出行阻抗函数的建立。客流调查显示，60% 以上的乘客视“时间最短”为轨道交通系统中出行路径选择的首要因素，同时由于在当前无障碍换乘条件下，一旦 OD 确定，则在该 OD 间所有路径上出行的票价是相同的，因此，以广义旅行时间为标尺，把区间和车站（包括通过站和换乘站）影响通过参数标定建立综合函数关系，作为出行阻抗，量纲为时间（min）。

（2）线网的抽象化表示及线网信息描述。将轨道交通网络表示为有向联通图，并用计算机储存；输入构成线网的线路、车站、区间的相关属性信息，包括线路的运营时间、发车间隔，通过车站的停站时间、换乘车站不同线路换乘时间、区间运行时间、里程、区间列车满载率、运营主体归属等；计算路段（区间）和节点（车站）的阻抗。

（3）OD 间 K 条渐短路径的搜索及路径信息的获取。根据路段和节点的阻抗搜索出 OD 间 K 条渐短路径，并输出 K 条路径的相关信息，包括路径的综合出行阻抗值、路径换乘次数及每次换乘的时间、路径上列车满载率、路径中参与运营主体的运距比例、路径的运营时间等。

（4）路径的有效性判断。根据运营时间和路径综合出行阻抗容许区域两方面对 OD 间 K 条路径进行筛选，剔除不满足条件的路径，形成 OD 间的有效路径集，并确定其类型。

（5）有效路径的客流分配比例计算。基于各有效路径的综合出行阻抗值，结合交通调查获取的反映乘客出行行为的相关参数的标定，运用概率分配模型，确定 OD 间各有效路径分担 OD 客流的比例。

（6）有效路径客流分配比例的修正。考虑换乘次数和拥挤程度对乘客出行路径选择的影响，对基于综合出行阻抗确定的路径客流分配比例进行修正。

（7）清分比例的计算。根据 OD 间各有效路径的客流分配比例和该路径中不同运营主体的运距比例，计算出 OD 运费收入在不同运营主体之间的清分比例。按线网中任意 OD 对清分比例，生成不同时段线网全部 OD 间的清分比例表。

（8）票款的清分。将票款按照不同时段的清分比例，实现运费在相关运营主体之间的分摊。对于以前需要客流调查才能粗略统计的客运量、断面客流量、平均运距等问题，清分系统均实现了较精确的计算。

随着轨道交通网络化运营规模的不断扩大，轨道交通多运营主体的运营模式逐渐形成。对于无障碍换乘的情况，运营主体对线网的经济贡献不能明确地界定。鉴于此，一般的城市轨道交通成立了自动售检票清算管理中心，在充分理论研究的基础上，考虑影响清分的确定性与不确定性因素，并结合大量客流调查数据，确立了多路径选择的客流及票款清分方法，实现了客流分布计算及票款的清分清算。

思考练习

1. 简述国外城市轨道交通票务系统票款清分方面的成功经验。
2. 票款清分方法与影响有哪些内容?

评价跟进

1. 教师的评价

由教师在完成本章的教学任务后填写，在相应表格中画“√”。

评价项目		教师的评价			
序号	题目	好	较好	一般	较差
1	对本章教学过程的控制				
2	在本章教学过程中，学员的参与情况				
3	学员对本章知识学习后的效果反馈				
教师对本章教学的总结评价意见及跟进措施					

2. 学员的评价

由学员在完成本章的教学任务后填写，在相应表格中画“√”。

评价项目		学员的评价			
序号	题目	好	较好	一般	较差
1	对本章教学执行过程中教师的表现				
2	本章教学内容与社会实际需求的联系情况				
3	自己在本章学习过程中的表现				
学员对本章教学的总结评价意见及跟进措施					

3. 知识跟进

（1）从互联网上了解城市轨道交通特殊情况下票务处理的现状如何。

（2）从互联网上了解城市轨道交通特殊情况下票务处理技术层面上的内容。

附录一

AFC 常用缩略语英汉对照表

缩写	英文解释	中文解释
AFC	Automatic Fare Collection	自动售检票系统
LCCS	Line Central Computer System	线路中央计算机系统
CCS	Central Computer System	中央计算机系统
CC	Central Computer	中央计算机
SCS	Station Computer System	车站计算机系统
SC	Station Computer	车站计算机
SCR	Station Control Room	车站控制室
EnGe	Entry Gate	进站检票机
ExGe	Exit Gate	出站检票机
DG	Dummy Gate	尾端检票机
RG	Reversible Gate	双向检票机
TG	Tripod Gate	转杆检票机
ATVM	Automatic Ticket Vending Machine	自动售票机
BOM	Booking Office Machine	半自动售票机
CVM	Card Vending Machine	自动加值机
E/S	Encod/Sorter	车票编码分拣机
PCA	Portable Card Analyzer	便携式验票机
PC	Personal Computer	个人计算机
EB	Emergency Button	紧急按钮
MCBF	Mean-Cycles Between Failure	平均无故障次数
MTBF	Mean-Time Between Failure	平均无故障时间
MTBSF	Mean-Time Between Serve Failure	运营中故障平均间隔时间
MTTR	Mean Time To Repair	平均故障恢复维修时间
CSC	Contactless Smart Card	非接触式 IC 卡
DES	Data Encryption Standard	数据加密标准
SLE	Station Level Equipment	车站现场设备

SAM	Secure Access Module	安全存取模块
TST	Test Ticket	测试票
SJT	Single Joumey Ticket	单程票
SVT	Store Value Ticket	储值票
TCT	Trip Count Ticket	乘次票

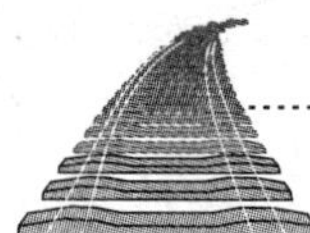

附录二

北京市轨道交通自动售检票系统技术管理规定

为了实现北京轨道交通自动售检票系统联网运行，规范轨道交通自动售检票系统的规划、设计、建设、改造和运营管理，根据本市实际情况，特制定本规定。

［释义］

本市轨道交通线路自 1971 年发售车票接待乘客开始，在已有的 3 条线路中一直采用人工售检票。2003 年 12 月 31 日地铁 13 号线（城铁线）自动售检票系统开通使用结束了北京轨道交通无自动售检票系统的历史，同时揭开了北京轨道交通自动售检票系统全面发展的新篇章。2008 年奥运会的成功申办为北京轨道交通的发展提供了机遇，新线建设和既有线通过改造全部采用自动售检票系统，形成轨道交通网络化自动售检票系统。该系统的合理性、科学性和技术的统一性是北京轨道交通自动售检票系统建设和运行的首要问题，因此，必须通过制定标准统一技术、统一管理，为确保轨道交通自动化联网收费体系稳定运行提供依据。

第一章　总　　则

第一条　轨道交通各线路的 AFC 系统应联网运行，实现乘客在路网内无障碍一票换乘（以下简称一票通），满足一卡通在路网内各线路的统一应用，实现不同运营商经营线路间的互联互通。

［释义］

（一）一票通

一票通是指乘客在整个轨道交通路网内，从一条线路到另一条线路无须二次检票的自由换乘，乘客在换乘站不需要先出站进入非付费区，后再进站到另一条线的付费区的过程，而是直接在换乘站的付费区换乘到另一条线路的过程。

（二）一卡通在路网内各线路的统一应用

一卡通是利用先进的计算机、通信、信息处理、IC 卡技术及安全保密等技术手段建立的以售卡、充值、结算为中心业务的服务平台，由北京市政交通一卡通公司主持建设运营；该系统采用由一卡通公司统一发行的非接触 IC 卡（简称一卡通卡）作为支付介质应用于市政、公共交通等领域。轨道交通是一卡通卡应用的支柱行业之一。一卡通卡是轨道交通自动售检票系统中车票介质，按照统一规则、统一卡片规格、统一卡片类型及统一管理运营模式在轨道交通各线路中使用。

（三）互联互通

互联互通是指乘客在整个路网内任何运营线路的任一车站为出发地，以任何运营线路的任何车站为目的地；并在各车站的检票设备应能处理路网内任意车站发行的有效票卡。

第二条 轨道交通 AFC 系统联网运行应统一运营管理模式、票制、票务规定、收费管理模式、清分对账规则、乘客服务界面、技术规定和业务流程。

[释义]

（一）运营管理模式

运营管理模式包括运行管理模式、设备监控模式、特殊运营模式等。这些模式均能通过参数进行设定。

（二）票制

系统收费制度，指设置的票种及其使用规则和收费规则，是制定费率、票价表的基础。

（三）票务规定

包括票种的设置、车票的编号、车票有效期、优惠制度、乘车时间限定、车票回收办法、无效车票的处理、退票办法、车票个人化及丢失处理、换乘及车票调配流程等方面有关内容的管理规定。

（四）收费管理模式

包括车票类型及规则、票价表及优惠率、进/出站扣款及特殊模式处理方式、售票/检票/补票管理方式、现金管理和收益管理模式等。

（五）清分对账

包括轨道交通系统与市政交通一卡通系统的清算对账和轨道交通各线路的清分对账。清算分账由轨道交通清算管理中心完成，其中与一卡通对账由清算管理中心和一卡通总中心完成，与各线路对账由清算管理中心和各线路中心或线路集中控制中心完成，并生成相应的对账报告。

（六）乘客服务界面

指轨道交通 AFC 系统终端设备的乘客服务提示和操作界面，包括终端设备上的显示屏、乘客操作方式、操作流程及操作按钮等。

第三条 轨道交通 AFC 系统必须采取切实可行的措施，保证网络、数据传输和车票的可靠性和安全性；保证数据的完整性、保密性、真实性和一致性。

[释义]

保证数据的完整性、保密性、真实性和一致性

数据完整性是指数据在处理、存储和传输过程中始终保持完整，系统采取自动保护措施，对未经授权的用户，系统拒绝任何修改。

数据保密性是指信息或数据在处理、存储和传输时，经过加密处理，只有经过授

权的用户或设备才能访问和处理该数据。

数据真实性是指数据采集、传输和处理正确，数据在采集、传输和处理过程中，数据始终保持与生成状态一致。

数据一致性是指存储在AFC系统各个层次和各个组成部分（包括车票）的同类数据是一致的。

第四条 轨道交通路网应设置自动售检票系统清算管理中心，作为实现轨道交通AFC系统联网运行的运营、票务、清算管理中心。

[释义]

清算管理中心

轨道交通清算管理中心是AFC系统联网收费的核心部分，完成轨道交通统一清算、统一车票发行和管理、联网收费所必需的统一运营管理。该中心收集、处理系统内交易数据，下达系统网络化运营指令，下载运营参数，同时为系统提供安全机制和严格的操作规程。

第五条 轨道交通不同投资主体、不同运营商经营线路的AFC系统参与联网运行时应采取统一收费、按比例分成的运营模式和清算原则。

[释义]

轨道交通联网应按统一收费原则执行，包括统一票价表、统一收费参数定义、统一收费方式等，各运营商通过协议规则，按比例进行收益分成。

第六条 轨道交通AFC系统票制采用基本票制和辅助票制。基本票制采用计程票制，辅助票制为计时票制。

[释义]

（一）计程票制

按乘车里程或车站到车站区段收费。

（二）计时票制

按在付费区内停留的时间计费。

第七条 路网内发行和使用的车票为轨道交通专用票和市政交通一卡通发行的储值票，车票媒介采用非接触IC卡。

[释义]

（一）轨道交通专用票

轨道交通清算管理中心发行的车票，包括单程票、出站票等回收车票，以及纪念票、计次票等不需回收的车票、轨道交通储值票和预留车票等。

（二）一卡通储值票

市政交通一卡通公司发行的非接触储值IC卡不仅可以在轨道交通各线路中使用，还可在市政交通其他领域（如公交、出租车等）行业使用。

第八条 轨道交通 AFC 系统应采用封闭式收费管理系统。

[释义]

封闭式收费管理

封闭式收费管理是指整个轨道交通的 AFC 系统所管辖的各运营线路的所有车站均设置进站/出站检票设备，并通过检票设备将车站划分为付费区和非付费区。乘客必须在出发车站通过进站检票设备，进入付费区，才能去往目的地；到达目的地车站后，乘客必须通过出站检票设备结清车费，才能离开付费区。

第九条 系统基本扣款方式为进入付费区检票设备检票不扣款，出付费区检票设备检票结算。当运营模式需要时，系统能够支持进入付费区检票设备检票扣款。

[释义]

当运营模式需要时，系统能够支持进入付费区检票设备检票扣款

在系统降级运营模式或紧急模式状态下，乘卡无须刷卡即可出站时，乘客所使用的票卡缺少出站记录。在下一次使用该票卡进站时，自动检票设备能够判断并按规定扣除上一次所需费用，且能够处理本次交易。

第十条 AFC 系统设计能力应满足超高峰客流量的需要，设备配置数量按近期超高峰客流量计算，按远期超高峰客流量预留位置与安装条件。

[释义]

为满足北京轨道交通运营的需要，在设计 AFC 系统时应充分考虑客流因素，科学合理地计算设备配置数量，应满足近期超高峰客流需要，同时按远期客流预测作预留条件。

第二章 系统结构及各层职责功能

第十一条 北京轨道交通 AFC 系统应由 4 层组成，分别为：

第一层：清算管理中心系统（ACC）。

第二层：线路中心系统（LC）。

第三层：车站计算机系统（SC）。

第四层：车站终端设备。

[释义]

AFC 系统结构应由 4 层组成

按照联网收费的业务要求和管理职责要求，总体结构划分为 4 个层次。第一层是 ACC 系统，它是联网收费系统的清算管理中心。第二层是 LC 系统，它是所辖线路的控制，和管理中心。第三层是 SC 系统，它管理和监控车站终端设备。第四层是车站终端设备，它是直接服务于乘客的部分，执行系统设置，完成各种交易，生成各种交易数据。

由于轨道交通将出现多个运营商或单运营商运营多条线路的情况，运营商可以根据需

要建立管理机构，从所管辖线路的LC收集各种所需要数据，进行统计分析和必要的管理。

第十二条 AFC系统总体功能主要包括：售检票作业处理、票务管理、运营管理、设备管理、财务管理、清算对账管理、统计查询管理、网络管理、数据管理、安全管理、用户权限管理以及运营模式的监控管理等。

[释义]

轨道交通自动售检票系统是以先进的集成技术、信息处理技术、自动控制技术、IC卡技术及安全保密技术为基础的轨道交通自动收费系统。系统具备多项管理职能，各层根据整体要求实现管理职能。

第十三条 ACC应实现轨道交通路网内各运营商的统一协调系统运行；实现轨道交通系统与一卡通系统间的清算、对账，各线路间的清分、对账以及数据处理；实现轨道交通专用票的统一发行及管理；实现轨道交通系统对外的信息服务；实现系统管理和系统安全管理；满足必要的运营模式需求；实现各LC有效接入ACC。

[释义]

ACC作为轨道交通清算管理中心，完成统一清算、统一车票发行和管理，制定安全保密规则并生成系统IC卡车票密钥、生成SAM卡等，同时ACC提供测试平台环境，实现各线路LC顺利接入ACC。

第十四条 ACC统一制定联网运行有关的制度、规则和流程，包括收费制度、车票安全保密规则、清算对账业务规则、车票发行、车票使用及调配流程、运营模式控制流程、参数编码规则、终端设备乘客服务界面的规定和系统接口规则等。

[释义]

（一）运营模式控制流程

指运营模式的设置及生效执行过程。

（二）条文中涉及的规则、流程等另行规定

第十五条 ACC系统基本功能应包括：收集、统计、分析、查询运营数据；统一对车票进行初始化，进行车票调配及车票跟踪等；与LC清分对账、与一卡通系统清算对账；完成ACC内部及接入系统间的网络管理；提供与LC系统、一卡通系统及其他系统相连的接口；提供测试平台系统；系统维护；设置并下载票价表、费率表、车票种类、运营模式、联乘优惠率等参数；提供系统标准时钟；接收、生成、上传、下载黑名单；数据备份及恢复，系统灾难异地备份；建立安全密钥体系，生成系统密钥，进行密钥管理制作、发行系统内使用的SAM卡，完成交易数据TAC码认证；入网设备注册、认证及授权；ACC系统内用户权限管理等。

[释义]

（一）车票跟踪

车票跟踪包括跟踪车票的位置、车票的状态、车票的交易、车票账户的变化。单程票跟踪车票的位置，为车票配送和流通提供统计数据。轨道交通专用储值票跟踪车票的状态、车票的交易及车票的账户，监视车票非正常使用的情况。

（二）联乘优惠率

联乘优惠率是指对路网内换乘给予的收费优惠额度或轨道交通给予由其他交通工具换乘到轨道交通的优惠额度。

（三）系统灾难异地备份

系统灾难异地备份是指建立在第三方的数据或系统备份，至少为数据备份；异地灾难备份是为应付不可抗拒灾难而建立的，灾难备份包括异地数据恢复及备份数据管理等内容，一旦灾难发生能够快速恢复数据处理，以延续系统运行和业务运作。

（四）安全密钥体系

安全密钥体系是指 IC 卡交易安全所需要的安全密钥管理。安全密钥体系是指 IC 卡密钥产生和分散、SAM 密钥生成和应用确认、交易数据 TAC 码认证、IC 卡密钥保管、检验、使用、更改、销毁等多方面保护 IC 卡及交易安全的综合管理系统。所完成的工作主要包括密码生成、分发和保管；发卡安全控制；发行母卡、SAM 卡、管理卡、操作员卡、票卡等，以及 IC 卡交易及设备认证等。

第十六条 LC 接受 ACC 系统参数及指令，实现所监控线路 AFC 系统的运营管理并根据协议上传相关数据；与 ACC 对账；实现所辖线路票务管理及设备管理；通信出现故障必须由线路独立运行时，LC 独立管理所辖线路 AFC 系统运行。

［释义］

票务管理

票务管理是对车票进行综合管理的特定过程。车票管理包括车票的设计、制作、库存管理、发放、回收、销毁和统计等主要内部环节，同时包括车票销售、使用、补票、退票等乘客使用环节内容。

第十七条 LC 系统基本功能应包括监视系统运行状态，收集、统计、分析、查询运营数据；接收 ACC 的车票调配指令，完成在本线路流通的车票调配；与 ACC 清算对账；设置站区功能。接收 ACC 下载的车票种类、票价表、费率表、运营模式等参数，并通过 SC 下载到终端设备；对线路间共用车站 AFC 设备的 SC 进行（协议）管理；接收时钟信号完成时钟同步；接收、上传、下载黑名单等。LC 系统内安全访问控制，系统内权限管理；数据审核、数据备份及恢复；设备入网注册；系统间安全访问控制。

［释义］

站区

站区是在线路中管理相邻若干车站的管理机构，具有管理所辖车站票务和运营的职责。

第十八条 SC 接收 LC 管理指令，管理本站系统运行。SC 系统基本功能应包括：监视和控制车站终端设备运行状态，根据需要启用紧急模式；接收 LC 车票调配指令，管理车站内车票流通；收集、传输、统计运营数据。接收并自动下载票价表、车票种类、运营模式等参数，接收时钟信号完成时钟同步；数据备份及恢复，用户管理。

［释义］

启用紧急模式

紧急模式由系统进行定义。车站根据现场情况，通过 SC 操作或根据 FAS 系统的指令起用紧急模式。启用信息上传 LC，再由 LC 上传 ACC。

第十九条　车站应设置售票、检票、补票、充值及查询类终端设备。

终端设备的基本功能应包括终端设备接受系统参数及指令，完成规定操作及信息提示，生成并上传全部交易数据、审核数据，生成日志数据；按要求存储数据；设备故障自诊断，设备故障提示；当通信故障等条件下独立运行时，数据可通过外部媒体导出，故障恢复后数据自动上传。IC 卡读/写器支持多 SAM 模块同时工作，具备 4 个 ISO7816—1/2/3 标准的 SAM 插槽。系统终端设备应满足联网收费的要求。设备种类及具体功能如表 A－1 所示。

［释义］

（一）补票

需进行补票业务处理的情况主要包括无票出站、车票损坏无法出站、车票缺少进站记录无法出站、单程票超程超时无法出站等。

（二）设备故障自诊断

设备故障自诊断是指在不需要外部测试设备和任何外部工具情况下诊断和检修设备。它可以在当地被设备自身或来自远程的应用程序所调用，至少应包括：显示当前故障代码；设备通信状态监测；设备内部各模块及主要故障点的传感器检测、动作监测及功能测试；设置系统模式及其他测试参数等，以便检测和修复设备功能。

（三）审核数据

设备记录的唯一交易记录序号、交易状态等涉及交易方面的数据及设备故障等方面的数据，用于清算系统及设备管理系统检查数据逻辑及设备工作状态。

（四）日志数据

日志数据是指设备工作状态的流水记录，通常用于设备维护及设备故障排除。

第三章　车　票

表 A－1　设备种类及具体功能

设备种类	具体功能
自动售票机	自动发售车票
半自动售/补票机	发售车票、充值、补票及查询
进站闸机	进、出站自动检票、回收车票（出站闸机、双向闸机）、金额显示、操作提示
出站闸机	
双向闸机	

便携式验/检票机	车票人工验票及检票
自动充值机	车票自动充值和信息查询
自动补票机	自动补票
查询机	车票、路网信息查询

第二十条 轨道交通专用票包括单程票、出站票、往返票、福利票、一日票、区段计次票、区段定期票、纪念票（定值纪念票、计次纪念票、定期纪念票）、员工票、车站工作票、储值票（预留）及其他预留车票等。

［释义］

预留车票

预留车票是指在本规定中要求的票种以外，根据运营需要可能增加的票种。

第二十一条 轨道交通专用票规格应符合以下要求：

（一）轨道交通专用票规格采用 ISO 14443 TYPEA 标准。

（二）轨道交通专用储值票、区段计次票、区段定期票、计次纪念票、定期纪念票、员工票和车站工作票等车票规格应符合 ISO 14443 TYPEA 标准的 Mifare® 1。车票封装材料可采用 PVC/PET 等。

（三）轨道交通单程票、出站票、往返票、一日票、福利票、定值纪念票等车票规格应符合 ISO 14443 TYPEA 标准的 Mifare® UltraLight。车票封装材料可采用 PVC 等，卡片外形尺寸为 86 mm ×54 mm ×0. 50 mm。

（四）轨道交通专用票预留规格应符合 ISO 14443 TYPEB。

［释义］

（一）Mifare® 1

Mifare® 1 为 ISO 14443 标准规定的 . rYPEA 非接触 IC 卡中的一种，卡片有 1 KB 的存储空间。

（二）Mifare® UltraLight

Mifare® UltraLight 为 ISO 14443 标准规定的 TYPEA 非接触 IC 卡中的一种，卡片有 64 B 的存储空间。

第二十二条 车票的使用和回收方式为：

（一）乘客凭有效车票经检票设备检票进入付费区，凭有效车票经检票设备检票出付费区。

（二）区段计次票、区段定期票、计次纪念票、定期纪念票、员工票、车站工作票和轨道交通专用储值票的车票使用方式为进出站必须刷卡。

（三）单程票、出站票、往返票、一日票、福利票、定值纪念票车票使用方式为进付费区时须刷卡，出付费区必须将卡插入检票设备。

（四）单程票、出站票、往返票、福利票为回收类车票。其回收方式分别为单程票、出站票、福利票出付费区时由检票设备回收；往返票往程出付费区时不回收，返程出付费区时由检票设备回收。回收车票可在站内或系统内循环使用。

（五）除回收类车票外，其他车票均为不回收类车票。

［释义］

（一）有效车票

检票设备判断车票是否具备进站和出站的条件。这些条件主要包括车票内的发行信息、金额、有效期和是否列入黑名单等。

（二）刷卡

进出站时，乘客持车票在读卡器上表面进行读/写和处理的一种操作方式。操作后车票仍在乘客手里。

（三）插入检票设备

进出站时，乘客将车票插入检票设备的插槽口，以便检票设备方便对 IC 卡处理和回收的操作方式。车票插入后，车票由检票机处理，根据处理结果判别车票返还乘客还是被检票设备回收。

第二十三条 车票初始化和种类定义地点为：

（一）轨道交通专用票统一由 ACC 进行初始化。

（二）一日票、区段计次票、区段定期票、定值纪念票、计次纪念票、定期纪念票、员工票、车站工作票由 ACC 定义车票类型。

（三）单程票、往返票和福利票由售票设备定义车票类型。出站票由补票设备定义车票类型。

［释义］

（一）车票初始化

车票在投入使用前必须进行车票初始化。车票初始化时车票编码由清算中心统一分配，并保证其唯一性，同时生成并写入车票安全密钥。写入车票内的初始化数据都将上传至中心计算机系统，并生成车票初始化详细清单和统计报告。

（二）定义车票种类

车票初始化时可以同时定义车票种类，但对部分车票在 ACC 只作初始化不定义车票种类，该部分车票种类定义在车站发售或补票时完成。

第二十四条 轨道交通专用票车票种类定义等说明如表 A-2 所示。

表 A-2 北京市轨道交通专用票车票种类定义表

单位：百万港币

序号	票种	定义	规格	挂失	出站回收	限当日使用	再次充值（次）
1	单程票	当日一次乘车使用，限在购票车站进站，按乘车里程计费	Mifare® UltraLight	×	√	√	×

2	出站票		由半自动售/补票设备发售，仅限发售出站票的车站当日出站时使用	Mifare® UltraLight	×	√	√	×
3	往返票		当日限定两车站间一次往返乘车时使用，按乘车往返里程计费，超程时需补出站票出站	Mifare® UltraLight	×	√ 注：往程出站时不回收，返程出站时回收	√	×
4	一日票		在购票当日内不限次使用，车票使用时需检查进出站次序	Mifare® UltraLight	×	×	√	×
5	福利票		适用于持可免票证件的乘客在半自动售/补票设备换取的车票，使用方式同单程票	Mifare® UltraLight	×	√	√	×
6	区段票	区段计次票	在有效期内在规定区段内计次使用。超过规定区段，需补票	Mifare® 1	×	×	×	√ 再次充值后，有效期延长
		区段定期票	在规定区段内定期使用。超过规定区段，需补票	Mifare® 1	×	×	×	√ 再次充值后，有效期延长
7	纪念票	定值纪念票	在有效期内使用，每次乘车按里程计费	Mifare® UltraLight	×	×	×	×
		计次纪念票	在有效期内计次数使用，每次乘车不计里程	Mifare® 1	×	×	×	×
		定期纪念票	在有效期内不限次使用，每次乘车不计里程	Mifare® 1	×	×	×	×
8	员工票		内部员工记名使用计次票	Mifare® 1	√	×	×	√

9	车站工作票	由车站工作人员持有，仅限指定车站使用，不检查进出站次序	Mifare® 1	√	×	×	×

一卡通储值票的票种和定义参见《一卡通在轨道交通自动售检票系统中应用的技术标准》。

［释义］

持可免票证件

指持有免费乘车证件的离休人员、不在职革命伤残军人、盲人可免费乘车，乘车时必须前往售票室凭有效免费乘车证件领取本次乘车车票。

第二十五条 ACC 通过 LC 上传的轨道交通专用票交易数据及状态信息，完成车票跟踪。

［释义］

各 LC 将轨道交通专用票交易数据及状态数据的上传，ACC 才可实现车票跟踪。

第四章　系统重要参数及管理

第二十六条 票价表应根据票制制定，由基本票价结构和实施规则组成；票价表应包括费率表、适用票种、实施日期及时间等内容。费率表应表示车站到车站的乘车费用。轨道交通各线路采用统一的票价表格式，各线路票价表及费率表应报送 ACC，由 ACC 审核并生成后，下发至各 LC 执行。

［释义］

参与轨道交通系统联网运行的线路制定统一的票价表是实现“一票通”的基本前提条件，票价表的制定是一个复杂的过程，因此，必须遵循严格的流程。

第二十七条 系统运营模式包括正常运营模式、降级模式和紧急模式。正常模式由系统默认，系统降级模式包括：车费免检模式、进出站次序免检模式、时间免检模式、日期免检模式等。降级模式信息由 LC 上传 ACC，由 ACC 进行设定，并下发到全系统。紧急模式由 SC 或 FAS 系统启用。紧急模式信息上传 LC，LC 上传到 ACC，由 ACC 下载到全系统。其他车站终端设备依据系统指令启用相应的模式。系统应具备模式扩展能力。

［释义］

（一）正常模式

为系统默认模式，该模式处理正常状态下的售补票及乘客进出站处理。乘客持票进站，进站闸机检验车票有效后，放行乘客；无效时阻挡乘客，并显示相关信息，引导乘客进行下一步操作。乘客持票出站，出站闸机检验车票有效时，放行乘客；无效时阻挡乘客，并显示相关信息，引导乘客进行下一步操作。

（二）车费免检模式

当出现地铁车辆、设备故障或其他不可预见原因，部分车站暂时中止运营服务，某一方向已购票乘客无法到达目的地或行程超出目的地站时，AFC 系统将被设置为“车费免检模式”。被设置“车费免检模式”的车站，出站闸机将不对相应方向车票数据进行检验。

（三）进出站次序免检模式

当客流量集中进站或出站超过车站容量或因设备故障需要时，可依据系统指令启用“进出站次序免检模式”。

（四）时间免检模式

系统采用计程、计时票制时，因轨道交通自身原因，乘客乘车时间及在站停留时间超过规定时限，系统指令启用“时间免检模式”，不检验车票时间信息，但仍检查车票的票值，车票按正常方式扣款。

（五）车票日期免检模式

因轨道交通自身原因造成车票过期或特殊需要，系统指令启用“日期免检模式”，不检验车票日期信息，允许过期车票在一段时间内正常使用。

（六）紧急模式

当发生紧急情况需要乘客紧急撤离车站时，启用“紧急模式”。闸机处于全开状态，乘客出站不检票。回收票一段时期内可按规定再次使用；非回收票下次进站时补齐出站记录，不收取上次乘车费用。

（七）模式扩展能力

随着运营实践和业务的增加与拓展，为保证日后的需求，系统预留模式增加的空间，便于系统模式升级。

第二十八条 ACC 设置独立的时钟系统，该时钟系统为北京市轨道交通 AFC 系统提供标准时间信号。

［释义］

ACC 系统时钟源无论取自何方，轨道交通 AFC 系统所有时钟均以 ACC 的时钟为标准时钟进行同步。

第二十九条 轨道交通专用票黑名单数量不少于 20 000 条，一卡通储值票的黑名单数量为 20 000 条。车站设备应具备储存和处理不少于 40 000 条黑名单记录和 20 组黑名单记录的能力。轨道交通系统生成的黑名单及一卡通系统下载的黑名单由 ACC 统一下发各 LC。

［释义］

黑名单记录

乘客挂失登记或系统跟踪监测到不正常发行、出售和使用的车票，均被列入黑名单记录范围。黑名单包括一卡通黑名单和轨道交通黑名单，其中一卡通黑名单由一卡通总中心产生，轨道交通黑名单由轨道交通清算管理中心产生，两组黑名单由 ACC 统一下发到 LC、SC 及终端设备执行。

第三十条 系统运行时间应包括黑名单下载时间、清算时间、对账时间等。系统运行时间由各运营商协商后经 ACC 统一下发。

［释义］

轨道交通 AFC 系统根据系统要求有明确的时间作业序列要求，如黑名单应在系统每日开始运营前下载，清算时间包括清算数据截止时间、清算时间需要统一制定，以使各对账单位有统一计算的依据；对账时间是系统完成清算后核对双方清算结果的时间，也需要统一规定，以使 ACC 及各线路（包括一卡通）便于实施。系统运行时间由 ACC 参数设置开始时间及结束时间（包括特殊模式的开始时间及结束时间等）。

第三十一条 系统内设备应具有唯一编码，设备编码由行业代码、轨道交通线路代码、设备类型代码、车站代码和设备代码组成。

［释义］

（一）行业代码表示轨道交通行业代码。

（二）轨道交通线路代码表示线路编码。

第五章　系统通信网络及接口

第三十二条 系统应通过轨道交通专用通信传输通道或设置 AFC 专用传输通道进行数据通信。各 LC 系统应分别与 ACC 系统连接。各独立网络系统间应设置安全系统。网络通信协议采用 TCP/IP 协议。ACC 与一卡通系统之间、ACC 与 LC 之间的通信接口应采用标准通信协议的接口。

［释义］

本条含义是可以利用通信专业提供的通信线路组建轨道交通 AFC 系统总体网络，也可独立建立轨道交通 AFC 系统总体骨干网络。

第三十三条 网络数据传输应支持批量文件传送、实时和非实时等传输方式；支持单播、组播及广播等传输方式。

［释义］

（一）批量文件传输方式

批量文件传输方式是一次完成传输多个数据文件的数据传输方式。

（二）实时和非实时传输方式

实时传输，是指与生成传输数据时同步进行的数据传输方式。

非实时传输，是指与生成传输数据非同步进行的数据传输方式。

（三）单播、组播及广播传输方式

单播是指由一个通信节点向网络内另一个通信节点播发消息的数据传输方式。

组播是指由一个通信节点向网络内的一组通信节点播发消息的数据传输方式。

广播是指由一个通信节点向网络内的所有通信节点播发消息的数据传输方式。

第三十四条 轨道交通 AFC 系统中所有服务器、网络及终端设备应统一配置 IP 地址。

［释义］

IP 地址

即网际协议（Internet Protocol）地址，用以唯一确定采用网际协议的网络内各个通信节点（包括 AFC 系统中的计算机主机和各终端设备）的地址值。它由 4 个数值和 3 个分隔点组成，可以确保网络内的数据准确地进行路由选择和传输。

终端设备使用静态或动态 IP 地址设置方法。AFC 的主要终端设备（如 AC、BOM、TVM、TEM 等）的 IP 地址是固定不变的，用于低层的传输层通信、通信监控，也能用于机器识别；一些手持终端设备（如手持验卡机）的 IP 地址是动态设置的，是可变的，它在上网登录的时候，由系统动态分配一个 IP 地址，用以与网络内的其他通信节点进行数据传输。

第三十五条 系统网络管理应包括网络状态监视、故障预警通知、配置管理、性能报告及分析、安全访问控制等。

［释义］

（一）网络状态监视

中心系统对网络状态监视主要包括对网络设备状态及网络数据传输状态的监控。系统监控网络设备的运行状态并修改网络设备参数；系统监控网络设备的数据传输状态，如数据流量、数据接收及丢失状态等，并对系统网络设备进行故障诊断；通过对系统网络状态及数据传输状态数据进行分析统计，生成系统网络运行报告。

（二）配置管理

网络中所有计算机设备、网络设备和车站终端设备的设备编码（标识）及其 IP 地址的对照和配置管理。

（三）安全访问控制

安全访问控制包括实体鉴别、安全消息服务以及通过网络防火墙等网络安全设施完成的网络访问控制。

第六章　其　他

第三十六条 本规定适用于北京市轨道交通自动售检票系统的建设和运营；轨道交通自动售检票系统相关专业应满足本规定的要求，同时遵循《地铁设计规范》（CB 50157—2003）和《一卡通在轨道交通自动售检票系统中应用的技术规定》。

［释义］

（一）建设和运营

建设主要指轨道交通自动售检票系统 AFC 新建设项目和轨道交通原人工售检票改造为自动售检票系统的改造项目。运营表示对建设完成的线路（含 AFC 系统）的运行及运营管理，主要包括本规定中对于 ACC 职责要求、LC 职责要求、SC 职责要求和车票管理等规定的内容，以及 ACC 运营单位和各线路运营单位在运营中所必须完成的业务等。

（二）相关专业

主要包括通信传输系统、防火（灾）报警系统、供电系统、监控系统和建筑结构等。

第三十七条 本规定具体实施的相关细则另行规定。本规定由主编单位进行解释。本规定自发布之日起实施。

［释义］

轨道交通自动售检票系统联网运行是复杂的系统工程，在分步骤建设实施各线路 AFC 系统和运营时，必须严格遵循本规定。

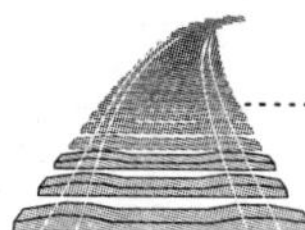

附录三

深圳市轨道交通票务规则

1. 总则

为了统一深圳市轨道交通票务规则，规范票务管理，按《城市轨道交通运营管理办法》及《深圳市轨道交通运营管理暂行办法》等相关规定，制定本票务规则。

本规则适用于深圳市轨道交通各运营商的票务管理工作。

2. 名词定义

2.1 深圳通卡：指由深圳通公司按规定发行的可储值消费的公共交通票卡。

2.2 深圳通优惠卡：指由深圳通公司按市政府规定发行的可优惠乘坐公共交通的票卡，不包含轨道交通运营商自行推行优惠的深圳通卡。

2.3 单程票：供乘客单程乘坐列车计费之用，经过发售、入站检票环节，在乘客出站时予以回收的车票。单程票包括普通单程票及预赋值单程票（也称为预制单程票，以下简称预制票）。

2.4 区段计次票：在有效期内、规定区段内单人限次使用的车票。

2.5 区段定期票：在有效期内、规定区段内单人不限次使用的车票。

2.6 无效票：经 BOM 检验无法更新且系统无法读取数据或票面损坏的车票。

2.7 卡内余额：深圳通卡中，乘客实际可使用的金额（不包括押金部分）。

2.8 最高单程票价：指轨道交通线网基本票价表中的最大金额值。

2.9 本站最高单程票价：本站至线网其他车站最高单程票价。

2.10 票种最低票价：指乘客所使用车票种类的起步价。

2.11 押金：深圳通公司向购买深圳通卡的乘客收取的车票抵押金。

2.12 超时：乘客在付费区内停留的时间超出规定的时间。

2.13 超程：乘客乘坐的里程超出购买车票时预定的里程。

2.14 付费区：进入检票设备范围内的区域。

2.15 非付费区：付费区以外的区域。

2.16 BOM：车站半自动售票机。

3. 车票种类

深圳轨道交通实行一人一票制，车票种类主要包括：单程票、区段计次票、区段定期票、儿童票、行李票、轨道日票、轨道赠票、深圳通卡、深圳通优惠卡、员工卡等。

4. 基本票价

深圳轨道交通票价实行里程分段计价票制。起步价为首 4 千米 2 元，4 千米至 12

千米部分，每1元可乘坐4千米；12千米至24千米部分，每1元可乘坐6千米；超过24千米，每1元可乘坐8千米。

5. 车票使用规则

5.1　单程票使用规定

5.1.1　正常情况下，普通单程票经车站自动售票机发售，在售出车站当日乘车有效（当日指售出运营日）。

5.1.2　必要时各运营商可自行决定在客服中心的BOM上出售普通单程票或人工发售预赋值单程票。

5.1.3　在非付费区，本站当日发售且无入站信息的单程票可在售出站按票面值退票。

5.1.4　乘客进入付费区后，一律不予退票，以下情形除外：在付费区，乘客未乘车，被发现携带违禁品或携带的行李重量或尺寸超过规定的等非轨道本身原因，不准乘坐轨道交通，并给予退票。

5.2　区段定期票使用规定

5.2.1　在有效期及规定区段内不限次乘坐轨道交通，跨区段使用时按无票乘车处理。

5.2.2　由发行运营商负责对所发行的区段定期票进行解释及车票的异常处理。

5.3　区段计次票使用规定

5.3.1　在有效期及规定区段内限次乘坐轨道交通，跨区段使用时按无票乘车处理。

5.3.2　由发行运营商负责对所发行的区段计次票进行解释及车票的异常处理。

5.4 儿童票暂行使用规定

详见附件五：《深圳市轨道交通专用票“儿童票”发行实施细则（暂行）》。

5.5　行李票使用规定

乘客携带20~30千克或0.06~0.1立方米的行李需购买行李票，行李票按照乘客乘车始发站与目的站里程的单程票价计算。

享受免费乘车优惠政策的乘客无须购买行李票，但携带重量超过30千克、长度超过1.6米或体积超过0.1立方米的超标准行李不得进站乘车。

5.6　发票领取规定：深圳通卡充值不提供发票，如需发票，请乘客在付费区凭车票索取本次所乘车程的发票，发票面值按单程票计价。

6. 车票优惠政策

6.1　持深圳通卡乘坐轨道交通享受轨道交通票价9.5折优惠（深圳通优惠卡除外）。

6.2　换乘优惠：使用深圳通卡搭乘公交后的乘客，在公交刷卡90分钟内换乘深圳轨道交通，享受轨道交通票价9.5折优惠同时，再优惠0.4元/次。

6.3　中小学生（含高中）凭深圳通公司核发的《学生卡》乘坐轨道交通享受轨道交通票价5折优惠。

6.4　身高1.2米以下的儿童可免费乘坐轨道交通；1.2~1.5米的儿童乘坐轨道交

通享受轨道交通票价 5 折优惠；6 周岁以下的儿童凭深圳通公司核发的《深圳市儿童乘车卡》免费乘坐轨道交通，6~14 周岁的儿童凭深圳通公司核发的《深圳市儿童乘车卡》乘坐轨道交通享受轨道交通票价 5 折优惠。中小学生（含高中）凭深圳通公司核发的《学生卡》乘坐轨道交通享受轨道交通票价 5 折优惠。

6.5 持以下有效证件免费乘坐轨道交通，经边门进出：

6.5.1 残疾军人凭《中华人民共和国残疾军人证》，伤残人民警察、伤残公务员、因战因公伤残人员凭《残疾人民警察证》《中华人民共和国伤残公务员证》《中华人民共和国因战因公伤残人员证》，现役军人凭中国人民解放军（武装警察部队）军官证、文职干部证、警官证、士兵证和各类军事院校的学员证免费乘坐市内轨道交通；本市户籍享受抚恤补助待遇的残疾军人、复员军人、带病回乡退伍军人、参战涉核退役人员、烈士遗属、因公牺牲军人遗属、病故军人遗属凭《深圳市优抚对象优待证》，本市户籍的军队离退休干部凭《离休干部荣誉证》和《军（警）官退休证》免费乘坐市内轨道交通。

6.5.2 凡年满 65 周岁以上的老年人，不限户籍，均可凭身份证或市老龄委核发的《敬老优待证》《深圳市敬老优待卡》《深圳市敬老优待证》或《深圳市暂住老人免费乘车证》等有效证件免费乘坐市内轨道交通。

6.5.3 本市户籍的残疾人凭市残联核发的《深圳市残疾人乘车卡》或第二代《中华人民共和国残疾人证》免费乘坐市内轨道交通；非本市户籍的残疾人凭第二代《中华人民共和国残疾人证》免费乘坐市内轨道交通。

7. 车票异常处理规定

7.1 车票超时

乘客在付费区内停留的最大时限为 180 分钟，超过时限视为超时。

7.1.1 若为单程票，按最高单程票价补交超时车费后更新车票。

7.1.2 若为区段计次票，扣除 1 次乘车次数后更新车票。如卡内剩余次数不足以扣除，按最高单程票价发售出站票。

7.1.3 若为区段定期票。免费更新车票。

7.1.4 若为深圳通卡，按最高单程票价补交超时车费后更新车票。

7.1.5 若为深圳通优惠卡，按最高单程票价相应优惠折扣补交超时车费后更新车票。

7.2 车票超程

7.2.1 若单程票超程，补交超程车费后更新车票。

7.2.2 若为区段计次票跨区段，按无票乘车处理。

7.2.3 若为区段定期票跨区段，按无票乘车处理。

7.3 单程票既超时又超程

补交超时、超程车费后更新车票。

7.4 车票进出站次序异常处理

7.4.1 乘客在非付费区，车票有入站标志：

车票进站为当日本站且进站时间在 20 分钟内。免费更新车票，否则，将进行处理如下：

（1）若为单程票，回收车票并请乘客重新购票。

（2）若为深圳通卡，如进站时间为当日，按进站站点至本站的单程票价补交后更新车票，如进站为非当日，按最低单程票价补交车费后更新车票。

（3）若为深圳通优惠卡，如进站时间为当日，按该票种相应优惠折扣补交进站站点至本站的单程票价后更新车票，如进站时间为非当日，按最低单程票价与该票种相应折扣补交车费后更新车票。

（4）若为区段计次票，扣除1次乘车次数并更新车票。

（5）若为区段定期票，免费更新车票。

7.4.2　乘客在付费区，车票无入站标志：

（1）免费更新车票。

（2）若乘客反映已刷卡（含单程票回收）但未及时出闸，予以发售免费出站票。

7.4.3　乘客在付费区。车票有非当日入站标志：

（1）若为单程票，回收车票，发售本站最高单程票价付费出站票。

（2）若为深圳通卡，按最低单程票价补交车费后，根据乘客反映的进站车站更新车票。

（3）若为深圳通优惠卡，按该票种相应优惠折扣补交最低单程票价后更新车票。

（4）若为区段计次票，扣除1次乘车次数后，根据乘客反映的进站车站更新车票。

（5）若为区段日期票，免费更新车票，并根据乘客反映的进站车站更新车票。

7.5　逃票管理规定

对于使用假冒、伪造证件优惠乘车或故意逃票的乘客，按线网最高单程票价的10倍补收票款。

7.6　无票乘车管理规定

7.6.1　正常情况下按本站最高单程票价补票出站，符合免费条件人员给予免费出站。

7.6.2　1.2～1.5米儿童无票时，按同行成人单程票价的相应优惠折扣补票出站，无同行成人的按本站最高单程票价相应的优惠折扣补票出站；1.5米以上的儿童无票时，按同行成人单程票价补票出站，无同行成人的按本站最高单程票价补票出站。

7.7　遗失车票管理规定

在付费区遗失车票视为无票乘车。

7.8　无效票处理规定

7.8.1　若为单程票。则必须回收车票，如在非付费区根据乘客反映的购票情况，必要时退还乘客购票车费，请乘客另行购票；乘客如在付费区，给予免费出站。

7.8.2　若为深圳通卡及深圳通优惠卡，乘客如在非付费区，请乘客另行购票；乘客如在付费区，询问乘客进站站点，深圳通卡按单程票价发售付费出站票，深圳通优惠卡，按该票种相应折扣发售付费出站票。

7.8.3　若为区段计次票或区段定期票，乘客如在非付费区，请乘客另行购票乘车；乘客如在付费区，询问乘客进站站点，区段内的区段票免费发售出站票，跨区段的区段票则发售本站最高票价的付费出站票。

7.8.4 若为手机深圳通卡，在付费区因手机无电无法出站，工作人员给予提供充电或请乘客将手机 SIM 卡取出放置在专用设备上进行扣费后，发放免费出站票出站；如 BOM 读卡器和专用设备都无法正常处理手机深圳通卡时，根据乘客反映进站地点发售付费出站票。

7.9 付费区深圳通余额不足

告知乘客深圳通卡余额不足，如不充值，则根据车票进站信息按单程票价发售付费出站票，并免费更新深圳通卡进站信息。

若为深圳通优惠卡，按该票种相应优惠折扣发售付费出站票，并免费更新深圳通优惠卡进站信息。

7.10 车站自动充值机充值不成功

如乘客在站厅内自助充值机充值失败，必须于一个月内到事发车站进行退款处理。逾期将不予办理。

7.11 违规使用深圳通优惠卡

深圳通优惠卡必须与有效证件同时使用，优惠票持卡人在车站工作人员进行核实身份时必须给予配合。持卡人违规使用优惠票的，工作人员可按最高单程票价的 10 倍要求持卡人补票，违规持卡人不补票的，工作人员可暂扣优惠卡，持卡人可在 7 日之内持有效身份证明到车站补票后领回优惠票卡。

7.12 黑名单票管理规定

7.12.1 若乘客在非付费区，告知乘客此票为黑名单票，请乘客重新购票进站。

7.12.2 若乘客在付费区，告知乘客此票为黑名单票，按本站最高单程票价发售付费出站票。

7.13 车票过期管理规定

7.13.1 在非付费区，请乘客重新购票。

7.13.2 在付费区，按本站最高单程票价发售出站票。

8. 深圳市轨道交通突发事件票异常处理管理规定

见附件六《深圳市轨道交通突发事件票务异常处理规定》。

9. 附则

本细则由深圳市交通运输委员会负责解释。

本规则附件：

附件一：深圳通卡发行使用办法

附件二：深圳通学生卡发行使用规定

附件三：手机深圳通卡发行使用暂行办法

附件四：深圳通优惠卡发行管理暂行办法

附件五：深圳市轨道交通专用票——“儿童票”发行实施细则（暂行）

附件六：深圳市轨道交通突发事件票务异常处理规定

附件七：深圳市轨道交通赠票发行（暂行）实施细则

附件八：深圳市轨道交通日票发行（暂行）实施细则

附件一：

深圳通卡发行使用办法

第一条 本办法于2011年7月22日修订。适用于持有租用版普通卡、销售版普通卡、纪念卡和个性卡（以下简称深圳通卡）的用户。其他类型卡的具体规定及使用须知，请参见相关的文件。

第二条 本办法根据市发改函［2011］1241号文规定起草，是持卡人（即深圳通卡的用户）与深圳市深圳通（以下简称“发卡单位”）所订立关于使用深圳通卡的合约。如使用深圳通卡，即表示持卡人同意接受本办法约束。

第三条 定义：

1. 深圳通卡是由发卡单位统一发行，用于深圳通系统电子收费的一种非接触式智能IC卡。是一种电子储值钱包。

2. 卡表面损坏是指出现卡折叠、断裂、有折痕、裂开、弯曲、涂鸦、张贴异物、印制图案、卡面刻画模糊、缺边、缺角、打孔、湿水软化导致卡受损等现象。

3. 质保期：卡面完好的销售类卡（含销售版普通卡、纪念卡、个性卡及银行联名卡等），从第一笔消费交易开始计算3个月内。

第四条 深圳通卡的类型包括但不限于4种，均可反复充值使用：

1. 租用版普通卡：属于不记名卡，不可挂失；押金20元，可透支，可按规定退换。

2. 销售版普通卡：属于不记名卡，不可挂失；售价20元，不可透支，不可退换。

3. 纪念卡：发卡单位限量发行的具有纪念意义和收藏价值的销售卡，属于不记名卡，无押金，不可透支、不可退换。

4. 个性卡：指根据客户需要特别制作并在卡面打印个性化信息、图案的销售卡，属于不记名卡，无押金、不可透支、不可退换。

第五条 深圳通卡的适用范围：

1. 深圳轨道交通、公共汽车及贴有“深圳通”标识的便利店、社区超市等小额消费商铺（以下简称“深圳通运营商”）均可使用深圳通卡。

2. 深圳通卡的应用范围将在公交领域、小额消费领域逐步扩大，请留意相关公告。

3. 消费网点如果不接受持卡人的深圳通卡进行消费，请即与该网点运营商或发卡单位联络。

4. 持深圳通卡乘坐轨道交通、公共汽车等公交工具时，只限于持卡人使用和享受优惠，一人一卡，不允许代人刷卡。

第六条 深圳通卡的办理：

1. 办理网点：深圳通客服网点、邮政支局网点、深圳轨道交通各站点以及贴有深圳通标识的便利店、社区超市、银行网点等（以下简称“深圳通代理商”）均可办理深圳通卡。深圳通卡办理网点将不断拓展，具体地点详见发卡单位在媒体和网站的公告。

2. 办理方法：从2011年6月15日起，交纳20元押金即可租用一张租用版普通卡，押金退卡时按规定退还；交纳20元即可购买一张销售版普通卡；纪念卡、个性卡按深圳通公司规定的价格发行。

第七条 租用版普通卡的费用：

1. 押金：每张卡需收取押金20元。

2. 租金：0.5元/月·张，租金从租用卡之日起计算，按月从收取的卡押金中扣除（不足1个月按1个月计）。使用期超过40个月后的按40个月收取，视同销售给持卡人。2011年6月15日前办理的租用版普通卡的押金扣除时间为50个月。

3. 退卡手续费：租卡6个月内的（含6个月），退卡时收取3元/张的手续费；租卡超过6个月，退卡时免收手续费。

第八条 深圳通卡的充值：

1. 持卡人可在贴有深圳通充值标识的深圳通代理商进行人工充值，或到代理深圳通业务的银行提供的自助充值机办理自动充值业务。

2. 深圳通卡首次充值最低限额为50元，每次充值额为50元整数倍。深圳通卡储值额最高不得超过1 000元。

3. 深圳通卡如有透支情况，充值时将首先偿付透支款。

4. 深圳通卡内储值额以深圳通中央结算系统的记录为准，但明显错误除外。

5. 深圳通卡不记名不挂失，持卡人应根据自身需要适量充值并妥善保管。

第九条 深圳通卡的消费：

1. 乘坐轨道交通时，持卡人需在入闸和出闸刷卡方能通行；乘坐一票制公交线路，持卡人上车刷卡即完成付费；乘坐分段收费公交线路，持卡人可使用乘务员的手持收费器，在确定消费金额后进行刷卡即完成付费。

2. 持卡人到小额消费商铺进行消费的，请在确定消费金额后进行刷卡即完成付费。

3. 发卡单位仅提供电子储值服务，持有深圳通卡消费所涉及的票价、费用、票据以及优惠政策等，均由深圳通运营商决定。

4. 深圳通运营商为持卡人提供相应服务所涉及的服务质量等问题。由深圳通运营商负责。发卡单位不受理与深圳通卡无关的消费投诉、索赔。

5. 深圳通的透支功能目前仅适用于部分深圳通运营商，请留意相关公告。

6. 当刷卡设备提示“余额不足”时，表示卡已透支或余额为零，持卡人需另行支付费用。

第十条 深圳通卡的保管：

1. 请持卡人妥善保管深圳通卡防止卡片损坏或遗失。

2. 持卡人不得使用或容许任何人使用自身持有的深圳通卡作任何非法用途。

第十一条 深圳通退卡地点：

1. 深圳通客服网点以及张贴有深圳通退卡业务标志的其他网点均可办理退卡业务。发卡单位将不断拓展和完善退卡网点的建设和服务，请持卡人留意发卡单位的有关宣传和公告。

2. 可读卡退卡地点：卡内余额在人民币100元以内（含100元）的可在深圳通网点及邮政支局网点办理；卡内余额在人民币100元以上的，在深圳通客服网点办理。

3. 不可读卡退卡地点：深圳通客服网点。

第十二条 租用版普通卡（可读卡）退卡业务：

1. 卡表面完好，芯片可读的卡，在扣除已透支额、租金及退卡手续费后，退还剩余押金及卡内余额，卡片回收。

2. 卡表面损坏的可读卡，在扣除卡押金20元、已透支额及退卡手续费后，退还剩余押金及卡内余额。

第十三条 租用版普通卡（不可读卡）退、换卡业务：

1. 卡表面完好，芯片不可读的故障卡，可选择办理退、换卡手续。选择换卡，则现场免费更换好卡，旧卡回收，旧卡使用期限和押金值自动转入更换后的卡内；选择退卡，则按相应的退卡规定办理。

2. 卡表面损坏，芯片不可读的故障卡，只办理退卡手续（扣除卡押金20元、已透支额及退卡手续费后，退还剩余卡内余额）。

3. 由于故障卡卡内数据不可读，因此，故障卡退、换卡业务持卡人必须先到指定网点提出申请，卡片回收，10天后凭回执领取现金或网银转账。

4. 更换的卡片不受卡面编号和版面印刷图案限制。

5. 发卡单位不办理租用版普通卡及质保期内的故障卡（卡表面完好，芯片不可读的）原因以外的换卡业务。

6. 卡片信息无法读取且表面严重磨损导致卡面号码无法识别的，不予以办理退、换卡业务。

第十四条 销售版普通卡及纪念卡退卡内余额业务：

1. 销售版普通卡及纪念卡办理退卡内余额业务，购卡费不予退还。退卡后，该卡将不可再次充值和使用。

2. 质保期内的销售版普通卡及纪念卡（卡表面完好、芯片不可读的故障卡），可选择换卡或退卡内余额。选择退卡内余额，购卡费不予退还。选择换卡，将优先考虑换相同款式。如果相同款式已售完，将换同等价值（按原卡销售时的价格计算）不同款式的卡。

第十五条 深圳通卡查询：

1. 持卡人可在轨道交通沿线站点的“验票机”上查询该卡最近10条的交易记录。

2. 可在深圳通网站“余额查询”栏目查询卡余额。

第十六条 发卡单位的权利义务包括但不限于以下条款：

1. 任何单位、个人未经发卡单位的授权，不得擅自修改深圳通卡的资料、结构、样式、卡面印刷及用途，否则，发卡单位有权终止其继续使用该卡，不承认以该卡所进行的所有交易和余额，并保留追究其经济、法律责任的权利。

2. 使用与本人身份不符的深圳通卡或违反本条款有关规定的，发卡单位有权停用、没收或注销该卡。

3. 在正常情况下，发卡单位将会努力确保深圳通收费系统能够持续运作，但不能保证任何深圳通运营商均能接受以深圳通卡付款，因为需要由深圳通运营商自身的系统及营运，以及网络、电力、气候或其他因素而定，以上因素皆在发卡单位的控制范围之外。

第十七条 发卡办法的修订：

1. 发卡单位有权修改办法，并在新闻媒体或网站刊登修改通知，持卡人可向深圳通业务代理点索取新的办法。

2. 本办法的最新版本，持卡人可到发卡单位的网站进行查阅。

第十八条 深圳通客服网点。

1. 深圳通荣超客服中心地址：福田区金田路4028号荣超经贸中心二楼01A单元。

2. 罗湖客服分部地址：罗湖区深南东路3040号邮政大厦一楼西门。

3. 宝安客服分部地址：宝安区新安二路66号合和大厦一楼。

4. 盐田客服分部地址：盐田区官上路1号沙盐邮政综合楼一楼。

5. 南山桃源村客服分部地址：南山区龙珠七路桃源村26路公交车总站。

6. 东昌客服分部地址：罗湖区东昌路8号203路公交车总站。

7. 龙城客服分部地址：龙岗中心城龙平西路129号龙岗区汽车总站东侧公交场站。

第十九条 深圳通客户服务热线：969966 深圳通网站：www. shenzhcntong. com。

附件二：

深圳通学生卡发行使用规定

（1）深圳通学生卡由深圳通公司负责发行，申请学生票的本人如符合相关规定条件则可持有效的学生证，如没有学生证的需提供就读学校开具的证明（证明内容包括学生姓名、性别、学校名称、就读年级等），同时还需提供学生的身份证或户口簿或暂住证（非深圳户籍但在规定市属学校上学的学生）到深圳通公司公布的各营业网点办理。深圳市学龄前儿童可持儿童身份证或户口簿到各网点办理。深圳市户籍但在外地上学的学生不予以申办学生票。深圳通学生卡的使用范围：适用于深圳市身高1. 2米以上学龄前儿童及市属全日制中、小学校、中专、技工学校、职业学校学生。

（2）深圳通学生卡使用管理规定：

①持学生票的乘客乘坐轨道交通必须自觉遵守车站相关规定。

②学生票须与学生证同时使用，只限本人使用，不得转借、转赠、转让他人，严禁使用学生票带人进出闸机。

③持学生票的乘客应随身携带相关身份证明，在轨道交通付费区内及通过闸机时应自觉配合各运营商票务检查人员的核查。

④非法使用学生票者，一经发现，查验人员有权根据《深圳市地铁运营管理暂行办法》（深圳市人民政府令第140号）相关规定按轨道交通单程总票价补收10倍的票款。

⑤各运营商车站当值人员有权检查深圳通学生票的使用情况，各运营商负责组织相关稽查人员到各站检查深圳通学生票的使用情况。

⑥若乘客未能当场出示本人有效学生证及身份证明或明显违规使用学生卡未能即时补缴交票款，车站查验人员必须暂扣该乘客的深圳通学生卡，并告知其于7日之内持本人有效学生身份证明到车站领回学生卡或一次性补清票款，并填写《违规使用票卡暂扣凭证》，第一联车站留存，第二联乘客留存。

附件三：

手机深圳通卡发行使用暂行办法

第一条 本办法于2011年4月11日制订，适用于手机深圳通的用户。

第二条 本办法根据《深圳通卡发行使用办法（2009年11月1日修订版）》起草，是持卡人（即手机深圳通用户）与手机深圳通业务提供方所订立关于使用手机深圳通卡的合约。如使用手机深圳通卡，即表示持卡人同意接受本办法约束。

第三条 定义：

手机深圳通卡：是由深圳市深圳通（以下简称“发卡单位”或“深圳通公司”）和深圳地区电信运营商等方面合作推出的一项手机支付业务。手机深圳通卡业务的主要内容是将深圳通卡的功能集成到手机中，手机支付模式由深圳通公司确定，申请开通后即可在支持手机深圳通卡的设备上刷手机付费。

手机深圳通运营商：包括轨道交通、公交、小额消费商户等安装了手机深圳通刷卡设备的运营企业或商户。

电信运营商：指深圳地区的中国移动、中国联通、中国电信等手机业务运营商。

其他方运营商：指除电信运营商之外的与深圳通公司合作的手机深圳通业务运营商。

手机深圳通钱包：手机深圳通卡中，提供深圳通功能的电子钱包。

手机深圳通用户：在电信运营商办理开通手机深圳通业务，使用手机深圳通钱包的用户（以下简称“持卡人”）。

第四条 手机深圳通卡业务的适用范围：

1. 目前在轨道交通、公共大巴、中小巴等公交工具可使用手机深圳通服务。

2. 手机深圳通卡业务的应用范围将在公共交通、小额消费等领域逐步扩大，请留意相关公告。

3. 消费网点如果不接受持卡人使用手机深圳通进行消费，请即与该网点运营商或发卡单位联络。

4. 手机深圳通乘坐轨道交通、公共大巴、中小巴等公交工具时，只限于持卡人使用和享受优惠，一人一卡，不允许代人刷卡。

手机深圳通卡的办理：

1. 办理网点：

（1）深圳通公司与各电信运营商联合发行的手机深圳通卡在电信运营商指定网点办理，具体请咨询电信运营商服务热线。

（2）深圳通公司与其他方运营商合作发行的手机深圳通卡在深圳通公司指定网点办理，办理网点请留意相关公告。

2. 办理方法：用户根据不同的手机深圳通模式，携带本人手机及有效身份证件到办理网点申请办理。

3. 办理费用：

（1）深圳通公司与各电信运营商联合发行的手机深圳通卡的价格请参照电信运营商定价标准。

（2）深圳通公司与其他方运营商合作发行的手机深圳通卡的价格参照物价部门批复的有关深圳通销售版卡标准。

4. 手机深圳通涉及的其他办理、使用等相关要求，详见深圳电信运营商及其他合作商的相关规定。

第五条 手机深圳通的充值：

1. 目前，持卡人可通过两种渠道为手机深圳通充值：（1）持卡人可通过手机 STK 菜单、手机深圳通手机软件、银行网银、手机银行及自助终端等空中充值渠道，将持卡人银行账户或电信运营商手机支付账户的资金转入手机深圳通。（2）持卡人可在深圳电信运营商或其他方运营商的指定服务网点进行人工充值。

2. 手机深圳通首次充值最低限额为 50 元，每次充值额为 50 元整数倍。手机深圳通储值额最高不得超过 1 000 元。

3. 手机深圳通内储值额以手机深圳通中央结算系统的记录为准，但明显错误除外。

4. 手机深圳通钱包不记名、不挂失，持卡人应根据自身需要适量充值并妥善保管。

第六条 手机深圳通的消费：

1. 乘坐轨道交通时，持卡人需刷手机深圳通入闸及出闸；乘坐一票制公交线路时，持卡人上车刷手机完成付费；乘坐分段收费公交线路时，持卡人可通过乘务员的手持收费器，在确定消费金额后刷手机完成付费。

2. 持卡人到小额消费商铺进行消费的，请在确定消费金额后刷手机完成付费。

3. 发卡单位仅提供电子储值服务，持手机深圳通消费所涉及的票价、费用、票据以及优惠政策等，均由手机深圳通运营商决定。

4. 手机深圳通运营商为持卡人提供相应服务所涉及的服务质量等问题，由手机深圳通运营商负责。发卡单位不受理与手机深圳通无关的消费投诉、索赔。

5. 当刷卡设备提示“余额不足”时，表示手机深圳通钱包余额已不足以支付本次消费，持卡人需另行支付费用。

6. 为方便出行，持卡人需要保证安装有手机深圳通卡的手机有足够的电量完成整个乘车旅程。如果刷卡无效，持卡人有义务配合手机深圳通运营商核实刷卡记录，支付相关交易费用。

第七条 手机深圳通卡的保管：

1. 请持卡人妥善保管手机深圳通卡，防止卡片损坏或遗失。

2. 持卡人不得使用或容许任何人使用自身持有的手机深圳通卡作任何非法用途。

第八条 手机深圳通的换卡和补卡：

1. 深圳通公司与各电信运营商联合发行的手机深圳通卡损坏需更换的，持卡人携带手机深圳通卡和有效身份证件到深圳电信运营商指定服务网点办理换卡，原卡回收。（1）用户个人原因而换卡的，换卡费用见第五条第 3 点。（2）用户遗失手机深圳通卡需补卡的，用户携带本人手机和有效身份证件到深圳电信运营商指定服务网点办理补卡，原卡内手机深圳通余额不能退回或转入新卡，补卡费用见第五条第 3 点。

2. 深圳通公司与其他方运营商合作发行的手机深圳通卡损坏需要更换或者用户遗失手机深圳通卡需补卡的，用户可在深圳通公司指定网点办理，办理网点请留意相关公告。

第九条 手机深圳通的退卡：

1. 持卡人可在手机菜单中选择手机深圳通注销功能，自行完成注销，3 个工作日后手机深圳通余额转入绑定银行账户。未绑定银行账户的，可在绑定银行账户后再做注销操作，也可到办理网点做退卡处理。

2. 手机已停机的，需持卡人携带卡和有效身份证件到办理网点办理退卡。退卡时填写退卡金额转入的银行账户信息，10 个工作日后手机深圳通余额转入相应的银行账户，原卡回收。

第十条 手机深圳通的查询：

1. 持卡人可直接通过手机菜单查询手机深圳通卡号和余额。

2. 持卡人可直接通过手机菜单查询手机深圳通最近 10 条交易记录。

第十一条 发卡单位的权利义务包括但不限于以下条款：

1. 任何单位、个人未经发卡单位的授权，不得擅自修改手机深圳通的资料、结构及用途，否则发卡单位有权终止其继续使用该卡，不承认以该卡所进行的所有交易和余额，并保留追究其经济、法律责任的权利。

2. 任何单位、个人违反本办法有关规定使用手机深圳通卡，发卡单位有权停用、没收或注销该卡。

3. 在正常情况下，发卡单位将会努力确保手机深圳通收费系统能够持续运作，但不能保证任何手机深圳通运营商均能接受以手机深圳通卡付款，因为需要由手机深圳通运营商自身的系统及营运，以及网络、电力、气候或其他因素而定，以上因素皆在发卡单位的控制范围之外。

第十二条 发卡办法的修订：

1. 发卡单位有权修改本办法，并通过网站、新闻媒体、宣传资料等公告修改通知，持卡人可向深圳电信运营商或其他方运营商的指定服务网点索取新的办法。

2. 本办法的最新版本，持卡人可到深圳通服务网站进行查阅。

第十三条 服务热线与网站：

1. 深圳通客户服务热线：969966。

2. 深圳通网站：www. shenzhcntong. com。

3. 其他热线及网站：各运营商服务热线和网站。

附件四：

深圳通优惠卡发行管理暂行办法

第一条 本办法于 2011 年 1 月 1 日生效，适用于所有持有深圳通优惠卡的用户。

第二条 本办法按照《深圳市辅助残疾人办法》《深圳市拥军优属规定》和《深圳市人民政府关于优惠乘坐市内公共汽车和轨道交通的通告》等文件起草，是深圳通优惠卡持卡人与深圳市深圳通（以下简称深圳通公司）所订立关于优惠卡的合约。如使用优惠卡，即表示持卡人同意受本办法约束。

第三条 定义：

1. 深圳市优惠卡包括（但不限于）“深圳市残疾人乘车卡”“深圳市优抚对象优待

证”“深圳市儿童乘车卡”“深圳通学生卡”及“深圳市敬老优待卡”（暂名），其中，“深圳市儿童乘车卡”及“深圳通学生卡”的使用规范请参照《“深圳市儿童乘车卡”“深圳通学生卡”办理及使用指引》，“深圳市敬老优待卡”则尚未发行（深圳通优惠卡以下简称“优惠卡”）。

2. 深圳市残疾人乘车卡是深圳市残疾人联合会（深圳市残疾人联合会以下简称“市残联”）委托深圳通公司针对残疾人发行的智能 IC 复合卡，具有深圳通系统电子支付功能（以下简称电子钱包），持卡人凭深圳通优惠卡可以免费搭乘公交、轨道交通。

3. 深圳市优抚对象优待证是深圳市民政局（深圳市民政局以下简称“市民政局”）委托深圳通公司针对深圳市优抚对象发行的智能 IC 复合卡，具有电子钱包功能，持卡人凭深圳通优惠卡可以免费搭乘公交、轨道交通。

4. 优惠卡（深圳市儿童乘车卡及深圳通学生卡除外）表面印制有持卡人照片、姓名、证件号等个人信息，同时印刷有深圳通公司的标识。

5. 卡表面损坏是指出现卡折叠、断裂、裂开、涂鸦、张贴异物、卡面刻画模糊、缺边、缺角、打孔或湿水软化导致卡受损等现象。

6. 优惠卡质保期为 3 个月，从第一笔消费开始计算。“深圳市残疾人乘车卡”及“深圳市优抚对象优待证”在质保期内的坏卡（无卡面损坏）可到深圳通公司免费更换新卡，质保期外的卡需交纳工本费后方可重新办理。“深圳市儿童乘车卡”在质保期内的坏卡（无卡面损坏）可到深圳通公司各直营客服网点免费更换新卡。“深圳通学生卡”相关业务请咨询深圳发展银行。咨询电话 95501。

第四条 优惠卡的发行：

1. 优惠卡是根据《深圳市人民政府关于优惠乘坐市内公共汽车和轨道交通的通告》的需要特别制作的。

2. 优惠卡的电子钱包功能部分采用记名、可挂失的方式发行，电子钱包支付不可透支。

第五条 适用范围：

1. 根据《深圳市扶助残疾人办法》（深圳市人民政府令第 146 号）中的第十九条条款，残疾人凭《残疾人免费乘车卡》免费乘坐市内的公共大巴和轨道交通。根据《深圳市拥军优属规定》（深府［2010］29 号）中的第十六条条款，优抚对象凭有效证件免费乘坐市内公交汽车、轨道交通。根据《深圳市人民政府关于优惠乘坐市内公共汽车和轨道交通的通告》第四条条款，身高 1.2 米以下的儿童免费乘坐市内公共汽车和轨道交通；1.2～1.5 米的儿童按全程票价 5 折优惠乘坐市内公共汽车和轨道交通。6 周岁以下的儿童凭深圳通公司核发的《深圳市儿童乘车卡》免费乘坐市内公共汽车和轨道交通。中小学生（含高中）凭深圳通公司核发的《学生卡》按全程票价 5 折优惠乘坐市内公共汽车和轨道交通。电子钱包的应用范围将在公交领域、小额消费领域逐步扩大，以相关公告为准。

2. 优惠卡的电子钱包功能可在深圳市区域内设有深圳通标志的便利店、社区超市等小额消费商铺（以下简称“深圳通运营商”）内刷卡使用。

第六条 优惠卡申请及办理：

1. 本市户籍的残疾人向市残联提出优惠卡制作申请，市残联核实申请人个人资料信息符合申请条件后，统一向深圳通公司申请办理。

2. 现役军人、残疾军人和本市户籍享受抚恤补助待遇的复员军人、带病回乡退伍军人、参战涉核退役人员、烈士遗属、因公牺牲军人遗属、病故军人遗属、军队离退休干部等人员向市民政局提出优惠卡制作申请，市民政局审核申请人个人资料信息符合申请条件后，统一向深圳通公司申请办理。

3. “深圳市儿童乘车卡”及“深圳通学生卡”的申请和办理，请参照《“深圳市儿童乘车卡”“深圳通学生卡”办理及使用指引》。

第七条 电子钱包功能的充值：

电子钱包充值按照深圳通卡充值的相关管理规定执行。

第八条 优惠卡的保管：

1. 持卡人需妥善保管优惠卡以防止卡片损坏或遗失。

2. 优惠卡只限持卡人本人使用。

3. 如卡遗失，则上报发卡单位做挂失处理，挂失后的优惠卡将无法使用。

第九条 发卡单位的权利义务包括但不限于以下条款：

1. 任何单位、个人未经发卡单位的授权，不得擅自修改优惠卡的资料、结构及用途，否则，发卡单位有权终止其继续使用该卡，不承认以该卡所进行的所有交易和余额，并保留追究其经济、法律责任的权利。

2. 使用与本人身份不符的优惠卡或违反本条款有关规定的，发卡单位或深圳通运营商有权停用、没收或注销该卡。

3. 在正常情况下，发卡单位将会努力确保深圳通收费系统能够持续运作，但不能保证任何深圳通运营商均能接受以优惠卡付款，因为需要由深圳通运营商自身的系统及营运，以及网络、电力、气候或其他因素而定，以上因素皆在发卡单位的控制范围之外。

4. 持卡人的个人资料。发卡单位将予以严格保密，未获持卡人同意不得公开（司法机关及公务需要除外）。

第十条 特别提示：

1. 持卡人凭优惠卡搭乘轨道交通，公交时，应主动配合工作人员进行身份确认。

2. 持优惠卡搭乘轨道交通，卡内余额最低不得少于两元，搭乘公交车则不受卡内余额限制。

第十一条 发卡办法的修订和解释：

1. 发卡单位有权修改办法，并在发卡单位网站或新闻媒体刊登修改通知。

2. 本办法由发卡单位（深圳通公司、市残联及市民政局）负责解释。

深圳通客户服务热线：969966 深圳通网站：www. shcnzhcntong. com。

附件五：

深圳市轨道交通专用票——“儿童票”发行实施细则（暂行）

为落实市政府《关于优惠乘坐市内公共汽车和轨道交通的通告》的优惠政策，对身高为1.2～1.5米，或年龄为6～14周岁的儿童享受5折优惠乘坐市内轨道交通，特制定此实施细则（试行）。

目前，由于各轨道交通线路 AFC 系统设备无法发售和识别优惠票（单程票），只能通过对系统及设备进行全面的改造升级才能实现上述优惠功能，但改造升级需较大费用且改造时间至少需要半年以上。因此，经三家轨道交通运营商共同协商，决定在系统未完成相关改造升级前采用纸质票，即“深圳市轨道交通专用票——儿童票”（以下简称“儿童票”），实施市政府的相关优惠政策。

一、适用范围

“儿童票”的适用范围为：身高为 1.2 ~ 1.5 米，或年龄为 6 ~ 14 周岁的儿童。

二、使用说明

1. 符合标准的乘客在轨道交通车站客服中心购买儿童票。
2. 购买“儿童票”在当日发售站入站有效。
3. 购买后票面完整未使用的，可当日在发售站退票。
4. 持票儿童通过人工通道进出车站。
5. 持儿童票购买行李票，一律按一般行李票进行购买。
6. 儿童票超程处理：超程按优惠后的车费，补交超程车费。
7. 付费区遗失儿童票，必须按本站最高单程票价半价补票后给予出站。
8. 儿童超高无票乘车按照成人同乘车费票价补款。
9. 本票不记名、不挂失、遗失不补。
10. 其他参照深圳市轨道交通单程票发行实施细则执行。

三、清分方式

在 AFC 系统未升级改造、实现发售半价单程票前，“儿童票”谁售谁得，不进行清分。

四、发行及使用期限

“儿童票”自 2011 年 1 月 1 日起在轨道交通线路各车站发售使用，各轨道交通线路 AFC 系统设备相关改造升级工作完成，可发售优惠单程票后，“儿童票”停止使用。

附件六：

深圳市轨道交通突发事件票务异常处理规定

一、AFC 设备大面积故障导致乘客无法进出站

故障车站的处理方式：

1. 持车票无法进站的乘客，从专用人工检票通道进站。

2. 持车票无法出站的乘客，从专用人工检票通道出站，对单程票必须进行回收，其他车票下次乘车前到客服中心按规定扣除车费。

3. 对无法退单程票的乘客 5 日内持票到售出站退票。

非故障车站处理方式：

对无法出站的乘客，按正常处理流程进行车票异常处理，当异常处理量无法满足车站客流组织时，由车站决定开放专用人工检票通道并对单程票进行回收。

二、突发事件

因突发事件导致乘客购票后无法正常乘车，持单程票的乘客可在 5 日内在任何轨道交通车站办理退票，持其他车票的乘客可在 5 日内进站时进行免费更新。

三、大客流放行

放行车站的处理方式：

对持票进出站的乘客从专用人工检票通道进出站，出站时必须对单程票进行回收，其他车票下次乘车前到客服中心按规定扣除车费。

非放行车站处理方式：

对无法出站的乘客，按正常处理流程进行车票异常处理。当异常处理量无法满足车站客流组织时，由车站决定开放专用人工检票通道并对单程票进行回收。

四、启动公交接驳预案票务处理方式

1. 对不愿接受公交接驳方式的乘客，可持单程票在 5 日内在任何轨道交通车站办理退票，持其他车票的乘客可在 5 日内进站时进行免费更新。

2. 对愿意接受公交接驳方式的乘客，在指定地点凭票领取免费乘车凭证，对单程票必须进行回收，对持其他车票的乘客可在 5 日内进站时进行免费更新。

3. 免费乘车凭证的其他规定按公交接驳预案执行。

五、线路之间运营时间不一致，换乘站无列车转乘

线路之间运营时间不一致是指各线路首末班车发出的时间相差 1 小时以上，这种情况下持单程票的乘客到了换乘站无列车换乘时，乘客要求退票可在换乘站或购票站办理退票，其他车票则按正常刷卡进出站。

附件七：

深圳市轨道交通赠票发行（暂行）实施细则

一、目的

由于地铁原因导致列车延误，为方便车站快速疏散乘客，给乘客免费提供乘坐一次深圳轨道交通的车票，特制定本实施细则。

二、发行条件

因列车延误超过 20 分钟，后续列车到站的时间还存在不确定，必须安排乘客出站自行换乘其他交通工具。

三、使用范围

深圳市轨道交通线网。

四、赠票票面设计

票面尺寸：60 mm × 180 mm，一张正券，一张副券（副券进站，正券出站）。正面显示内容："感谢您对深圳轨道交通的理解和支持赠票"有效截止日期等字样。

五、票务规定

1. 赠票在有效期（5 天）内可免费乘坐一次深圳轨道交通，逾期作废，且不办理退票。
2. 乘客持赠票入站时，车站人员检验赠票在有效期限内，进、出站联完整且盖有车站站名章，进站时回收"进站"联，出站时回收"出站"联，引导乘客从专用通道进出站。
3. 其他票务规定参照《深圳轨道交通线网票务政策》执行。

六、赠票管理规定

1. 由 ACC 统一印制，各运营商负责配发到车站。
2. 发放对象仅限于付费区内持票（免费票除外）的乘客，乘客出站时凭票领取一张。
3. 发放时须在进、出站联上加盖本站站名章及有效截止日期的日期章。
4. 赠票仅作为列车延误情况快速疏导乘客出站的措施，对乘客已购车票的退票按《深圳市轨道交通线网票务政策》的相关规定执行。

七、清分方式

1. 按出站联作为清分统计依据，由赠票发行运营商支付给持有出站联的运营商。

支付费用为线路当年平均票价乘以赠票出站联数量。

2. 清分周期：每年一次。

八、信息通报要求

发送赠票站点必须于当日内将发放日期和数量上报线路OCC，由OCC上报至TCC，TCC再下发至各线路OCC周知。

附件八：

深圳市轨道交通日票发行（暂行）实施细则

一、目的

为满足轨道交通网络化运营后客流急剧增加和不同乘客群体出行的需要，更好地服务乘客，特制定本实施细则。

二、使用范围

深圳市轨道交通线网。

三、日票管理规定

1. 日票一经售出概不退票。不回收。

2. 购买日票后，在规定的日期内使用，首次闸机刷卡起，24小时内不计次数进站，不计里程乘坐深圳轨道交通，24小时内完成最后一次出站，否则按照超时处理，补交路网最高单程票价。

3. 日票在有效期内非人为原因失效，可在车站客服中心免费更换。

4. 日票其他乘客事务处理遵照《深圳市线网轨道交通票务政策》相关规定执行。

四、清分方式

1. 清分周期：每月清分一次。

2. 每笔交易按单程票价正常清分，综合所有交易各线路所分得金额的比例来清分日票的售票总金额。

参考文献

[1] 中华人民共和国住房和城乡建设部，中华人民共和国国家质量监督检验检疫总局 GB50490－2009 城市轨道交通技术规范．北京：中国建筑工业出版社，2009.

[2] 中华人民共和国住房和城乡建设部．CJJ/T 170－2011 地铁与轻轨系统运营管理规范．北京：中国建筑工业出版社，2012.

[3] 中华人民共和国国家质量监督检验检疫总局，中国国家标准化管理委员会．GB/T20907－2007 城市轨道交通自动售检票系统技术条件．北京：中国标准出版社，2007.

[4] 李建国．城市轨道交通票务管理．北京：人民交通出版社，2011.

[5] 于涛．城市轨道交通票务管理．2 版．北京：人民交通出版社，2012.

[6] 赵舜尧．城市轨道交通票务管理．重庆：重庆大学出版社，2013.

[7] 裴瑞江．城市轨道交通客运组织．2 版．北京：机械工业出版社，2014.

[8] 张燕．城市轨道交通车站客运组织与服务．北京：电子工业出版社，2015.

[9] 魏晓东．城市轨道交通自动化系统与技术（第二版）．北京：电子工业出版社，2011.

[10] 上海申通地铁有限公司轨道交通培训中心．城市轨道交通概论．北京：中国铁道出版社，2009.

[11] 人力资源和社会保障部教材办公室，广州市地下铁道总公司组织．城市轨道交通岗位技能培训教材站务人员．北京：中国劳动和社会保障出版社，2009.

[12] 周顺华．城市轨道交通设备系统．北京：人民交通出版社，2009.

[13] 金懋．基于规制理论的城市轨道交通票款清分研究．铁道运输与经济．2009.

[14] 陆春江．城市轨道交通网络“一票通”换乘的票款分配比例模型．现代城市轨道交通．2004.

[15] 陈鹏辉．城市轨道交通自动售检票系统的现状与发展趋势．城市轨道交通研究．2009.

[16] 邓先平，陈凤敏．我国城市轨道交通 AFC 系统的现状及发展．都市快轨交通．2005.